攀西民族地区
乡村组织振兴：构建治理体系

李 东　苏兴仁　曹利华　著

西南财经大学出版社

中国·成都

图书在版编目(CIP)数据

攀西民族地区乡村组织振兴:构建治理体系/李东,
苏兴仁,曹利华著.--成都:西南财经大学出版社,
2023.12

ISBN 978-7-5504-6069-0

Ⅰ.①攀…　Ⅱ.①李…②苏…③曹…　Ⅲ.①民族地
区—农村—基层组织—组织建设—研究—四川
Ⅳ.①D638

中国国家版本馆 CIP 数据核字(2023)第 256595 号

攀西民族地区乡村组织振兴:构建治理体系
PANXI MINZU DIQU XIANGCUN ZUZHI ZHENXING;GOUJIAN ZHILI TIXI

李东　苏兴仁　曹利华　著

策划编辑:李邓超
责任编辑:王甜甜
责任校对:李建蓉
封面设计:墨创文化　张姗姗
责任印制:朱曼丽

出版发行	西南财经大学出版社(四川省成都市光华村街55号)
网　　址	http://cbs.swufe.edu.cn
电子邮件	bookcj@swufe.edu.cn
邮政编码	610074
电　　话	028-87353785
照　　排	四川胜翔数码印务设计有限公司
印　　刷	成都市金雅迪彩色印刷有限公司
成品尺寸	170 mm×240 mm
印　　张	14.75
字　　数	242 千字
版　　次	2024 年 7 月第 1 版
印　　次	2024 年 7 月第 1 次印刷
书　　号	ISBN 978-7-5504-6069-0
定　　价	78.00 元

总序

党的十八大以来，在以习近平同志为核心的党中央坚强领导下，怎样解决好"三农"问题始终为全党工作的重中之重。2017年10月，党的十九大报告将乡村振兴战略作为党和国家重大战略提出，这既是我国经济社会发展的必然要求，也是中国特色社会主义建设进入新时代的客观要求。2021年4月，第十三届全国人民代表大会常务委员会第二十八次会议通过《中华人民共和国乡村振兴促进法》，为全面指导和促进乡村振兴提供了法律保障。2022年10月，党的二十大报告进一步提出要"全面推进乡村振兴"，明确把乡村振兴战略作为"构建新发展格局，推动高质量发展"的一个重要方面进行了系统部署，并提出全面推进乡村振兴要主动服务、融入和支撑全体人民共同富裕的中国式现代化。2023年作为全面贯彻落实党的二十大精神的开局之年和加快建设农业强国的起步之年，全国各级各部门以习近平新时代中国特色社会主义思想为指导，全面贯彻落实党的二十大精神和中央经济工作会议、中央农村工作会议精神，加快构建新发展格局，着力推动高质量发展，扎实推进乡村发展、乡村建设、乡村治理等重点任务，为全面建设社会主义现代化国家开好局起好步打下坚实基础。

全面推进乡村振兴，加快农业农村现代化，对于全力推动巩固拓展脱贫攻坚成果再上新台阶具有重要意义。作为脱贫攻坚的"硬骨头""最短板"，民族地区依然是巩固拓展脱贫攻坚成果的重点区域。2022

年 11 月，国家民委等九部门联合印发《关于铸牢中华民族共同体意识，扎实推进民族地区巩固拓展脱贫攻坚成果同乡村振兴有效衔接的意见》，将民族地区乡村振兴作为铸牢中华民族共同体意识的重要路径，着眼于有效衔接，着力于促进各民族群众在实现乡村振兴进程中不断铸牢中华民族共同体意识，确保民族地区在铸牢中华民族共同体意识及巩固拓展脱贫攻坚成果和乡村振兴中不掉队，在共同富裕道路上跑出好成绩。

攀西地区是"攀枝花市"与凉山州首府"西昌市"两地名的合称，地处川西南地区，行政区划上包括凉山彝族自治州和攀枝花市两市州，共 20 个县，其中凉山州是全国最大的彝族聚居区。长期以来，受气候、地形地貌、历史等因素影响，该区域生态极其脆弱、经济发展水平不高，人民生活水平较低，社会发育程度低，社会不稳定因素多，交通基础薄弱。凉山州属于国家"三区三州"深度贫困地区，有彝、汉、藏、回、蒙等 14 个世居民族，少数民族人口约有 311.85 万，占总人口的57.94%，是四川省少数民族人口最多的地区。攀枝花市是全国唯一以花命名的城市，原名渡口市，1987 年 1 月 23 日经国务院批准更名为现名，全市有 43 个民族，其中少数民族人口约 17.5 万。在习近平新时代中国特色社会主义思想指导下，作为全国脱贫主战场和多民族聚居地区之一，四川攀西地区脱贫攻坚任务完成后必须适应新形势、新任务的转变，要把推进巩固拓展脱贫成果、扎实推动各民族共同富裕、不断铸牢中华民族共同体意识等重要行动同乡村振兴有效衔接，切实推进区域内乡村振兴战略全面深化和提质增效。

当前，学术界对乡村振兴战略的实质内涵、逻辑理路和实践进路等方面进行了深入研究，成果颇丰。但乡村振兴战略研究目前还存在研究视角重理论而轻实践，研究思路缺乏问题意识，研究方法缺乏系统性思维，研究内容分布不均衡等问题。在这样的背景下，作为四川省社会科学重大项目研究成果的"攀西民族地区乡村振兴系列丛书"付梓出版可谓恰逢其时,是社会科学工作者以实际行动将社科研究为民族地区乡村振兴服务落到了实处。该丛书汇聚了众多专家学者的智慧和经验,围绕乡村振兴"产业兴旺、生态宜居、乡风文明、治理有效、生活富裕"的总要求,立足攀西民族地区经济、政治、社会、文化和生态"五位一体"整体建设的实际情况和需求,将理论与实践相结合,以多元视角阐述乡村振兴的重要意义、发展现状及未来趋势与推进方向,旨在为攀西民族地区乡村振兴战略的深入实施提供有力的理论支持和实践指导。该丛书一套八部,约160万字,具有体系逻辑性强、现实指导性强和学科交叉性强等几大特点和优势。

一是体系逻辑性强。丛书按照乡村振兴的内在逻辑关系建立颇有创新特点的阐述体系,从理论到实践,从宏观到微观,构成了一个以乡村振兴战略的理论创新和实践分析为核心,乡村振兴区域特色发展路径为重点,以及促进乡村产业振兴、人才振兴、文化振兴、生态振兴和组织振兴"五位一体"总体布局为主线的"一心两翼五轴"体系架构。

"一心"指丛书以《攀西民族地区乡村振兴理论与实践》为核心,从理论逻辑和实践路径两方面进行宏观层面的分析与构建。这部书首先阐释了攀西民族地区实施乡村振兴战略的必要性和重大意义,接着深入分析了有关乡村振兴的理论。本书的重点在按照乡村振兴的五个要求,对攀西民族地区乡村振兴实践展开分析,并阐述五个振兴的内在逻辑以及对攀西民族地区乡村振兴的意义。同时还对国外乡村振兴理论和实践进行了参照透视,最后,对攀西民族地区乡村振兴的政策供给以及实施步骤进行了分析。

"两翼"指丛书以《攀西民族地区乡村振兴与康养小镇耦合协同发展研究》和《攀西民族地区乡村振兴特色发展路径研究》两部书为重点,分别选取攀西地区旅居康养与特色农业两大优势特色产业作为切入点，深入探析二者如何更好地与这一地区乡村振兴、城乡融合发展相契合。前一部书以系统论、系统耦合理论、协同论理论等相关理论为指导，在宏观层面，剖析攀西地区乡村振兴与康养特色小镇建设之间的内涵及特征，构建耦合发展整体研究框架，重点分析 2017—2021 年二者耦合协同发展的内在演变过程，从内生性揭示内在耦合机理。在中观层面，依据攀西地区乡村振兴与康养小镇建设耦合研究框架，评价二者耦合发展过程，构建各自的指标体系。在微观层面，通过调研数据分析小农户参与耦合乡村振兴与康养小镇建设，实现"小农户和现代农业发展有机衔接"的有效途径。后一部书结合攀西地区农业产业基础情况，探索攀西地区乡村振兴背景下特色农业发展路径、生态农业发展的路径、特色休闲观光农业发展路径、旅居康养发展路径以及开放路径、特色文化产业发展路径和品牌路径等内容，重点阐述了如何发挥区域优势，发展生态、休闲、观光等特色农业产业形态。

"五轴"是指丛书从"五个振兴"角度，分别论述攀西民族地区在产业、人才、文化、生态和组织领域统筹推进情况、应对策略和发展方向。其中《攀西民族地区乡村产业振兴：夯实发展根基》一书以构建具有攀西民族地区特色的绿色高效乡村产业体系为目标，通过系统深入的调查和研究，分析攀西民族地区农村产业发展的潜力、困境和主要发展路径。《攀西民族地区乡村人才振兴：抓实第一资源》一书针对当前攀西地区乡村振兴人才发展的困境与瓶颈，通过系统梳理当下攀西民族地区农业农村人才队伍建设和作用发挥等方面存在的问题及国内外乡村人才振兴的措施与启示，紧扣实施乡村振兴战略的现实需求，研究并提出攀西民族地区人才振兴体系、人才聚集的机制、人才振兴的路径、强化攀西民族地区乡村振兴人才支撑的对策措施。《攀西民族地区乡村文化振兴：筑牢精神基础》一书分别从攀西地区乡村公共文化服务体系建设、乡村文化特色产业发展、乡村传统文化保护、乡村生态构建四个维度，在调研基础上对攀西民族地区乡村文化建设概况进行评述，通过典型案例的剖析，总结成功经验，分析存在问题，进而提出相应发展路径，为攀西地区乡村文化振兴实践开展提供参考。《攀西民族地区乡村生态振兴：建设美丽乡村》一书以乡村生态振兴视角，结合攀西民族地区乡村生态振兴的建设实际，从乡村系统质量提升、农业资源合理利用与可持续发展、农业生产环境综合治理与绿色农业发展、农村生活环境综合治理、农村生态聚落体系建设、农村人居环境改善和生态资源利用与生态补偿等方面剖析了在攀西民族地区美丽宜居乡村建设的实施路径和政策建议。最后，《攀西民族地区乡村组织振兴：构建治理体系》一书则围绕乡村组织振兴，深入攀西民族地区开展实地调查研究，重点介绍乡村振兴与乡村组织振兴、乡村组织振兴发展历程与现状、乡村基层党组织建设、乡村基层政权建设、乡村自治实践、乡村德治建设、乡村法治建设与乡村人才队伍建设等方面内容。五部书各有特色，各有侧重，但又有密切逻辑关系。

二是现实指导性强。作为目前唯一一套全面梳理攀西民族地区乡村振兴发展现状和成效，并通过大量实地调研及案例分析，提出了一系列推动乡村振兴发展具体策略和方法的丛书，不仅为地区民族地区乡村振兴提供了理论分析与指导，还针对攀西民族地区的实际情况，深入挖掘了该地区的特色资源，从乡村经济建设、政治建设、文化建设、社会建设、生态文明建设和组织建设等多维度提出了全面推进乡村振兴的具体策略和方法。同时，每个板块均从理论基础、政策导向和实践经验层面开展论述，具有很强的地域针对性和实用指导意义，这使得丛书能够提供对攀西民族地区乡村振兴的独特见解和观点，不仅对于关注攀西民族地区乡村振兴的读者和学者具有很强的实用参考意义，也能为政府部门、企业和社会组织以及乡村工作人员提供政策决策支持和借鉴。

三是学科交叉性强。本丛书在注重专业性的同时突出了学科交叉性，涵盖了地理科学、环境科学、生态学、经济学、社会学、管理学和文化学等多个学科领域。如，丛书中的《攀西民族地区乡村组织振兴：构建治理体系》一书，运用了管理学、社会学和文化学的相关理论和方法，对乡村组织的构建、治理体系的完善等方面进行了深入研究，为读者提供了乡村组织振兴的实用方法和建议。同时，丛书借鉴了国内外涉及乡村振兴的多学科理论和实践应用经验，通过多学科的交叉融合，为读者提供了一个全面、深入的视角来理解和研究攀西民族地区乡村振兴问题。

　　总之，这套丛书具有较强的系统逻辑、实用指导性和学科交叉创新性等特点。丛书中的八部著作，各自独立而又相互联系，调查充分，视野开阔，资料翔实，案例实证性强，从不同角度，全面、深入、系统地揭示了攀西民族地区乡村振兴的理论内涵与实践路径。借此机会，向作者们表示热烈祝贺，为他们的创新精神热烈鼓掌。

　　民族要复兴，乡村必振兴。实现中华民族伟大复兴的中国梦，归根到底要靠 56 个民族共同团结奋斗。希望并相信这套丛书能对广大读者有所启示，对攀西民族地区的乡村振兴有所推动。同时，也期待广大读者和学者能对这套丛书提出宝贵的意见和建议，让我们共同为攀西民族地区的乡村振兴贡献智慧和力量。

　　是以为序，与读者共绘！

2023 年 12 月

序言

中国是一个农业大国，"三农"问题是关系国计民生的根本性问题。农村是中国式现代化的"稳定器"和"蓄水池"。乡村治，百姓安，国家稳，天下安。任何时候我们都不能忽视农业、不能忘记农民、不能淡漠农村。

攀西地区是西昌、攀枝花两地的合称，位于四川省西南部，是四川省五大经济区之一，行政上包括攀枝花市和凉山彝族自治州，共计20个县（市），南起攀枝花市、西昌市，北到冕宁县，纵贯340千米，面积6.36万平方千米，人口451.55万，具有四季阳光明媚、气候温暖宜人、自然风光绚丽秀美、民族风情多姿多彩等特点。攀西地区居住有彝族、纳西族、藏族、傈僳族、苗族、布依族等40多个民族，是少数民族聚居区。由于自然、历史等原因，攀西地区的贫困问题一度成为当地经济社会发展的短板，特别是大小凉山彝区是贫中之贫、艰中之艰，是四川省乃至全国脱贫攻坚的主战场。

习近平总书记指出"小康不小康，关键看老乡，关键在贫困的老乡能不能脱贫"。2018年2月11日，习近平总书记来凉山看望慰问贫困群众，在彝家的火塘边，他说："我一直牵挂着彝族群众。让人民群众脱贫致富是共产党人始终不渝的奋斗目标。共产党给老百姓的承诺，一定要兑现！"

"民亦劳止，汔可小康。"党中央坚持农业农村工作优先发展，创造性地提出并实施精准扶贫、精准脱贫，使出"真招实招"，端出"真金白银"，"真扶贫""扶真贫"，向绝对贫困发起总攻。一诺千金！一个没有少！攀西地区与全国同步消除了绝对贫困和区域性整体贫困，创造了人类减贫史上的伟大奇迹，朝着共同富裕目标迈出了坚实的一大步。2021年2月25日，在全国脱贫攻坚表彰大会上，习近平总书记深刻指出："脱贫摘帽不是终点，而是新生活、新奋斗的起点。"党的二十大报告提出全面推进乡村振兴。乡村振兴既是继脱贫攻坚之后的又一场攻坚战，也是一场持久战。

四川作为西部大省，发展不足仍然是突出问题。攀西地区作为曾经的深度贫困地区，在消除绝对贫困后，相对贫困仍然存在，依然处于共同富裕的"锅底"，依旧是乡村振兴路上爬坡过坎的"吃劲"点，巩固脱贫攻坚成果、防止返贫任务仍然十分繁重，发展不平衡不充分问题仍然突出，区域、城乡、不同民族居民收入水平差距仍然较大。经过改革开放40多年的发展，农村经济社会结构发生了深刻改变：农村人才人力外流，村庄出现"空壳化""空心化""老龄化"；农村利益主体和社会阶层多元化，不同诉求明显增多，各类矛盾冲突交织；农村水、电、气、路、管、网等公共基础设施建设滞后，教育、医疗、卫生、环保、通信、物流、运输等公共服务建设不足，污水、垃圾、畜禽粪便无害化处理工程建设滞后，影响和破坏了农村人居环境；农村基层治理主体发育滞后，公共管理和社会服务能力不强，等等。这些问题都反映出整个社会治理的薄弱环节在乡村。推进乡村治理体系和治理能力现代化，实现农业农村现代化，攀西地区农村依然面临艰巨而繁重的任务。

纵观我国农业农村发展历程，一些乡村发展滞后、问题矛盾频发、乡风文明较差、产业基础薄弱，一个重要的原因就在于没有一个坚强的战斗堡垒，农业农村缺乏一个"主心骨"，农村基层党组织涣散，无法作为一个坚强的领导核心，宣传党的主张、贯彻党的决定、领导基层治理、团结党员群众、推动改革发展，没有很好地把全体党员、广大群众团结起来、凝聚起来、组织起来、发动起来，心往一处想，劲往一处使，上下拧成一股绳，内外聚成一股劲，形成推动改革发展、稳定和谐的强大合力。党的十八大以来，我国脱贫攻坚工作能够取得历史上最好的减贫成绩，一个很重要的原因就在于深入贯彻新时代党的建设总要求和新时代组织工作路线，切实加强和改进党对农村工作的领导、加强农村党的建设、全面从严治党，以提升基层党组织组织力为重点，发挥基层党组织政治功能，优化农村基层党组织设置，发挥党组织把方向、管大局、保落实的作用，选派"第一书记""驻村工作队""科技特派员"补充乡村基层党组织工作力量，选优配强村"两委"班子，推动农村基层党组织全面进步、全面过硬，增强了农村基层党组织的创造力、凝聚力和战斗力。基层党组织在脱贫攻坚中的战斗堡垒作用和广大党员的先锋模范作用得到了很好的发挥，以党组织为领导的农村基层组织建设明显加强，村民自治实践进一步深化，村级议事协商制度进一步健全，乡村治理体系进一步完善，为打赢脱贫攻坚战提供了坚实的政治保障、思想保障和组织保障。

乡村治理是国家治理的有机组成部分，乡村治理现代化关系到国家治理现代化目标的实现。乡村振兴，治理有效是基础。乡村治理不仅是国家治理的基石，还是乡村振兴的重要内容，不仅关系到农村改革发展，更关乎党在农村的执政基础，影响农村社会大局稳定。攀西地区没有乡村的有效治理，就没有乡村的全面振兴。只有补齐乡村治理体系和治理能力现代化不足这一短板，才能团结一切可以团结的力量，调动一切可以调动的积极因素，形成乡村振兴的强大合力，最终实现真正意义上的国家治理现代化。

40多年的改革开放历程积累了许多弥足珍贵的经验，其中一条就是一个国家、一个民族要振兴，就必须在历史前进的逻辑中前进、在时代发展的潮流中发展。在一个拥有14亿多人口的大国实现乡村振兴是前无古人的伟大创举。攀西地区要想走好乡村治理善治之路，就要以习近平新时代中国特色社会主义思想为指导，全面坚持和加强党对农村工作的领导，深入学习贯彻党中央、省委关于乡村振兴和乡村治理的决策部署，解放思想、实事求是、与时俱进，坚持一切从民族地区客观实际出发，处理好长期目标和短期目标的关系，处理好顶层设计和基层探索的关系，处理好夯实基础和谋划长远的关系，把夯实基层基础作为固本之策，把治理体系和治理能力建设作为主攻方向，把保障和改善农村民生、促进农村和谐稳定作为根本目的，发挥农村基层党组织在乡村振兴战略中的引领作用，探索健全党委领导、政府负责、社会协同、公众参与、法治保障的现代乡村治理体制，引入和构建更加多元、更加开放的治理主体，抓好以基层党组织建设为核心——"一核多元"的各类组织建设，探索健全党组织领导的自治、法治、德治相结合的乡村治理体系，不断提升党组织在内的各个治理主体的治理能力，充分发挥各类组织在乡村事业发展中的作用，团结和凝聚其他组织和各方力量扎实推进乡村振兴，目标不变、靶心不散、频道不换，走一条符合民族地区乡村治理的特色之路，不断增强广大农民的获得感、幸福感、安全感，到2035年基本实现乡村治理体系和治理能力现代化。

李东

2023年12月

目录

第一章 乡村治理历史进程

中西方的治理产生于不同的时代背景，面对不同的社会需求，因此中西方对于治理的理解也是不相同的。但是，其目的都是适应外部环境的变化，更好地协调和实现政府、市场和社会三者之间的有效互动，实现经济社会发展的可治理性，维护社会稳定，提高资源配置效率。

第一节 国内外治理的源起

乡村治理概念从提出到上升到乡村治理体系和治理能力现代化的高度，与治理理论在国内外学术界的流行和发展是密不可分的。

一、国外治理的产生

治理首先是人类社会必不可少的管理活动，形成和保持一定的社会秩序，就必须有一定形式的社会管理或社会治理。治理是一个源于拉丁文和古希腊文的古老词汇，原意是控制、引导和操控。治理还是一个不断被丰富和发展的概念，追根溯源，大致可将它分为旧治理与新治理两个阶段[1]。旧治理是"统治"的同义词，两者可以相互替换使用。

在西方，治理更多时候是统治的代名词，它原本是一个政治学领域的术语。20世纪80年代末，随着全球部分地区出现"治理危机"，西方政治学家和经济学家赋予治理新的内涵，其概念远远超越了统治的意思，并且跨越政治学领域被广泛应用于经济社会领域，成为一个公共管理学概念，在此基础上形成了一种新的理论，即治理理论。

治理理论的产生和发展与西方国家经济社会发展的理论和实践过程息

息相关，其有着深刻的时代背景、社会背景，更面临急切的经济社会发展的现实需求。西方国家经济社会发展过程中，"政府失灵""市场失灵"轮番上演，政府与市场相互博弈、此消彼长，面临不同的困难和指责。当"政府失灵""市场失灵"同时出现时，政府和市场"两只手"都显得无能为力时，发展危机或发展不可持续随之出现。随着公民社会日益发展壮大，民主意识日益觉醒，西方国家标榜的自由民主陷入困境，急需政府与市场以外的第三种应对机制——社会力量"补缺""补位"，新的管理理论和模式呼之欲出。

1989 年世界银行发布《撒哈拉以南：从危机到可持续发展》，世界银行引用"治理危机"形容非洲经济社会发展的困境，并将"治理危机"的希望寄托于社会力量，被视为新旧治理的分水岭。社会力量作为一种调整政府、市场关系平衡的力量不容忽视，希望其能够分享和承担公共决策和公共管理的权利和义务。新旧治理的区别在于旧治理一般是指政府以及它的行为，新治理是指政府与社会之间的伙伴关系。20 世纪 90 年代，世界银行与经济合作组织倡导的治理理论注重强调治理主体的多元化，提出要公正看待第三部门（第三种应对机制）参与。于是，政府、市场、社会的关系协调亦成为治理的现实问题。"治理"从传统的政治统治语境延伸进入社会公共管理领域，治理的作用凸显，开始广泛流行和应用。

"治理"及其衍生出的治理理论，是西方国家适应外部环境变化的能力的体现，是应对政府和市场调节配置资源、协调社会经济政治发展矛盾等各种不可治理性问题时，对解决不了、解决无力困境的一种有效回应[2]。治理理论强调多中心、分权化和公民社会的参与，对政府、市场、社会之间关系的协调、合作给予了价值关怀，目的就是更好地协调和实现政府、市场和社会三者之间的有效互动，提高资源配置效率，有效化解社会利益冲突。

二、中国治理的渊源

一个国家的治理体系和治理能力是与这个国家的历史传承和文化传统密切相关的。在我国，"治理"是一个古老的词语，是中华传统文化的重要组成部分，几乎贯穿中华传统文明中政治追求的全部进程，具有悠久的历史渊源，成为中华传统文明中政治追求的显著特点，是中国传统文化中公共管理追求的目标。

中华五千年文明史就是一部治理史，积累了大量宝贵的国家治理、社会治理的智慧和经验。从远古时代"大禹治水"这一耳熟能详、家喻户晓的神话故事，到"半部论语治天下""修身齐家治国平天下""无为而治""励精图治""治国安邦""天下大治""缮甲治兵""治病救人""以其人之道还治其人之身"等等，涵盖了政治、军事、社会、经济、道德各个方面的内容。纵观中华五千年灿烂文化，我国的治理理论起源远远早于西方，绵延数千年至今仍然持续不断，而且内容远远比西方更丰富，为今天的国家治理、社会治理、乡村治理留下了宝贵的文化遗产和物质资源。

事有终始、物有本末。伴随着历朝历代兴衰更替，有"乱"就有"治"，"治""乱"相伴相生，"治"是主流，"治"代表了安定、和谐、有序的社会秩序，国家安定、社会安全、百姓安宁成为统治者、政治家、有识之士和普天下黎民百姓的目标和追求。

社会治理一直是国家建设的重大任务。中国共产党对社会治理的探索从未停止，不断推进国家治理体系和治理能力现代化，经历了社会管理和社会治理两个不同阶段。新中国成立以来，党和国家始终高度重视社会治理，为形成和发展适应我国国情的社会治理制度进行了长期探索和实践，取得了重大成绩，积累了宝贵经验。特别是改革开放以来，我国顺应社会经济成分、组织形式、就业方式、利益关系和分配方式日益多样化的趋势，不断推进社会治理改革创新。早在 1993 年党的十四届三中全会就提出加强政府社会管理职能。进入 21 世纪，从"管理"阶段到"治理"阶段，"治理"成为一种政策向导和执政理念，从寻常语境上升到国家战略的高度。2004 年党的十六届四中全会提出加强社会建设和管理，推进社会管理体制创新，将中国特色社会主义事业的总体布局拓展为经济建设、政治建设、文化建设、社会建设"四位一体"；2006 年党的十六届六中全会将"社会管理"作为构建社会主义和谐社会若干重大问题的一个重要方面，强调创新社会管理体制、整合社会管理资源；2007 年党的十七大提出了"党委领导、政府负责、社会协同、公众参与"的社会管理格局和基层社会管理体制，中国共产党对社会管理的认识不断深化。2011 年，胡锦涛在以"加强社会管理创新"为主题的省部级主要领导专题研讨班上，提出"扎扎实实提高社会管理科学化水平，建设中国特色社会主义社会管理体系。"随后，"加强和创新社会管理"被纳入《国民经济和社会发展第十三个五年规划纲要》。2012 年党的十八大提出"加强和创新社会管理，加快形成党委领导、政府负责、社会协同、公众参与、法治保障的社会管理体制"。在长期探索和实践中，我国建立了社会管理工作领导体系，构建了社会管理组织网络，制定了社会管理基本法律法规，不断推进社会管理同中国国情和社会主义制度相适应。

党的十八大以来，以习近平同志为核心的党中央深入研究社会管理面临的新形势新任务新特点，着力推进社会管理理念创新、实践创新、制度创新。2013年11月，党的十八届三中全会通过的《中共中央关于全面深化改革若干重大问题的决定》，第一次把"完善和发展中国特色社会主义制度，推进国家治理体系和治理能力现代化"列为全面深化改革的总目标。2014年10月，党的十八届四中全会审议通过了《中共中央关于全面推进依法治国若干重大问题的决定》，提出通过走依法治国之路来实现国家治理现代化。2017年10月，党的十九大提出构建全民共建共治共享的社会治理格局。2019年10月，党的十九届四中全会通过《中共中央关于坚持和完善中国特色社会主义制度推进国家治理体系和治理能力现代化若干重大问题的决定》提出，坚持和完善中国特色社会主义制度，推进国家治理现代化。

从"社会管理"到"社会治理"，虽然是一字之差，却是党的执政理念和政策思路在社会建设领域的一次重大创新和全面提升，意味着中国社会建设在顶层布局上步入崭新阶段。这是对马克思主义国家理论的创新，体现的是系统治理、依法治理、源头治理、综合施策，反映的是党对社会运行规律和治理规律认识的深化。

从将"推进国家治理体系和治理能力现代化"作为全面深化改革的目标，到分三步走实现国家治理体系和治理能力现代化，中国特色社会主义的"治理"之路越来越清晰、越走越宽广。"治理能力现代化"是对中国改革发展的现实政治、经济和社会背景的回应，是对中国式现代化的一种深化思考，都在积极应对中国追求现代化过程中出现的各种矛盾和问题。国家治理体系和治理能力现代化是中国共产党治国理政的历史与逻辑的统一。它是对改革开放以来我国现代化建设成功经验的理论总结，也是对中国式现代化新征程所面临的各种严峻挑战和现实问题的主动回应[3]。

第二节　我国乡村治理的历史演替

中国有着历史悠久的乡村治理传统。作为传统农业大国，乡村在我国的国家发展中始终占据重要地位，农村的安全稳定、和谐有序对整个国家政权的巩固有着举足轻重的作用。

一、中国封建社会的乡村治理

自古皇权不下乡，这既是管理学问题也是经济学问题。从管理上看，一个人能有效且高效管理的人数在 7~10 人，人多了自然要实行分层管理。从经济学角度看，越到管理底层，任务越呈几何级数倍增，管理成本千倍级增加，但收益却没有多大变化。在封建统治社会，国家对乡村的治理主要依赖于乡村宗族社会的自主治理。

在漫长的传统农业社会中，郡县制行政设置体制和权力配置方式占据主导地位。春秋战国时期，以商鞅变法为典型代表，改革国家政权管理体制，以郡县制替代分封制，加强中央集权和国家统一，打破分封制带来的地方与中央之间的权力体制阻隔。秦始皇统一全国，普遍推行郡县制，建立了第一个专制主义中央集权的王朝。郡县制是以郡统县的两级地方行政管理制度，形成秦汉以来"皇权止于县政"的权力配置模式，即中央及地方政权常常仅延伸至县一级，奠定了传统中国的皇权国家与乡村社会的二元政治格局，使得传统中国的治理结构有两个不同的部分。它的上层是中央政府，并设置了一个自上而下的官制系统；它的下层是地方性的管理单位，由族长、乡绅或地方名流掌握。这两个结构虽然存在着上层、下层两个部分，但是两个部分之间并没有"鸿沟"和"断层"，有一个似有似无、似明似暗的纽带将两个部分天然且持续地连接起来，形成大一统的中央集权统治。

中国是传统的农业大国，县级以下广袤农村和广大农民是巩固皇权统治、维护社会安定、发展农业生产、推动国家繁荣发展的根基。国家政权通过扶持地方乡绅来达到治理乡村社会的目的。这种乡治模式是基于治理成本而做出的选择，其治理的权威源自政权权威与礼教传统。

国家的意识形态，特别是汉武帝采用董仲舒的"罢黜百家，独尊儒术"

的改革思想，确立了儒家在国家思想文化领域的主导地位，构成联系上层和下层，或者城市与乡村的纽带。国家通过军功、科举制等制度打通下层人民进入上层的通道，赋予乡绅或地方名流等乡村精英政治权利，形成了"权利的文化网络""权利的制度网络"，国家的强制性权力保证也限制了地方精英对乡村社会的控制。乡绅、族长等民间组织和力量成为乡村政治、经济、社会和文化活动的"权威"，进而构成传统农业社会乡村基层治理的主体。几千年漫长的封建社会，乡村治理演绎出"县政绅治"的显著特征，保证了国家对乡村的统治。

到了近代，随着西方列强的入侵和国内资本主义的发展，统治者为了应对社会危机，冲破了原有族权和绅权的限制，将国家权力下沉到乡村，加强对乡村社会的直接控制和资源汲取，使得生活在社会底层和农村的百姓苦不堪言。

二、新中国成立初期的乡村治理

"三农"问题是中国革命、建设和改革的关键问题，只有解决好"三农"问题，其他问题才能迎刃而解。中国共产党自成立以来，逐渐认识到中国革命的基本问题是农民问题，无论是在革命时期、建设时期还是改革时期，中国共产党始终重视维护农民的根本利益，坚持人民民主专政，坚持人民当家作主，坚持发展为了人民、发展依靠人民、发展成果由人民共享，不断丰富和发展全过程人民民主，注重发挥农民在乡村治理和社会治理中的主体作用，以维护农民根本利益，促进乡村社会安定有序，为创造世所罕见的经济快速发展奇迹和社会长期稳定奇迹，实现中华民族从站起来、富起来到强起来的伟大飞跃奠定了坚实基础。中国共产党百年乡村治理实践大致经历了"政权下乡""政社合一""乡政村治"和"多元共治"四个发展阶段。

新中国成立初期到农业合作化之初，国家推行"乡村政权"并存的治理模式，即打破千年来"皇权不下县"的传统，国家政权不仅下县，还下沉至村一级，延伸至最前沿，出现了短暂的"政权下乡"治理实践。这是新中国成立以来，村组织唯一一次作为国家的一级政权组织，时间极为短暂。1949年新中国成立以后，我国大规模没收地主土地，将土地分给了无地和少地的农民，建立了分散的小农土地所有制。1952年12月，政务院颁布《乡（行政村）人民政府组织通则》，规定：行政村与乡为一级地方政权机关，人民行使权利的机关为村人民代表大会和村人民政府。行政村和乡一样，成为我国最基层的政权与管理单元，形成了"乡村政权"的村治模式。

然而，这种土地分配制度和行政划分制度没有实行多久便被取消了。1953年年底，为了巩固新生的人民政权，快速恢复国民经济，开展大规模工业化建设，国家把农业纳入国家计划经济的轨道，组织带领农民全力投入社会主义建设中，制定了快速实现现代化的目标，开始推动实施合作社运动，采取运动式治理方式，依靠行政命令建立农业合作社，发挥社会主义集中力量办大事的制度优势，形成土地的集体所有制。

土地改革的决定需要与之相适应的上层建筑。1954年1月，内务部颁布《关于健全乡政权组织的指示》，要求各地本着便于人民直接行使政权掌管自己的事情和适应农业互助合作运动发展的规则，在普选的基础上，对乡政权组织、民主制度及工作方法，加以整顿和健全。1954年9月，第一届全国人民代表大会通过《中华人民共和国宪法》（以下简称《宪法》）、《地方各级人民代表大会和地方各级人民委员会组织法》。《宪法》规定：我国农村的基层政权为乡、民族乡、镇。取消行政村建制，统一为乡、民族乡、镇。从此，行政村的建制失去了法律上的依据，深入基层生产单元的全能政府体制被淘汰。

在农业合作化时期，村级组织也改变了其国家政权机关的性质。村级组织在村中的地位和作用被农业生产合作社取代，农业合作社管理委员会行使了村级组织的职权[4]。乡村治理出现了"村社合一"的局面。

这一时期，我们党致力于满足农民的土地诉求，通过土地改革和农业社会主义改造，把农业和农村纳入国家计划经济的轨道，农业生产迅速恢复，农村劳动生产率也得到了提高。至1957年，"一五"计划超额完成了规定的任务，实现了国民经济的快速增长，并为我国的工业化奠定了初步基础。

三、人民公社时期的乡村治理

1958年8月，中共中央发布《关于在农村建立人民公社问题的决议》，将高级农业合作社合并转为人民公社，实行同乡基层政权相结合的"政社合一"体制。

随后，全国建立了农林渔副牧全面发展，工农商学兵互相结合的人民公社。人民公社"一曰大，二曰公"，打破了生产资料所有权原有的社区界限，扩大了分配核算的范围，组织规模一般是一乡一社，户籍规模在两千户左右。有的地方，一个县成为一个"人民公社"，容纳了十几万以上的人口。1958 年年底，全国原来 74 万多个农业生产合作社改组为 23 630 个人民公社，全国 93 个县建立了县级人民公社。村级组织由原来各小社联合，改为生产大队。国家把在农村的粮食、商业、财政、银行等部门的基层机构下放给人民公社。

1962 年 9 月，中共中央颁布《农村人民公社条例》，进一步明确了生产大队的性质，即生产大队的权力机关是生产大队社员大会和生产队社员大会。农村人民公社的集体所有制经济一般实行公社、生产大队和生产队三级所有，生产队为基本核算单位。即通常所讲的"三级所有，队为基础"。国家用行政手段管理经济的"政社合一"体制基本确立，乡村治理进入"政社合一"阶段。

人民公社时期强调公共资源的高度集中调用，农村集体资产所有权、使用权和经营权高度统一，农村"政社合一"的全能主义治理模式使得国家基层政权和乡村社会经济组织以"人民公社"的形式实现整合。人民公社既是经济组织，又是基层政权组织，既承担着集体经济的组织作用，又承担着乡人民政府的行政职能。

四、改革开放后的乡村治理

1978 年，党的十一届三中全会确立了改革开放的战略方针，我国的对内改革先从最薄弱的农村开始。1978 年 11 月，安徽省凤阳县小岗村实行"分田到户，自负盈亏"的家庭联产承包责任制，拉开了中国对内改革的序幕。农村经济改革的迅速推进，必然需要与之相适应的上层建筑，进而推动农村治理模式的深刻变革，乡村进入了改革式治理阶段。

人民公社制度混淆了政府组织与经济组织的职能，从生产、交换、流通、分配等方面全面控制了农村经济，农民没有自主生产和交换的自由[5]，这不仅侵犯了经济组织的经营自主权，不符合经济发展的客观规律，也极大削弱了政府职能的履行和作用的发挥。"党政不分"导致权力过分集中，严重阻碍和压抑了乡村民主政治的发展。因此，人民公社制度随着改革开放春风的到来，势必遭到农民的抵触而被破除。在此背景下，一场轰轰烈烈的家庭联产承包责任制改革在中国农村大地进行着。以包产到户为主要内容的联产承包责任制的建立，极大地冲击了农村人民公社，并最终导致了人民公社的解体。

1983 年 10 月 12 日，中共中央、国务院发布的《关于实行政社分开建立乡政府的通知》指出：“当前的首要任务是把政社分开，建立乡政府。同时按乡建立乡党委，并根据生产的需要和群众的意愿逐步建立经济组织。乡的规模一般以原有公社的管辖范围为基础，如原有公社范围过大的可以适当划小。政社分开、建立乡政府的工作要与选举乡人民代表大会代表的工作结合进行，大体上在 1984 年底以前完成。”

国家基层政权的设立仍然延伸至乡镇一级。1983 年年底，全国有 12 702 个人民公社宣布解体。1984 年年底，又有 39 838 个人民公社摘掉牌子。1985 年，全国剩下的 249 个人民公社自动解体，取而代之的是 79 306 个乡、3 144 个民族乡和 9 140 个镇。从 1958 年 8 月人民公社创建到 1983 年 10 月开始取消人民公社，至 1985 年全部取消，人民公社及“政社合一”治理体制在中国存在了 20 多年后，退出了乡村治理的历史舞台。

同时，原有的公社、大队、生产队体制也受到包产到户的巨大冲击。1982 年第五届全国人民代表大会第五次会议颁布新的《宪法》，明确村委会是群众性自治组织的法律地位。在旧的治理机制尚未完全破除，新的农村基层组织或治理组织尚未建立的新旧交替的阶段，部分农村出现公共事务无人管理的情况。农村社会面临治安恶化、公共资源大量流失的困局，出现权力真空和治理危机。广西罗城、宜山一些地方的农民自发组成村委会，首创村民自治，组织群众发展生产，兴办公益事业，制定村规民约，维护社会治安。这种以民主选举、民主决策、民主管理、民主监督为核心内容，农民进行自我管理、自我教育、自我服务的村民自治方式迅速在全国推开。中共中央要求各地开展建立村委会的试点工作。截至 1984 年年底，全国共建立了 948 628 个村民委员会和 588 万多个村民组。

1987 年 11 月 24 日，第六届全国人大常委会第二十三次会议审议通过了《村委会组织法（试行）》，对村委会组织和村民自治作出了具体规定。1988 年 6 月 1 日该法正式试行。1990 年民政部下发《关于在全国农村开展村民自治示范活动的通知》，民政部成为村民自治工作的主管部门，通过试点示范引领，村民自治工作在全国普遍展开。到 1998 年，全国共确定村民自治示范县（市、区）488 个、示范乡镇 10 754 个、示范村 20.7 万个，占村委会总数的 25%。1998 年 10 月，党的十五届三中全会提出全面推进村民自治，将其确定为我国农村跨世纪发展的重要目标。1998 年 11 月 4 日，第九届全国人大常委会第五次会议正式颁布了修订后的《中华人民共和国村委会组织法》，为全面推进村民自治提供了法律保障。自此"乡政村治"的农村治理模式全面推开。

改革开放以来，中国农村最引人注目的变化就是打破"政社合一"，划清政治组织和经济组织的边界。经过 20 世纪 80 年代以推动土地承包制为主体的农村经济改革和 90 年代以村民自治为主体的农村政治改革，我国农业经营形式转为一家一户模式。我国乡村治理从集体化时期的"政社合一"模式阶段进入"乡政村治"模式阶段。

这一时期的农村治理在经济上推行家庭联产承包责任制，政治上推行村民自治。尤其是村民自治的政治实践，导致整个农村政治生活发生了根本性变迁。国家基层政权设立至乡镇一级，乡镇以下采取"村民自治"来激励农民的生产积极性。乡政以国家政权强制力为后盾，具有高度的行政性和一定的集权性。村治则以村规民约、村民舆论为后盾，具有高度的自治性和民主性。这一时期，通过推行家庭联产承包责任制，大大提高了农业生产力，增加了农民收入。同时，通过政权建设、民主选举、村民自治等途径提高了农民参与乡村治理的积极性，实现乡村治理组织和秩序的转变，保证农民当家作主的权利，实现了乡村的稳定发展。"乡政村治"的治理格局，释放农村经济活力，调动了农民生产积极性，大大推进了基层民主自治进程。

五、进入新时代的乡村治理

党的十八大以来，以习近平同志为核心的党中央将"完善和发展中国特色社会主义制度，推进国家治理体系和治理能力现代化"列为全面深化改革的总目标，国家治理现代化上升到国家建设和发展的重大战略任务层面。

乡村治理是国家治理的基石，也是国家一体化治理体系的有机组成部分。没有乡村的治理现代化，就没有整个国家的治理现代化。习近平总书记对乡村治理工作作出一系列重要论述，强调要树立系统治理、依法治理、综合治理、源头治理的理念，创新乡村治理体系，走乡村善治之路。

党的十九大之后，乡村振兴战略全面实施，党和国家关于乡村治理的部署安排紧锣密鼓。2018 年 1 月，中共中央、国务院印发《关于实施乡村振兴战略的意见》，提出"加快推进乡村治理体系和治理能力现代化"，"加强农村基层基础工作，构建乡村治理新体系。"2018 年 9 月，中共中央、国务院印发《乡村振兴战略规划（2018—2022 年）》，提出"健全现代乡村治理体系。夯实基层基础作为固本之策，建立健全党委领导、政府负责、社会协同、公众参与、法治保障的现代乡村社会治理体制，推动乡村组织振兴，打造充满活力、和谐有序的善治乡村。"2019 年 6 月，中共中央办公厅、国务院办公厅印发《关于加强和改进乡村治理的指导意见》（以下简称《意见》），提出加强和改进乡村治理的总体要求，明确了乡村治理的"两步走"总体目标，对当前和今后一个时期全国乡村治理工作作出了全面部署安排，确立了乡村治理的总体目标、基本步骤、主要任务和方法路径。《意见》是实现乡村治理现代化的行动指南，为新时代加强和改进乡村治理，夯实乡村振兴的基层基础明确了目标，指明了路径。

回顾中国共产党百年乡村治理的风雨历程，在不同的历史时期，我们党都成功化解了各种乡村治理难题，取得了乡村治理的一系列重大成就。十年磨一剑。我国乡村治理实现了从"政府单向管理"向"社会多元主体共商共建共治"的一场深刻变革，我国在推进乡村治理体系和治理能力现代化方面取得明显成效，乡村治理的第一步目标顺利实现，现代乡村治理的制度框架和政策体系基本形成，农村基层组织建设明显加强，以党组织为领导核心的多元治理主体蓬勃发展，自治、德治、法治"三位一体"治理体系进一步完善，方式手段不断创新，农村基本公共服务显著改善，广大农民的获得感、幸福感、安全感不断增强，我国探索出了一条具有鲜明中国特色的乡村治理现代化之路，即党的领导是根本，满足人民对美好生活的向往是中心，多元共治是趋势，经济发展是第一要务，三治融合是路径。

第三节　攀西地区乡村治理的演进

从全国范围看，中国的乡村区域之间存在明显的非均质性特征，即横向的异质性与纵向的发展不平衡性，而且异质性与发展不平衡性互相交织、错综复杂[6]。攀西地区的移民城市攀枝花和凉山彝区，都具有典型的差异性和非均质性的特征。

根据第七次全国人口普查数据显示：2020 年，凉山彝族自治州（以下简称凉山州）户籍人口有 533.12 万，其中，少数民族人口有 306.85 万，占总人口的 57.56%；彝族人口有 288.75 万，占总人口的 54.16%。凉山州是我国最大的彝族自治州，有全国最大的彝族聚居区，从新中国成立以来，其社会形态的更替经历了从低级到高级的过程，打破了社会发展常规性道路的设定，呈现出跳跃式的发展。中华人民共和国成立前凉山彝区处于"刀耕火种""以物易物"的贫穷落后状态，1952 年成立凉山彝族自治区，1956 年实行民主改革，实现了从奴隶社会到社会主义社会的跨越，彻底砸碎了凉山奴隶制和封建农奴制的枷锁，实现了从奴隶社会直接进入社会主义社会，全面开启了社会主义改革和建设的崭新篇章。

攀枝花市地处川滇交界的横断山脉群山之中。三国争雄之时，蜀国丞相诸葛亮挥师南下擒孟获后，见攀枝花悬崖峭壁，草木不生，仰天叹曰："此地粮草无补，屯兵险矣！"攀枝花市是成渝地区城市化率仅次于成都的城市，同时也是中国西部最大的移民城市。1940 年地质学家常隆庆、刘志祥等人勘探来到秦岭尖山脚下，从而叩开攀西宝藏大门。1964 年，党中央作出建设"大三线"的战略决策，决定攀枝花工业基地尽快上马，争时间、抢速度，尽快建成出铁。当时，这里是只有 7 户人家的村子。现在，这个城市 80% 以上的人口都是攀枝花市三线建设者及其后代，是一座典型的移民城市。

攀西地区的乡村治理在全世界、全国范围内既具有共性，又具有自身的个性。推进攀西地区乡村治理体系和治理能力现代化的重点和难点在彝族聚居区。彝族聚居区经历了重大的社会转型，乡村治理结构发生了重大的社会变化，奴隶制社会形态的"家支"① 组织和"德古法"② 治理机制与社会主义形态的民主改造和法治建设，在不同时期相互碰撞、相互影响。

一、民主改革前的攀西地区乡村治理

攀西地区地处横断山脉东部，山高路险，沟壑纵横，自然形成的地理屏障和历史上中央政权长期实行的"以夷制夷"的羁縻政策使得凉山社会

---

① 家支即家族支系，是凉山彝族社会组织形式。
② 德古，彝语意为德高望重的智者，是彝族家支的带头人，是彝族纠纷的权威调解者。德古法是在彝族群众中处理纠纷、调解矛盾的一种习惯法。

保持了比较独立的发展方式[7]，历来远离中央政权的直接统治，处于中央政权的直接控制之外，形成了自主治理的传统。真正对彝族乡村社会产生影响并对其进行治理的是其独有的"家支"组织[8]。"家支"以父系共同祖先的血缘关系为纽带，以严格的婚姻传统和清晰的父子连名谱系，通过强有力的"习惯法"保障世代传续[9]，承担着传统彝族社会生活的组织与管理功能。

霍贝尔曾讲过："每个民族都有其社会控制体系，而且除了少部分微不足道的民族之外，作为社会控制系统的一个组成部分，他们都有一些行为模式和机构的复合体，可以被恰如其分地称为法律。"攀西彝族地区长期处于分散的"家支"统治之下，家支既是维护彝族奴隶主阶级统治的政权组织形式，也是彝族血缘社会内部公共事务组织与管理的社会组织形式。攀西地区彝族乡村"家支"众多，各"家支"之间相互独立，不存在权力从属关系，自成一体，靠血缘维系，相互之间边界清晰。

国有国法，乡有乡规，家有家法。"家支"的形成过程就是彝族社会规则和文化习俗形成的过程。在阶级利益冲突和"家支"利益冲突的双重推力作用下，以"家支"为依托，彝族社会逐渐形成了具有高度效能的习惯法。这些习惯法在世世代代德古们的实际交流、沟通和运用中深入人心、化规成俗。习惯法和德古共同构成了彝族社会及其"家支"活动中的权威体系。习惯法是彝族社会在其生产与生活中得来的、自发形成的一整套约定俗成的规定，制约、调节和维系着彝族生活的各个方面。德古依照习惯法解决"家支"事务。德古是彝族社会中善于化解各种矛盾纠纷的民间的、权威的调解员。

乡村内部各种矛盾纠纷的调解化解，大到人命案件、小到邻里之间鸡毛蒜皮的争执，主要通过"家支"组织和德古来解决。德古凭借自己在调解过程中能够一贯坚持的公正、公平以及调解的成功率来维持自己的信誉。"家支"和"德古"的存在构建起解放前彝区乡村的政治、经济、军事等社会生活的各方面。

二、民主改革后的攀西地区彝区乡村治理

（一）民主改革时期

20世纪50年代，凉山州还处于奴隶制、农奴制和封建制并存的阶段，直到1956年开展了民主改革运动，对奴隶制政治经济体制进行了全面改

造，"一步跨千年"正式迈入社会主义社会的序列中来，新的社会体制取代了旧的"家支"体制，削弱了以血缘关系构成的彝族社会组织原则，成员打破了以"家支"为边界的经济社会组织形式，开始快速融入以社会成分而非血缘为标准的社会结构中，阶级意识取代了传统的以血缘关系划分每个人社会地位和身份的奴隶制社会秩序。正如吉登斯所言："解放政治包含了两个主要因素，一个是力图打破过去的枷锁，因而也是一种面向未来的改造态度；另一个是力图克服某些个人或群体支配另一些个人或群体的非合法性统治。"

民主改革结束以后，国家的各种正式的组织在彝区乡村建立起来，国家司法系统和法律制度的推广，在很大程度上弱化了传统"家支"组织和"德古法"的作用，使其开始逐渐解体并被边缘化。

（二）人民公社化时期

1958 年我国农村基层治理步入了另一个全新的阶段。人民公社体制和运动式治理迅速覆盖到攀西地区彝区社会的每家每户每个村民，"政社合一"的行政关系取代了彝族地区乡村社会最主要的血缘和地缘关系，"家支"观念在人民公社政社合一体制运动中日趋淡薄。经历"大跃进""文化大革命"两次空前的政治运动，"家支"制度的构成要素在行政意志的高度控制下随之消解，"家支"制度受到强有力的干预。

人民公社时期政社高度紧密结合的行政格局和户籍口粮制度，明确和强化了彝区农村的行政地理边界，使得乡土"家支"社会的内部结构及其组织体制赖以生存的经济基础发生改变，传统彝族社会最终高度整合到政权体系中来。

（三）改革开放以后

1982 年新修订的《中华人民共和国宪法》中，明确了居民委员会和乡村委员会是基层群众性自治组织，奠定了村民自治的法律基础，改变了以往农村政社不分、国家权力侵袭乡村自治权利的弊端。"乡政村治"的治理模式和村民自治在攀西彝区农村随之广泛开展起来。

在新旧治理模式交替和转换过程中，攀西彝区乡村治理模式仍以传统政府集权为主，村级组织对村内社会事务的管理范围和能力相对减弱，主要以乡政府所布置的任务为主。随着我国农村经济体制的改革，家庭联产承包责任制的实施使得攀西彝区乡村村民打破了集体经济方式的限制，降低了对基层组织的依赖，"家支"组织重新抬头。20 世纪 90 年代初期，家族式的吸毒、贩毒活动逐步在凉山地区猖獗起来，盗窃、抢劫等刑事案件不断增加，给原来封闭安静的农村社会带来了极大的危害。很多家族通过家支会议形式要求家族成员遵纪守法，规定家族成员的责任和义务，在生产和生活上相互帮助，并通过盟誓、宗教等形式，严禁家支成员吸毒、贩毒。家支观念重新得到强化，家支重新活跃在彝区基层治理中[10]。虽然今天"家支"组织早已失去了旧有的政权统治功能，但是传统习惯法中基于安定社会和协调民众矛盾等的积极方面，在攀西彝族基层中仍然富有生命力，还在被广泛使用，在凉山彝族乡村社会资本中仍具有特殊地位，在社会生活的多方面还发挥着其特有的文化功能。村级组织对村内各种社会矛盾的调解主要依靠体制内精英和体制外精英共同完成。

第四节　乡村治理的现实困境

从世界范围看，乡村治理概念的提出本身就反映了治理理论在乡村领域的应用，映射出乡村社会建设中的不可治性、复杂性和多样性。

新中国成立以来，我国在乡村治理领域取得了巨大成就，在实践和探索中逐步形成了以基层党组织和村民自治组织为治理结构基础、多元参与的乡村治理体制，在调动农民参与治理的积极性、维护农村地区稳定和坚决贯彻执行国家政策等方面发挥了巨大作用[11]。然而，原有乡村治理结构并不能很好地适应农村、农业和农民的发展。一方面，随着我国经济社会的快速发展，我国乡村的经济社会结构发生了重大变迁，中国特色社会主义新的历史方位、社会主要矛盾的历史变化，都对乡村治理提出了更高要求，既有的乡村治理机制、体制、方式和路径已经难以适应乡村经济社会快速转型的治理要求；另一方面，乡村经济社会结构的巨大变化也使我国乡村治理面临着治理资源匮乏、治理结构不合理等问题，陷入了诸多治理困境，影响了农业农村现代化的有效推进，使乡村发展陷入困境和危机。

因此，乡村治理要关注乡村社会本身，要发现乡村社会的问题所在，必须深入乡村社会内部，形成明确的问题意识。只有对乡村社会的特性和变化有了充分的了解和认识，才能运用公共权力和有效政策进行科学治理，并达到在现代化进程中重建乡村的目的。

一、乡镇政府职能越位错位

改革开放以来，乡村最引人注目的变化就是打破"政社合一"，实施"乡政村治"的治理模式。国家在乡镇一级设立基层政府，乡镇以下的村民实行村民自治制度，乡镇政府依法对乡政村治内容进行管理，对乡村社会发展进行指导。然而，在具体执行过程中，乡镇政府管理与乡村村民自治之间往往会出现职能错位，政府在政治经济社会活动等方面过度越位干预乡村，在乡村公共设施和公共服务供给配置等方面严重缺位。

一方面，乡镇政府职能"越位"。攀西地区作为国家级的贫困地区，完成脱贫攻坚任务，解决绝对性贫困问题后，保障不发生规模性返贫，巩固拓展脱贫攻坚成果同乡村振兴有效衔接，全面实施乡村振兴战略，实现农业农村现代化，备受党和人民的密切关注。政府出台大量倾斜性的政策，帮助攀西地区人民脱贫攻坚，实现乡村振兴。脱贫攻坚和乡村振兴政策自党和国家制定后层层下达下来，"上面千条线，下面一根针"，最终都会汇集在政府的末梢——乡镇政府的头上。受历史原因影响，攀西地区彝区现代治理体系与治理能力发展缓慢，多元治理主体发育迟缓，治理体系不够完善，治理能力不高，作用发挥不够。作为国家级的贫困地区，国家许多的大政方针和扶贫政策都需要借助乡镇政府传达给基层，为了推动各项方针政策自上而下的贯彻落实和各项任务的如期完成，乡镇政府不得不或被动习惯性地沿用以往的政府一元管理模式，"越位"自上而下干预农村社会的经济社会活动，形成一种自上而下的管理。在乡镇政府职能过分输出和过度干预的情况下，乡镇政府与村两委①、村级各类组织和农民之间形成了领导和被领导的关系，农村大部分村两委的功能会被稀释和淡化，农民的民主法治意识被抑制和约束，导致其依赖性较强、自主性较差。有些村干部甚至认为村两委是乡镇政府的附属机构，这种观点使村两委对乡镇政府产生依赖心理，严重损害村两委工作和村民自治的积极性、主动性和创造性，对乡村治理多元化的推进产生了一定的阻碍[12]。

另一方面，乡镇政府职能"缺位"。国家自上而下全面深化改革，进一步推进简政放权、放管结合、优化服务改革，要求政府转变职能，转向公共服务。然而，政府转变职能暴露出政府公共服务能力的不足和滞后，

---

① 村两委，即村党支部委员会和村民委员会。

这与我国现在所处的历史发展阶段和各地经济发展条件密切相关。在此情况下，更需要消化和应用治理理论，构建公民社会、民主政治、多元治理格局，发挥有为政府和有效市场的作用，重构政府、市场与社会关系，为乡村治理注入新的动力、提供新的动能。

二、农村"两委"关系不顺

按照《中华人民共和国村民委员会组织法》的规定，村党支部与村委会是领导与被领导的关系。村党支部是党在农村的基层组织，是党在农村全部工作的重要基础，在村级组织和各项工作中发挥领导核心作用，讨论决定本村经济建设和社会发展中的重大问题，通过村委会的工作，把党的路线、方针和政策变为群众的自觉行动；发挥党支部战斗堡垒作用和党员先锋模范作用，鼓励和支持村委会按照法律和政策规定独立负责地开展工作，党支部不能包办村委会的工作。村委会是村民自我管理、自我教育、自我服务的基层群众性自治组织，担负着管理本村的公共事务和公益事业、调解民间纠纷、协助维护社会治安等职责，必须依法自觉接受村党组织的领导，在党的领导下开展村民自治工作，在党的路线方针政策和国家法律法规的限定范围内实施村民自治工作。按照上述制度安排，村党组织和村委会应正确认清各自的工作定位和工作职责，各负其责、各司其职，才能把两者关系处理妥当。

村党组织和村委会的关系，特别是村党组织书记和村委会主任的关系一直是"乡政村治"实施以来乡村治理的矛盾症结所在。长期以来，由于相关制度规定滞后或不明晰，一些乡村、村两委没有正确认识和厘清基层党的领导与村民自治的辩证关系，关系不顺，职权划分不明，错误地将党支部的领导核心作用与村民自治对立起来，没能形成科学合理的组织分工，实践中一些村两委之间存在矛盾，乡村治理并没有如预期那样走上规范化、标准化和法治化发展的轨道，一些地区还出现了"治理危机"。

一是相互对立不团结。村党组织和村委会在日常村务管理特别是村财务审批权归属问题上，村党组织认为党对农村工作的领导权包括日常村务的管理权，村委会认为，按照村委会组织法规定，村委会依法管理村务，双方观点不一，相互对立。二是领导关系错位。有的村党支部没有正确理解"领导核心"的内涵，简单直接地认为党支部应该全面掌握和主持所有基层事务，全方位的包干，使村民委员会无法发挥村民自治作用。有的村委会片面地认为村委会是村民选举出来的，自己的权利是由村民赋予的，代表着基层最广大的民众，村里的事务应该由村委会管理，村委会是行政村的法人，在村里居于核心地位，不接受党组织的领导。三是互相推诿，履职不到位。村党组织和村委会两者都不依法履行职责，互相推诿，导致村中事务无人过问、无人管理。村党组织和村委会两者之间职责不清、履职不到位，难以带领乡村社会、经济、文化建设，最终使广大农民的利益受损。

2021 年四川省村（社区）两委换届工作圆满完成，新一届村（社区）"一肩挑"比例达 97.5%，83.1%的村（社区）书记还兼任集体经济组织负责人。凉山州村（社区）"一肩挑"比例达 98.7%，攀枝花市村（社区）"一肩挑"比例达 99.1%，均高于全省平均水平。全面推行村（社区）党组织书记兼任村（居）委会主任，推行"一肩挑"后，很好地解决了长期以来存在的村"两委"在实际工作中的一些矛盾和问题。

针对以上这些问题，攀西地区其余没有实现"一肩挑"的村（社区）要特别引起注意，尤其加以防范。同时，即便实现了"一肩挑"后，村两委也要依据各自章程和法律法规开展工作，各自厘清不同村级组织的职能边界和权限，不能越级越权。乡镇党委、政府要加强村级各类组织工作指导，加强村两委班子队伍建设，防止这些问题的再次发生，并且要加强村后备干部的储备和培养，在下一届村（社区）换届选举中，全面完成"一肩挑"。

三、治理主体资源匮乏

乡村治理中村民是最重要的主体，村民在人口数量上占绝对优势，他们是乡村治理的重点。其中，人才是乡村振兴和乡村治理的关键。实施乡村振兴战略，农村要全面进步、农业要全面升级、农民要全面发展，关键是后继有人、人才辈出，核心是调动农民积极性、主动性和创造性，唤醒农民的主人翁意识，鼓励农民发扬主人翁精神，自觉参与乡村民主选举、民主协商、民主决策、民主管理、民主监督，实行自我管理、自我服务、自我监督，自主维护农村社会安定有序、经济繁荣发展。

伴随我国新型工业化、城镇化、信息化和农业现代化的不断推进，攀西地区如同中西部大多数乡村一样，大量青壮年劳动力向大城市转移，出现了有史以来最大规模、最为集中、最为快速的人口迁徙。2010 年，凉山州启动"双百"劳务开发工程,即到 2015 年争取实现 100 万剩余劳动力的转移,100 亿元劳务收入的总体目标。凉山州建立和完善了"政府推动、市场运作、政策引导、流动有序、管理规范、服务完善"的劳务经济开发新机制,农村劳动力转移输出稳步增长。2015 年全州转移输出农村劳动力达到 118.6 万人,占全州农村剩余劳动力的 85% 左右;2020 年转移输出农村劳动力继续上涨,达到 135.98 万人;2021 年达到 136.23 万人。近年来,另一个重要变化是,农村劳动力就近、就地就业比例日益提高。2015 年凉山州城镇新增就业 21 431 人,比 2014 年增加 1 693 人,同比增长 8.58%;2020 年城镇新增就业 19 588 人,比上年减少 4 098 人;2021 年年末,全年城镇新增就业 20 400 人,比上年增加 812 人①。总体来看,外出务工收入已经成为凉山州农村家庭经济收入的主要来源,劳务输出是推动当地农村特别是彝区经济发展的动力之一[13]。

相对而言,攀枝花城市规模不算大,人口不多,但工业化率、城镇化率水平较高,在全省乃至整个西部地区都居于较高水平。2015 年攀枝花市农村劳动力转移输出 10.95 万人,2020 年农村劳动力转移输出 7.11 万人,2021 年农村劳动力转移输出 7.5 万人,农村劳动力转移输出总量不大;2015 年,全市城镇新增就业 18 528 人,比上年增加 549 人;2020 年全市城镇新增就业 18 743 人,比上年减少 860 人;2021 年全市城镇新增就业 20 648 人,比上年增加 1 905 人。2015 年年末攀枝花市城镇人口有 79.79 万,城镇化率达 64.74%,居全省第 2 位。2020 年全市常住人口城镇化率达 69.57%,分别高于全国(63.89%)、全省(56.73%)5.68 个、12.84 个百分点,居全省第 2 位。2021 年年末,攀枝花市常住人口有 121.4 万,城镇人口有 84.88 万,城镇化率达到 69.92%,仅落后于成都市,成为四川省建设共同富裕试验区的"探路先锋"②。

攀西地区受地理位置、经济条件、社会发展水平等影响,乡村社会出现大规模、普遍的劳务输出,促进了农村特别是彝区乡村经济发展,提高了农民家庭收入,改善了农民生活水平,但也对乡村社会造成很大的冲击。农村人口越来越多地向城市、非农产业转移,外出人才不愿回和外来人才不愿留现象在农村普遍存在,导致土生土长的治理精英数量十分有限,乡村治理多元化发展缓慢。人才供需呈现数量性、结构性、质量性失

---

① 数据来源:2015—2021 年凉山州人力资源和社会保障事业发展统计公报。
② 数据来源:2015—2021 年攀枝花市人力资源和社会保障事业发展统计公报。

衡，人才成为乡村治理的最大短板。人才在城市与农村之间尚未形成双向循环、城乡互补。

一是供需数量性失衡，乡村治理人才数量不足。主要表现在农民工队伍不断壮大，返乡创业人员增长缓慢，农村大学生和城市大学生回乡意愿不强，外派驻村工作队流动性大四个方面。攀西地区特别是彝族乡村由于历史原因和现实人力资源的大量流失，乡村青壮年劳动力和高素质、强能力的乡村精英等契合乡村治理需要的本土人才流失严重。劳务输出后农民工的工作和生活重心转移到城市，与乡村的利益相关度日益下降，返乡参与乡村治理和乡村民主政治生活的意愿不强。一些对乡村事务比较关注的农民工，也因为交通的阻隔，信息沟通不便，回家参与乡村事务成本耗时耗费过高等原因，普遍参与度不高。

二是供需结构性失衡，人才结构不优。主要表现为年龄、性别和类型结构不优。农村迈入"深度老龄化"阶段，妇女群体比重高，乡村人才队伍主要是由"种、养、加"等领域的乡村能人组建而成，缺乏乡村振兴各领域、各方面、全链条的人才。

三是供需质量性失衡，人才素质不高。主要表现为学历不高、技能技术水平不高。在长期贫困的社会中，乡村贫困代际传递现象明显，凉山彝区村民的文化水平都不高，彝区农村劳务输出的人员大多是知识文化水平较高的青壮年，从事农业生产的技能青年农民工正逐渐流失，留在农村从事农业生产的村民，总体受教育程度偏低。

虽然乡村都实行了村民代表大会、"一事一议"等自治制度；但是乡村现有的人力资源状况导致村民的公民意识、民主意识不强，很多村民根本不了解村民自治的内容和自己所拥有的权利，参与乡村治理的积极性、主动性和创造性不高，村民自治能力有限，主人翁作用发挥不够。在此情况下，乡村经济社会事务得不到广大农民的支持，基层自治工作难以有序开展，乡村集体事务决策管理监督时常流于形式，导致村庄公共事务、公共管理无人问津，村民自治成为空谈，甚至异化为村干部自治。作为村民自治主体的村民，参与自治意愿不强、自治能力提升缓慢，也为乡镇行政权力干预村民自治提供了空间，治理主体缺位和外部力量的过度干预反过来又制约影响了村民自治的实施。

四、基层组织建设薄弱

伴随着农村劳动力的大量外流，村庄治理主体缺失带来的另一个严重问题便是农村基层组织建设滞后。农村基层组织包括基层党组织、村民自治组织、村集体经济组织和其他群众性组织。

一方面表现在基层组织发育和成长缓慢，农村相应的集体经济发展、社会秩序维护、村民矛盾调解、民主管理监督等职责和任务没有相应的组织承担起来，各类基层组织发展仍然处于起步阶段，长期处于失位缺位的状态。农村经济社会发展相对落后，一些彝区村民由于传统思想的限制，形成了封闭、保守的"家支"意识，社会层面合作意识不强，公共意识薄弱，村民组织化程度比较低。

另一方面，即便是名义上成立了相应的基层组织，由于缺乏人才、资金、技术、经验和市场，基层组织自身建设、领导体制、责任职责、制度建设、作用发挥、人才选拔等受发展阶段、历史因素、经济水平等多方面制约，各类组织的治理能力和水平不高。从各类组织带头人来看，党组织带头人、村干部配备不强，各类组织带头人能力和素质不高，年龄偏大，文化素质偏低，对国家政策法律法规的掌握和理解不深，对农村经济社会发展和乡村治理仍沿用旧的办法，组织带动能力有限，创新创业意识不强，在组织群众、宣传群众、凝聚群众、服务群众方面无所适从，无处下手，通常只能起到上传下达的作用。有的彝区农村党员干部的综合素质不高，服务群众意识很低，党员和党组织在农民群众中的威信低，党群关系比较紧张。

从各类组织能力来看，一些组织生存和发展能力比较脆弱，组织管理和运行机制比较落后，组织吸引力和竞争力不强，带领村民致富能力整体较弱，领导力、组织力、宣传力、影响力、执行力不足。比如，数量有限的农民专业合作社经营规模较小，多采取农产品直销或者简单粗加工的方式。农村基层组织不足，党的方针路线政策和决策部署得不到及时有效的贯彻落实，自上而下的政策、资金和资源因乡村组织无力承接而出现治理无效的局面[14]，消解了乡村治理的有效性与及时性，乡村基层治理主要依赖国家政权主导。这一现状不仅不利于党加强对农村工作的领导，还会造成农民向心力、凝聚力和认同感下降，导致乡村各类基层组织失去了村民的信任。

五、治理主体各自为政

乡村治理兴起的一个重要的原因是乡村社会前所未有的多样性与复杂性。乡村经济社会也经历着重大的社会转型，由"熟人社会"向"半熟人社会"转换。乡村社会的成员结构发生着变化，除了传统的农民之外，新型职业农民、家庭农场主、返乡农民工、现代农业企业家、社会志愿者等新型群体日益壮大；除了传统的农村基层党组织、村民委员会外，村务监督委员会、农村集体经济组织、农村社会组织、社会志愿服务组织等新的组织不断发育和出现。乡村处于经济社会转型期，基层社会矛盾和社会问题比较突出，乡村产业振兴和农民致富增收，需要借助社会组织、经济组织和乡村内外部各类人才的力量。以政府为代表的公权力不再是唯一的治理主体，社会组织、自治组织、经济组织、群众组织和村庄居民已经逐渐成为乡村治理不容忽视的重要构成力量，乡村社会构成主体呈现多元化、复杂化、组织化的趋势。

当前，攀西地区经济社会发展滞后，刚刚解决绝对贫困问题，乡村现有的成员结构或多元经济社会结构发育缓慢、散乱无序，尚未形成政府、市场和社会三方力量相互协同的治理格局，党委领导、政府负责、社会协同、公众参与、法治保障的现代乡村社会治理体制尚未有效建立，政府之外的其他主体并没有很好地发挥作用。

政府对乡村社会的管治更多是依靠行政强制和政治控制来实现的。政府的运行向度依然是自上而下，而不是多元化主体之间在协调合作基础上的上下双向互动，政府往往以行政命令直接干预乡村社会生活的各个方面，把对乡村的治理误解为对乡村的管治，把大量行政因素带入乡村治理之中。一些地域僻远、经济落后的乡村仍然沿用政府一元管理模式，农村基层党组织和村委会主导包揽农村一切事务，包罗农村政治经济社会文化万象，与农业农村现代化及乡村治理能力与治理体系现代化内需不相协调[15]。在多元主体培育和共治乡村的过程中，多元主体之间的关系调整及优化也是"共治"的一大难题。过去那种纯朴的集体主义、团结协作的思维方式和活动方式正在被消解，而构成乡村治理主体的基层党组织、村民委员会和村务监督委员会、社会组织、乡村居民等，面临着如何协调相互关系、如何达成思想共识、如何统一乡村治理行动的问题。

六、法治思维意识淡薄

传统中国乡村社会是一个"熟人的社会"。在这样一个因土地聚集生长起来的"熟人社会"里，"人情"始终是乡村治理过程中绕不开的重要因素，"人情难绕"，往往会引发一些鸡毛蒜皮的纠纷和清官难断的家务事和邻里矛盾，这些事往往起因简单，但其所涉及的人际关系又较为复杂，如果得不到及时有效的解决，容易激化矛盾纠纷，最终影响乡村的和谐发展、安定有序。

伴随着农村经济社会的深刻变革，外出务工农民返乡创业，投资企业、社会力量、驻村工作队等外来力量涌入农村，导致传统农村"熟人社会"变为"半熟人社会"，传统农村人员稳定、尊卑有序、礼尚往来的人情、人缘关系变得离散而复杂，除了传统的婚姻家庭纠纷、邻里关系纠纷和债权债务纠纷外，在宅基地使用、农村土地承包流转、劳务合同、挂靠经营、村务管理、民主选举等方面也出现了新的矛盾纠纷，传统的"人情交往""传统礼制"掺杂融入了更多的经济利益和经济纠纷，给农村社会治安、和谐有序带来极大的挑战。矛盾纠纷的相互交织、并发，加剧了矛盾纠纷的复杂性，也加剧了解决矛盾纠纷的难度。因此，面对日益复杂的农村经济社会结构和多元治理主体，解决复杂多变的经济社会矛盾，维护农村社会安定有序，构筑和谐稳定的乡村环境，必须着力推进乡村依法治理，教育引导农村干部群众办事依法、遇事找法、解决问题用法、化解矛盾靠法，走出一条符合中国国情、体现新时代特征的中国特色社会主义法治乡村之路。

"劳动越不发展，劳动产品的数量就越少，从而社会的财富越会受限，社会制度就越会在较大程度上受血缘关系的支配"[16]。凉山州彝族从奴隶社会"一步跨千年"直接进入社会主义社会，全面开启了社会主义改革和建设的崭新篇章。这种"一步跨千年"大踏步式的改革，虽然在很大程度上改善了彝区的社会环境，提高了经济水平，但原有的一些落后的制度与习惯仍在或多或少地影响着彝区乡村的发展与进步。其中，"家支"制度作为长久发展所留下的历史产物，其观念在凉山彝区深入人心。"家支"体系不仅是建立在熟人社会的基础之上的，而且是按照血缘关系紧密联系在一起的。"家支"观念是四川彝族地区落后的自然经济和自给自足的小农经济的产物，直接表现为四川彝区群众的"家支"意识特别强烈，过分强调"家支"利益。相较于正式的法律，不少彝区村民更愿意接受并遵循习惯法。封闭、保守的"家支"观念阻碍了彝区乡村基层民主的健康发展，直接影响了村级选举的民主、公正。大"家支"的代表因为人数居多、选票多，比"家支"人数较少的小"家支"代表更容易获胜，损害其他小"家支"的民主权利。一些农村地区"官本位""家长制""特权思想"根深蒂固，个别村干部法律意识淡薄，法律信仰缺失，崇尚权力至上，对于村级事务不是按照自下而上、协商民主、依法办事的原则，而是本着自己喜好，按照自己的意志行事。有的"家支"头人①担任村干部，仍然依据彝族传统的习惯法调解乡村中的民事纠纷。一些村民民主决策、民主管理、民主监督意识淡薄，法律意识、法治思维缺乏，遇事不是用法找法遵法，而是用非理性行为和过激的举动解决，导致矛盾和纠纷的升级，甚至出现恶性违法犯罪事件。

七、德治文化建设滞后

德治厚植文明乡风是乡村治理体系和治理能力现代化的重要保障。农业农村现代化，不仅包括乡村物质层面的现代化，还包括精神层面的现代化，不仅要富裕农民的"口袋"，还要富足农民的"脑袋"。一方面，传统的民风民俗根深蒂固。习惯法是扎根于凉山彝区的一项传统观念，是彝区人民在生活中不断总结和完善出来的，它涉及生活的各个方面，如婚丧嫁娶、等级关系、财产所有、等级制度等，是凉山彝区本地的行为准则；另一方面，传统民风民俗与现代移风易俗的矛盾交织，传统道德观念与现代价值观念的矛盾叠加。在乡村传统社会中形成的"天价彩礼""孝子厚葬""大摆宴席"等婚丧嫁娶的民风民俗，已不适应现代社会的理性要求。当诸如理性、自我、民主、法治、自由等现代价值观念出现时，传统乡村社会的血缘、宗族、家族、伦理等传统道德观念就会受到冲击。

值得注意的是，现阶段伴随我国乡村物质生活水平的日益提高，村民对文化生活的需求也越来越多样，旧的文化传统被理性的呼声撕裂，而新的文化秩序、乡风传播、现代文明尚未有效建立，很多农村缺乏现代的、先进的文化设施和娱乐活动，特别是受新冠病毒感染疫情影响，许多乡村文化活动、庆典活动、民俗活动被迫终止或取消，多样的、正能量的、喜闻乐见的文化活动、产品、服务跟不上，文化资源、文化活动匮乏，文化建设滞后、形式单一，难以填充农闲时间，无法满足农民对休闲娱乐文化的需求，阻碍了乡风文明的发展进程。适合乡村的公共文化产品种类较少、质量不高的问题比较普遍，一些乡村公共文体设施利用率不高，根植乡村、服务乡村的文艺精品和复合型的文化能人尚未充分地发挥作用，一些农村不仅出现了物理性公共空间的萎缩——乡村文化活动设施的破坏与缺乏，也出现了精神性公共空间的衰败——乡村公共舆论的瓦解与缺失。

---

① "家支"头人是指家支的首领。

第二章　从社会管理到多元治理

一个国家选择什么样的治理体系，是由这个国家的历史传承、文化传统、经济社会发展水平决定的，是由这个国家的人民决定的。我国如今的国家治理体系，是在我国历史传承、文化传统、经济社会发展的基础上长期发展、不断改进、内生性演化的成果。

第一节　乡村治理的内涵及目标

党的十八届三中全会首次把"推进国家治理体系和治理能力现代化"列为全面深化改革的总目标，首次把"国家治理体系和治理能力"写入正式文件。从"社会管理"到"社会治理"，虽然是一字之差，却是党的执政理念和政策思路在社会建设领域的一次重大创新和全面提升，更意味着中国社会建设在顶层布局上步入崭新阶段，是对马克思主义国家理论的创新，体现的是系统治理、依法治理、源头治理、综合施策，反映了党对社会运行规律和治理规律认识的深化。

一、治理的概念

"治理"理念产生之后，其内涵和作用领域也随着人们的阐释愈来愈丰富和广泛，人们对"治理"寄予了很多美好期待，治理在政治、经济、社会、文化等诸多领域的不可治理性问题中似乎都能找到"用武之地"。

至今，人们对治理概念的阐释还没有形成一个统一的版本，在不同的国家、不同的情境、不同层次的实践中具有不同的侧重点，呈现出理论的宽泛性、实践的多样性和研究视角的多维度。对治理定义较多的是国际组织或研究机构。世界银行、欧盟、经济合作组织、联合国开发计划署、全球治理委员会均从各自的治理领域给出了"治理"的概念。根据全球治理委员会的界定，治理，即各种公共的或者私人的个人和机构经营管理相同事务的诸多方式的总和，既包括有权迫使人们服从的正式制度和规则，也包括各种人们同意或认为符合其利益的非正式的制度安排[17]。它是使得相互冲突的或者各不相同的利益得以调和并且采取联合行动的持续的过程。

治理理论的主要创始人詹姆斯·罗西瑙（James N. Rosenau）指出，治理本质上是相互竞争的利益之间需要调解时发挥作用的原则、规范和决策程序[18]。格里·斯托克（Gerry Stoker）将治理总结为五个方面的内容：①治理意味着一系列来自政府但又不限于政府的社会公共机构和行为者；②治理意味着在为社会和经济问题寻求解决方案的过程中存在着界限和责任方面的模糊性；③治理明确肯定了在涉及集体行为的各个社会公共机构之间存在着权力依赖；④治理意味着参与者最终将形成一个自主的网络；⑤治理意味着办好事情的能力并不仅限于政府的权力，不限于政府的发号施令或运用权威[19]。

20世纪末，国内很多学者也参与到新治理的研究中来。徐勇是最早研究治理的学者之一，他指出治理主要是统治、管理或统治方式、管理方法，即统治者或管理者通过公共权力的配置和运作，管理公共事务，以支配、影响和调控社会[20]。俞可平的《治理与善治》一书将我国的治理研究推向高潮，他多次强调，治理一词的基本含义是指官方的或民间的公共管理组织在一个既定的范围内运用公共权威维持秩序，满足公众的需要，治理是一个公共管理活动和公共管理过程，它的最终目的是要达到"善治"[21]。国家治理的理想状态，就是善治[22]。何增科认为，中国的国家治理，跟我们一般讲的治理有很大的区别，它避免单纯讲治理产生的去国家化、去政党化、去政府化的倾向。国家治理是一个中国化的概念，它将国家与治理结合起来，融合了治理理论和公司治理理论的双重关切，强调政府治理的同时，包容了市场治理和社会治理的新要素。国家治理是国家政权的所有者、管理者和利益相关者等多元行动者在一个国家的范围内，对社会公共事务的合作管理，它的目的是增进公共利益，维护公共秩序[23]。

二、社会管理与社会治理

习近平总书记指出："治理和管理一字之差，体现的是系统治理、依法治理、源头治理、综合施策。"与传统意义上的"管理"相比，现代政治学和行政学等研究将"治理"拓展为一个内容丰富、包容性很强的概念，重点强调多元主体管理，民主式、参与式、互动式管理，而不是单一主体管理。

社会管理在理念上侧重于强调由政府对社会进行管理，往往表现为政府凌驾于社会之上，习惯于包揽一切社会事务，扮演"全能型选手"的角色。在主体上，社会管理侧重于由政府对社会进行管理，政府是社会管理权力的主要来源，社会管理的主体是相对单一的政府及其职能部门。在方式上，社会管理的实践主要依靠政府的权力，依靠发号施令，表现为从自身主观意愿出发管控社会，自上而下为民做主。在内容上，社会管理在实践中往往被理解为无所不包，涵盖的领域过于宽泛，在实践中不容易把握、很难界定。

社会治理在理念上，侧重于调动人民群众参与社会治理的积极性、主动性和创造性，政府、市场和社会力量多元行为主体之间形成密切的、协作的网络关系，它把有效的管理看作各主体之间的协商、谈判和合作过程，原来由国家和政府承担的责任正在越来越多地由各种社会组织、私人部门和公民团体来承担，形成党委领导、政府负责、社会协同、公众参与、法治保障的现代乡村社会治理机制，自治、德治、法治相结合的治理体系。在主体上，社会治理强调权力来源的多样性，社会组织、企事业单位、社区组织等都可能是权力的来源。社会治理的主体是多元的，政府、社会组织、企事业单位、公众等多元主体共同参与，任何一个单一主体都不能垄断管理。社会治理是公众民主的一种新的实现形式，它更多地强调发挥多主体的作用，鼓励和支持各方面的参与，发挥社会力量的作用，激发社会组织活力，更多地鼓励参与者民主选举、民主参与、民主管理、民主监督，并达成民主合作共识，从而形成符合整体利益的公共政策。在方式上，社会治理除了运用政治权力之外，形成了市场的、法律的、文化的、习俗的等多种管理方法和技术，注重提高社会治理的社会化、法治化、智能化、专业化水平。

三、乡村治理的概念与内涵

乡村治理是指以乡村政府为基础的国家机构和乡村其他权威机构、个人为乡村社会提供公共服务和公共产品的活动。乡村治理意味着国家、社会与市场以新方式互动，以应对复杂、多样和动态的社会及其政策议题或问题。

首先，乡村治理表明公共权威的多元化，意味着权利在政府、市场和社会组织之间的重新调整和组合。在乡村公共事务和公共服务中，不是只存在一个或两个管理主体，而是要培育和发展多个治理主体。政府不再是权威的唯一指向和公共服务的唯一提供者。政府、市场、社会组织都应该参与乡村公共事务和公共服务的决策、管理。乡村治理注重推动民主理论与公共行政的融合，将效率考量和民主考量一体化，使占据乡村绝大多数人口的农民能够发挥主人翁作用，积极主动参与乡村治理，提高乡村公共事务民主选举、协商、决策、管理、监督的科学水平，增强公共利益、公共服务和公共产品的均衡性、可及性、普惠性。因此，新的乡村治理不存在唯一的有效权力或权威，治理的主体不一定是政府，政府、社会、市场三者的多种合作形式让民主的行政管理找到了出路。

其次，乡村治理是政府、市场、社会组织等多元治理主体协调合作互动的结果。乡村治理围绕政府、市场、社会的关系问题而进行，核心议题就是处理好政府、市场和社会三者之间的关系，要弄清楚哪些社会事务需要政府、市场和社会各自分担，哪些社会事务需要政府、市场和社会共同承担；要从政府-市场-社会这样一个更加宏观的治理层面来考虑政府的职能范围、市场的资源配置作用，以及人民群众对社会事务的管理能力等问题。强调国家和政府发挥主导性力量作用的同时，调动和引导社会力量积极参与治理，并促进市场在资源配置中的决定性作用的发挥。市场要求有一个竞争规则，社会要有一个运行秩序。最终，政府主导、市场自主、社会力量积极参与，形成良性互动协同，是乡村"善治"所追求的"王道"。

需要注意的是，在治理过程中，不是不需要权力或权威，而是在党和政府的领导下，始终坚持和加强党对乡村治理的领导，确保乡村治理沿着正确的方向前进。党和政府权力（权威）的行使不再是自上而下的运行，而是一个上下互动、左右联动的过程，形成党委领导、政府负责、社会协同、公众参与、法治保障的现代乡村社会治理机制，形成一个自觉的、互信的、合作的、共赢的治理网络。多元治理主体主要通过合作、协商、伙伴关系，确立和认同共同的目标等方式实施对公共事务的管理，构建共建共治共享的乡村治理格局。

再次，乡村社会治理有效、充满活力、和谐有序，乡村治理体系和治理能力基本实现现代化，是乡村治理的最高境界和最终目标。乡村治理发挥作用的基础在于多数人的接受，而非依靠政府的强制性权力。治理的路径不再是政府一元治理和政府权力（权威）的自上而下的管理，而是以自治增活力、以法治强保障、以德治扬正气，健全自治、法治、德治相结合的"三位一体"乡村治理体系。

最后，有效治理乡村，需要明确"治理什么"这一问题。这便是乡村治理的对象及内容所在。习近平总书记既从一般意义上阐明了乡村治理的对象及内容，又立足新时代中国特色社会主义事业总体布局，找准乡村治理的具体问题。习近平总书记指出："要以保障和改善农村民生为优先方向""重视化解农村社会矛盾，确保农村社会稳定有序"。这是习近平总书记从一般意义上对乡村治理对象及内容做出的论述，即乡村治理的对象及主要内容是乡村公共事务、乡村公共问题。

四、乡村治理体系和治理能力现代化的目标

乡村治理是国家治理的重要组成部分，乡村治理的总体目标是实现乡村治理体系和治理能力现代化。实现乡村治理体系和治理能力现代化的总体目标，要坚持稳中求进的总基调，蹄疾步稳，分步实施，要有足够的耐心和定力，分步实现乡村治理现代化。第一步是到 2020 年，现代乡村治理的制度框架和政策体系基本形成，农村基层党组织更好发挥战斗堡垒作用，以党组织为领导的农村基层组织建设明显加强，村民自治实践进一步深化，村级议事协商制度进一步健全，乡村治理体系进一步完善。这一目标的达成为第二步起好步、开好局提供了坚实的理论保障、实践保障和制度保障。第二步是到 2035 年，乡村公共服务、公共管理、公共安全保障水平显著提高，党组织领导的自治、法治、德治相结合的乡村治理体系更加完善，乡村社会治理有效、充满活力、和谐有序，乡村治理体系和治理能力基本实现现代化。第三步是到新中国成立一百年时，与全面实现国家治理体系和治理能力现代化同步，实现乡村治理体系和治理能力现代化。

乡村治理体系和治理能力现代化的目标既是对实现乡村振兴战略做出的具体分解，也是对实现国家治理体系和治理能力现代化的深切回应。第一步围绕着农村基层党组织建设，着眼于乡村治理体系的进一步完善，基本形成现代乡村治理的制度框架和政策体系；第二步基本实现乡村治理体系和治理能力现代化；第三步实现乡村治理体系和治理能力现代化，体现

了阶段性目标与长远目标的有机协同，具有系统性、整体性、协同性、前瞻性。

"治理体系现代化"和"治理能力现代化"的关系是结构与功能的关系，硬件与软件的关系。治理体系的现代化具有本质属性，是治理结构的转型，是体制性"硬件"的更换。只有实现了治理体系的现代化，才能培养治理能力的现代化。同时，治理能力又反作用于治理体系，国家和政府管理者、乡村两委、集体经济组织、社会组织的治理能力强不强，作用发挥得好不好，都会对治理结果产生直接的影响。"治理能力现代化"是要把治理体系的体制和机制转化为一种能力，发挥其功能，提高公共治理能力。

第二节　多元主体是发展趋势

迈克尔·博兰尼在《自由逻辑》一书中首次提及和阐述多中心治理理论，之后埃莉诺·奥斯特罗姆和文森特·奥斯特罗姆基于深刻的理论分析和实证分析共同创立了多中心治理理论。

多中心治理理论强调公共事务的治理主体应该是多元而不是一元的，各主体相互独立且相互联系，在一定范围内共同承担公共事务治理的职责，从而实现社会的善治，提升治理的整体效益。多中心治理实质上是构建政府、市场、社会共同参与的"多元共治"模式[24]。

治理现代化实践证明，传统万能政府"打包一切"存在治理"越位""缺位"弊端，必须创新乡村治理，打破传统政府一元治理主体模式，政府之外的组织、个人力量被更多重视和强调，推动治理多主体参与、共同参与、协同发展。

一、主体多元化是主流趋势

改革开放 40 多年来，农村经济社会结构发生深刻变化，从改革开放前形成的城乡二元结构，到改革开放后打破城乡二元体制、调整城乡关系，再到党的十九大提出要"建立健全城乡融合发展体制机制和政策体系""重塑城乡关系，走城乡融合发展之路""加快形成工农互促、城乡互补、全面融合、共同繁荣的新型工农城乡关系"。城乡、工农、区域之间人力资源流出、流进、流向、流量变化多样、日趋复杂，农村人与人、人与自然、人与社会之间的关系也已经今非昔比，农村事务也不再是传统的内容。

现在，为了满足乡村公共管理和公共服务需求，实现乡村"善治"目标，治理主体范围需要从传统的、单一的政府主体扩展到公民、私营企业、自治组织、相关利益团体等非政府部门。农村民主政治和公共事务的参与者呈现多元化，乡村公共管理事务和经济社会发展决定了乡村治理主体必须向多元化方向发展。治理是整个社会的事情，也是全社会的共同责任。乡村治理的主体除了国家正式权力机构以外，还包括乡村内部权威机构和乡村社会化组织、乡村体制内精英和体制外精英等，把农民、新型农民合作组织、其他经济社会组织、乡村企业等纳入乡村治理体系中来，这种治理多元发展模式是对传统政府一元统治模式的超越。

治理不是政府唱"独角戏"，而是需要社会组织的广泛参与。政府应是社会管理的责任主体，但不是唯一的主体。社会力量的逐渐壮大，乡村社会结构的复杂多样，均不同程度地削弱了政府的权威，从而促进了政府治理功能与社会治理机制的有机融合，加快形成了政府、社会、市场、公民共同治理的大格局。

对政府而言，治理就是从"管理者"到"服务者"的变化，对非政府部门而言，治理就是从被动接受到主动参与的过程。各治理主体通过联合行动，共同解决利益冲突，在相互调适的过程中实现各自的利益目标。多元化的权利结构成为乡村治理的发展趋势，并将对乡村规划、空间塑造和乡村的新型内生发展产生影响。

二、多元主体是动态变化的

由于我国国土面积大，区域之间、城乡之间发展差异大，不同地域的乡村经济社会发展水平参差不齐，面临的经济社会发展问题各有不同，因此，乡村治理主体是随着乡村经济社会发展不断变化的，没有一成不变的固定模式。

随着乡村振兴战略的实施，农村社会经济发展过程中涌现出一批农民精英、"能人"和新型农业生产经营带头人，以这些精英为核心的各类协会、合作社等新型乡村组织不断兴起。特别是新型农业合作社，在沟通政府、农民和市场，联农带农富农，提高农民收入等经济活动中起到了越来越重要的作用，深入农村公共事务，成为乡村治理的关键角色。

三、多元参与是硬道理

乡村振兴，亿万农民是主体。江山就是人民，人民就是江山。一切为了群众，一切依靠群众，是党的制胜法宝，也是乡村治理必须坚持的根本原则。乡村治理，说到底是亿万农民民主意识的觉醒，参与乡村政治、经济、社会等各类事务的积极性、主动性和创造性的激发，把乡村治理转化成广大农民广泛参与的生动实践，让广大村民成为最广参与者、最大受益者、最终评判者，形成生动活泼、安定团结、和谐有序的局面。

实践证明，农民群众只有直接参与农村经济社会事务的决策、管理、监督，并从中有获得感、幸福感和安全感，才能变得关心政治、增强对政治的信赖感，增强乡村政治、经济、社会主人翁意识，继而能够在乡村公共事务的管理中发挥聪明才智，才能真正体现自身存在的价值、有效行使自己的权利。

韩国新村运动的成功经验就是政府引导、村民主导，当地农民对当地有着充分的了解，熟知当地村庄的优势和劣势，在获得发言权和决策权后对村庄的归属感和责任感会增强，更加积极主动地为乡村治理建言献策，村民的集体决策智慧有效提高了乡村治理水平和乡村发展速度。

因此，乡村治理，必须坚持人民至上，把人民对美好生活的向往作为奋斗目标，坚持以人民为中心的发展思想，坚持调动广大农民的积极性、主动性和创造性，让农民成为乡村治理的参与者。只有充分发挥亿万农民的主体作用和首创精神，让农民成为乡村振兴的治理者、建设者和受益者，才能增强他们的获得感、幸福感和安全感，乡村振兴及其治理现代化才能行稳致远。

四、多元主体不是封闭的

乡村治理不能单纯就乡村谈治理，必须跳出乡村看农村、看农业、看农民，更不能在封闭、孤立中搞乡村治理，而是要坚持把"三农"工作作为全党的重中之重，坚持农业农村优先发展，立足新发展阶段、贯彻新发展理念、构建新发展格局，坚持走城乡融合、工农互促发展之路，调动一切可以调动的力量，关心、支持和投入乡村振兴。社会力量和社会组织是乡村治理不可或缺的部分，包括退休回乡干部、企业家、志愿者等日益成为乡村治理的不可或缺的主体。因此，政府要搭建有利于各类社会组织发挥作用的平台，让多元、广泛的社会组织和力量涌入乡村，支持和服务乡村发展，使乡村治理结构得到进一步优化，推动乡村治理现代化。

第三节　乡村治理的多元主体

现代乡村社会结构日益成为以传统性血缘为纽带的家庭、家族、宗族与现代性利益为核心的乡村自治组织组成的治理结构，乡村社会呈现出传统与现代相互交融的治理状态[25]，形成了先天血缘与后天利益交织的社会网络。乡村治理主体是在乡村治理活动中起到重要作用的一切机构、组织和群体。只要事关乡村公共服务需求、乡村公共服务供给、农业农村农民问题，有利于农村和谐稳定，有利于乡村治理体系和治理能力现代化，能够在乡村社会中积极活动，能够履行一定治理职能，发挥一定功能的组织机构乃至个人都是乡村治理的主体。具体包括乡镇党委政府、农村基层党组织、村民委员会、经济组织、社会组织、志愿服务组织、乡贤（乡村精英）、村民等。从乡村治理主体的功能作用角度，可将乡村治理主体划分为以下几类：

一、农村基层政权组织

农村基层政权组织实质是国家政权的制度性安排和法律性安排，是纳入国家政权体制内的行政组织，是保障国家政权在乡村运转的治理主体[26]。1954 年 9 月，全国人民代表大会通过的《中华人民共和国宪法》规定：我国农村的基层政权为乡、民族乡、镇。乡、民族乡、镇政府成为国家政权五级政府的最基层政权组织，是主导乡村治理最末梢、最前沿的国家政权力量，对贯彻和落实乡村治理现代化的各项部署和总体目标起着决定性作用。

二、村级组织

村级组织是村民根据《中国共产党农村基层组织工作条例》《中华人民共和国村民委员会组织法》《中华人民共和国乡村振兴促进法》等党内法规、国家法律法规以及有关章程，通过民主选举等方式，形成的各类村级政治、经济和社会组织。

当前,乡村振兴战略全面实施,农村的安全稳定、和谐有序、繁荣发展不仅需要有自外而内的资源输入,而且需要有强有力的村级组织力量的组织实施。各种政策、资金、项目、技术、人才源源不断流向农村,投入的这些资源也要有一个强有力的基层组织体系来接应。党中央、国务院以及地方党委和政府各项乡村振兴决策的部署,也需要有一个强有力的基层组织体系贯彻执行,确保各项富农惠农利民政策落地生根、开花结果。农村正处于快速改革变化时期,人员大规模流动,乡村面临复杂多变的发展环境,会产生各种难以预料的问题和风险,也需要有一个强大完善的村级组织体系来应对现代化进程中可能出现的各种问题、风险或危机。

改革开放以来,"乡政村治"催生了许多体制内和体制外、制度性和非制度性村级组织。村级组织的产生和发展,确保了党的路线方针政策和决策部署在农村的贯彻落实,推动了农村经济社会发展,深化了村民自治实践,保障了村民民主权利,壮大了村集体经济,维护了农村安定有序。

目前,村级组织大体可分为村党组织、村民自治组织、村集体经济组织、村务监督组织和其他村级经济社会组织五类。这些村级组织不只是一个集体组织名称,重点是把与农村政治经济社会发展有关的散乱的、游离的个体、农户和机构组织起来,形成一个个有凝聚力、向心力、战斗力的紧凑型集团。总结一百多年来农村社会的变化,可以发现,不同时期农村的具体事务会发生变化,国家要有强有力的治理乡村基层社会的能力,来应对农村基层社会可能的"万变"。村级组织是乡村治理的最强有力的群众力量。

村级组织的工作职责主要是:宣传理论和贯彻执行党的路线方针政策,落实党中央、国务院以及地方党委和政府决策部署;加强村党组织及其领导的村级组织自身建设,组织群众、宣传群众、凝聚群众、服务群众;实行村民自治,发展壮大农村集体经济,维护村民群众合法权益,开展村级社会治理,提供村级综合服务等。

虽然乡村治理实行村民自治,但在权力设置上复制了国家治理体系中的权力结构[27]。一是在村民自治组织体系上,以村民委员会和村民小组为管理执行机构、以村民大会和村民代表大会为决策议事机构、以村务监督委员会为监督机构;二是在农村基层党组织和村民自治组织的关系上,中国共产党在农村的基层组织,按照中国共产党章程进行工作,发挥领导核心作用，领导和支持村民委员会行使职权；三是集体经济组织依法代表集体行使集体资产所有权，村民自治组织依法开展农村基层自治活动。从相关法律和政策来看，农村基层党组织、村民大会和村民代表大会、村民自治组织、村集体经济组织、村务监督组织这五类组织，可分别视为领导组织、决策组织、执行组织、经济组织和监督组织[28]。

三、社会力量

乡村振兴是一项系统工程，需要统筹利用各类资源，调动全社会的力量支持乡村振兴，促进广泛参与、各负其责、互为补充、同频共振。乡村振兴的社会力量包括社会组织、社会工作者、志愿者和慈善组织等。

社会组织包括社会团体、民办非企业单位、基金会、社会中介组织以及城乡社区社会组织等。2015 年中共中央办公厅印发《关于加强社会组织党的建设工作的意见（试行）》，指出党组织要引导和支持社会组织有序参与社会治理、提供公共服务、承担社会责任。"十三五"末期全国社会组织数量达到 89.4 万个。2021 年《"十四五"民政事业发展规划》提出，发挥社会组织在社会治理中的作用，畅通社会工作者和志愿者参与社会治理的途径，发展慈善事业，推动建设人人有责、人人尽责、人人享有的基层社会治理共同体。促进乡村治理与公共服务联动，构建乡镇政府、村民委员会、村集体经济组织和社会组织、村民群众等多主体共同参与的服务格局。2022 年中共中央办公厅、国务院办公厅印发《关于改革社会组织管理制度促进社会组织健康有序发展的意见》，提出要充分发挥社会组织服务国家、服务社会、服务群众、服务行业的作用，大力培育发展社区社会组织，发挥社区社会组织在创新基层社会治理中的积极作用，推动建立多元主体参与的社区治理格局。2022 年 5 月 7 日，国家乡村振兴局、民政部印发《社会组织助力乡村振兴专项行动方案》，提出动员部分重点社会组织对 160 个国家乡村振兴重点帮扶县进行对接帮扶，引导不同类型的社会组织，开展专业化、差异化、个性化特色活动，打造社会组织助力乡村振兴公益品牌。

社会组织走向参与社会治理的"前台"是浙江桐乡市"三治合一"模式的典型特征，"道德评判团""百姓参政团""百事服务团"等机构，从性质上讲皆属于民众自发组建的非政府组织（NGO）范畴，本身具有民间性、自治性和公益性等多重特性。正是这些社会组织的兴起和发展，推动了民众在乡村治理实践中的身份从"被治理者"向"治理者"的彻底转变，一定程度上提升了民众的话语权，增强了其参与乡村公共事务的积极性。

这些社会组织与政府组织有着明显区别，虽然其不具备政府的职能，但具有非政府、非营利、公益性、服务性、互助性等特征，是乡村治理的重要力量，在乡村治理中可以起到政府起不到的作用，可以与政府之间形成一种优势互补、良性互动的关系。社会组织在乡村治理的过程中扮演着"补充者"的角色，在满足不同成员的利益诉求，联结农民、政府和市场等方面有着不可替代作用，其行为可以被看作对政府公共服务的"查漏补缺"。实施乡村振兴战略需要发挥社会力量治理乡村的社会协同作用，发挥社会力量服务乡村、服务群众、服务行业的重要作用，促进乡村治理与公共服务联动。

四、新型农业生产经营组织

新型农业经营组织是相对于政府、社会、村级组织的另一个重要力量。农业要强，产业必须要强，必须坚持市场在资源配置中的决定性作用，尊重企业与农户的市场主体地位和经营决策权，构建现代农业经营体系。在坚持家庭承包经营基础上，培育从事农业生产和服务的新型农业经营主体是关系我国农业现代化的重大战略。加快培育新型农业经营主体，目的是形成以农户家庭经营为基础、合作与联合为纽带、社会化服务为支撑的立体式复合型现代农业经营体系，推动农业农村现代化，实现全体人民共同富裕。

新型农业经营主体是在完善家庭联产承包责任制度的基础上，有文化、懂技术、会经营的职业农民和具有大规模经营、较高集约化程度、较强市场竞争力的农业经营组织与服务组织，主要包括专业大户、家庭农场、农民专业合作社、农业龙头企业以及其他经营性农业社会化服务组织，形成了家庭经营、集体经营、合作经营、企业经营等多种经营方式，是带动小农户连接大农业、联通大市场的重要力量。

1988 年试行的《中华人民共和国村委会组织法》，提出村民委员会应当支持和组织村民发展生产、供销、信用、消费等各种形式的合作经济。1998 年实施的《中华人民共和国村委会组织法》，进一步明确村民委员会应当支持和组织村民依法发展各种形式的合作经济和其他经济。2012 年党的十八大报告提出：要发展农民专业合作和股份合作，培育新型经营主体，发展多种形式规模经营，构建集约化、专业化、组织化、社会化相结合的新型农业经营体系。同年《中共中央、国务院关于加快发展现代农业进一步增强农村发展活力的若干意见》指出：要培育和壮大新型农业生产经营组织，扶持联户经营、专业大户、家庭农场，大力支持发展多种形式的新型农民合作组织，培育壮大龙头企业，充分激发农村生产要素潜能。这是"新型农业生产经营组织"首次出现在官方文件中。2017年国务院发布《关于加快构建政策体系培育新型农业经营主体的意见》，提出构建形成比较完备的政策扶持体系，引导新型农业经营主体提升规模经营水平、完善利益分享机制，发挥带动农民进入市场、增加收入、建设现代农业的引领作用。2017年党的十九大报告指出：构建现代农业产业体系、生产体系、经营体系，发展多种形式适度规模经营，培育新型农业经营主体，健全农业社会化服务体系，实现小农户和现代农业发展有机衔接。2021年《中华人民共和国国民经济和社会发展第十四个五年规划和2035年远景目标纲要》提出"进一步放活经营权""发展多种形式适度规模经营，加快培育家庭农场、农民合作社等新型农业经营主体"。2022年农业农村部发布《关于实施新型农业经营主体提升行动的通知》，提出加快推动新型农业经营主体高质量发展。党的二十大报告指出，要巩固和完善农村基本经营制度，发展新型农村集体经济，发展新型农业经营主体和社会化服务，发展农业适度规模经营。

专业大户和家庭农场都属于家庭经营，2013年中央一号文件鼓励和支持承包土地向专业大户、家庭农场流转。2014年农业部发布《关于促进家庭农场发展的指导意见》，提出家庭农场作为新型农业经营主体，以农民家庭成员为主要劳动力，以农业经营收入为主要收入来源，利用家庭承包土地或流转土地，从事规模化、集约化、商品化农业生产，保留了农户家庭经营的内核，坚持了家庭经营的基础性地位，适合我国基本国情，符合农业生产特点，契合经济社会发展阶段，是农户家庭承包经营的升级版，成为引领适度规模经营、发展现代农业的有生力量。家庭农场经营规模适度，进行种养业专业化生产，经营管理水平较高，示范带动能力较强。2023年中央一号文件指出，要深入开展新型农业经营主体提升行动，支持家庭农场组建农民合作社、合作社根据发展需要办企业，带动小农户合作经营、共同增收。

农民专业合作社是发展农村集体经济的新型实体，是创新农村社会管理的有效载体。2006年《中华人民共和国农民专业合作社法》颁布,明确农民专业合作社是在农村家庭承包经营基础上,同类农产品的生产经营者或者同类农业生产经营服务的提供者、利用者,自愿联合、民主管理的互助性经济组织。2017年该法得到了修订,扩大了农民专业合作社的范围,增设农民专业合作社联合社。

农业龙头企业是以农产品加工或流通为主,通过订单合同、合作等各种利益联结方式带动农户进入市场,实行产加销、农工贸一体化,在规模和经营指标上达到规定标准并经政府有关部门认定的企业,包括国家级龙头企业、省级龙头企业、市级龙头企业、规模龙头企业。龙头企业集成利用资本、技术、人才等生产要素,带动农户发展专业化、标准化、规模化、集约化生产,是构建现代农业产业体系的重要主体,是推进农业产业化经营的关键。

农村社会化服务组织是在产前、产中和产后各环节为农业生产提供专业化、市场化服务的经济组织,包括专业服务公司、专业服务队、农民经纪人等。截至2020年年底,全国农业社会化服务组织数量超90万个,其中有27万家以服务为主体的农业合作社,有40万家以服务为主体的专业大户,还有一部分基层供销社等。2021年中央一号文件提出,发展壮大农业专业化社会化服务组织,将先进适用的品种、投入品、技术、装备导入小农户。2022年中央一号文件指出,聚焦关键薄弱环节和小农户,加快发展农业社会化服务,支持农业服务公司、农民合作社、农村集体经济组织、基层供销合作社等各类主体大力发展单环节、多环节、全程生产托管服务,开展订单农业、加工物流、产品营销等,提高种粮综合效益。2023年中央一号文件指出,实施农业社会化服务促进行动,大力发展代耕代种、代管代收、全程托管等社会化服务,鼓励区域性综合服务平台建设,促进农业节本增效、提质增效、营销增效。

五、传统农村家族(支)、宗族组织

在围绕公共权力探讨乡村治理时,不能忽视乡村治理中的私权力维度。私权力在公共事务的治理过程中一直发挥着公共权力不可替代的作用。在传统农业社会中,在广袤的农村,乡贤(绅)、家族、宗族在农村的话语权和影响力居于正统和主导地位,对于巩固封建社会政权统治、维护农村社会安定等具有举足轻重的作用。传统士绅的上下沟通是中国传统基层社会权力结构的基本构架。乡村社会的治理正是依靠处于第三领域的准官吏——乡村绅士的帮助，正式的国家机构才能实现对全社会的控制。

在现代化过程中，公共权力大举下乡，割裂了乡村社会固有的私权力治理结构。到 20 世纪前期，传统士绅阶层的衰落和知识分子的城市化，传统乡村治理结构遭到破坏，在人民公社时期处于隐匿状态。改革开放以来，农村经济社会结构发生深刻变革，特别是以家庭联产承包责任制为主的农业经营方式的确立、市场经济的建立和农民工大量外出务工，市场化、现代化、信息化对农村生产生活不断渗透并产生颠覆性影响，经济发达地区的大型宗族组织解体，乡贤（绅）、家族、宗族在乡村治理中的角色特征已经由传统社会中的"正式治理者"演变为"非正式影响者"，已从正式变成了非正式，从体制内转到了体制外。在经济不发达的中西部地区和民族地区，家族和宗族的影响在乡村社会复兴。在复兴的初期，宗族组织的活动领域主要集中在农村文化和社会活动方面。随着宗族组织的复兴，在一些地区，农民的宗族意识凸显，并在村庄政治生活中得到表现；在部分地区，宗族组织甚至直接影响了村庄政治，例如主导或干扰村民委员会选举和村庄权力运行等。

社会学家费孝通认为："宗族的复兴为农民利益的反映与表达提供了一个渠道，使农民感到一种特殊的心理满足，从中寻找到一个新的价值支撑，在一定程度上减少和降低了农民的心理失衡，这个对于舒缓社会性的紧张，稳定地方秩序和人心，稳步实行乡村现代化具有一定的积极意义。"乡贤（绅）、家族、家支因素在国家宏观环境与体制环境的大框架中仍然对乡村治理的许多重要环节产生重要的影响[29]。

因此，我们不能简单地把家族、家支力量看成传统历史的遗留物，实际上它是文化系统和价值系统的集合，也是乡村稳定发展的重要推动力。在攀西地区农村基层社会中，"家支"组织实际上是乡村资源配置的一个重要主体，必须承认"家支"存在的事实，正确处理家支和法治的关系。家支的各种规范对村民的约束力很大，对于这些家支规范应该实事求是、取其精华、去其糟粕。对于家支制度，有利的要加以传承，通过家支亲情凝聚村民对乡村的认同感，借助"家支"的号召力制定村规民约，使乡村治理得以规范有序。有些家支规范的内容和法律相违背，对于"家支"制度本身的弊端和带来的负面问题，如利益集团化、势力庞大等也应该正确引导，努力使家支制度更好地服务于乡村繁荣发展与和谐有序。

第三章　乡村治理模式

　　始于 20 世纪 80 年代初的村民自治不仅是亿万农民直接行使民主权利的基本形式,更是乡村社会治理的制度性框架。在村民自治制度的统一规范和指导下,乡村治理模式是多样化的,并且一直处于不断发展的过程中。乡村治理的主体是多元的,这是农村社会发展的必然。乡村精英人物和乡村各类经济、社会组织的崛起,使得乡村治理越来越呈现出"多元""多主体"等特征。多元主体之间的关系也在实践中不断重塑,从散乱走向有序,从不规范走向规范。攀西地区的乡村治理需要借鉴发达国家和我国其他地区的先进治理模式和治理经验,结合自身实际,进行探索和创新,构建合理、科学、有效的乡村治理模式。

第一节　发达国家乡村治理模式和经验

　　发达国家乡村治理已经走过了漫长的历程,至今已形成了多种乡村治理模式[30],以日本的造村运动、韩国的新村运动为代表的东亚乡村治理模式,将缩小城乡差距、振兴乡村发展作为目标;以德国的村庄更新、荷兰的农地整理、瑞士的乡村建设和法国的农村改革为代表的西欧乡村治理模式,注重乡村的生态环境、景观保护以及文化条件等方面的建设;以美国的乡村小城镇建设、加拿大的农村协作伙伴为代表的北美乡村治理模式,提倡城乡一体化,追求农村的经济、政治平衡发展。

　　这些乡村治理模式虽然类型多样、特点各异,有些是自上而下产生的,有些是上下结合驱动的;有些是外生的,有些是内生的,但是都发挥了政府部门、农民协会、乡村精英、普通村民、城市、企业、高等院校、金融机构等多元参与主体的功能作用和内在价值，很好地体现了多中心治理理论的思路，对于缩小本国城乡差距、提高农民收入、改善农民生活质量、促进农村现代化发展具有明显的成效。

一、发达国家的乡村治理模式

（一）日本造村运动——因地制宜型

因地制宜型模式是指在乡村治理中，以挖掘本地资源、尊重地方特色为典型特点，通过因地制宜地利用乡村资源来推动农村建设，最终实现乡村的可持续性繁荣，这种模式以日本的造村运动最为典型。第二次世界大战后，日本政府为了提升社会发展的速度，实行了一套城市偏向政策，注重发展城市工业，片面追求经济发展，以求快速推动整个国家的繁荣。其导致城乡发展的不均衡，造成农村发展的落后。

19世纪60年代，日本政府开展"造村运动"。为了振兴农村，实现城乡一体化目标，在政府的大力倡导与扶持下，各地区根据自身的实际情况，因地制宜地培育富有地方特色的农村发展模式，形成了为世人称道和效仿的"一村一品"发展模式，从而振兴了日本农村经济，实现了日本农业现代化。

在农村产业发展方面，日本政府根据本国的地形特点、自然条件，充分发挥本地比较优势，培育水产品产业基地、香菇产业基地、牛产业基地等多种类型农产品生产基地，探索"一村一品"的产业发展道路，打造富有地方特色的品牌产品。政府采取对农林牧副渔产品实行一次性深加工的策略，提升农产品的附加值；发挥日本综合农协的作用，在农产品的生产、加工、流通和销售环节建立产业链，促进产品的顺利交易；开设各类农业培训班，建立农民补习中心，构建完善的教育指导模式，提高农民的综合素质和农业知识。政府对农业生产给予大量的补贴和投入，支持农村发展。

（二）韩国新村运动——自主协同型

自主协同型模式是以低成本推动农村跨越式发展的典型模式，通过政府努力支持与农民自主发展相配合，共同实现乡村治理的目标，这种模式以韩国的新村运动为代表，改变了韩国落后的农业国面貌，重新焕发了乡村的活力，实现了农业现代化的目标。和日本造村运动的背景相似，韩国新村运动也是在国内重点发展工业经济，壮大城市发展，导致城乡两极分化、农村人口大量外流、贫富差距悬殊的背景下开展的。

1970 年韩国政府为了改善城乡关系，推动农村发展，增加农民收入，将政府出资支持、政策支持与引导农户自主发展相结合，决定在全国实行"勤勉、自助、协同"的新村运动[31]。

政府提供资金修建农村基础设施，兴建公共道路、地下水管道、乡村交通、河道桥梁，修缮农户居住房屋，改变农村基础设施匮乏落后的现状[32]，从根本上提高农户的生活质量，增加农户的信心和认同感[33]。政府发起了全国范围的"一社一村"运动[34]，动员社会力量和企业资本力量，让一家公司或者企业与一个村社建立"一对一"的扶持协助关系，改变农业生产方式，推广水稻新品种，增种经济类作物，建设专业化农产品生产基地，实施"农户副业企业"计划、"新村工厂"计划和"农村工业园区"计划，优化农业产业结构，提升农民的经济收入；培育和发展互助合作型的农协，对各类农户提供专业服务和生产指导，促进城乡实现共赢；注重改造国民精神，调动广大农民脱贫致富的积极性，在各个乡镇和农村建立村民会馆，开展各类文化活动，将新村运动与塑造农民价值观念结合起来，引导农民树立"勤勉、自助、协同、奉献"的正确价值理念[35]；注重将政府的支持与农民的集体性自主决策相结合，村社的最高决策机构是村民大会，鼓励农民发扬创造精神和探索精神，农民为乡村发展提出建议并贡献自己的力量，利用自身力量去改变现状[36]。政府注重发展乡村农业教育，注重培育职业型农民和农业技术人才，为韩国乡村的发展提供人力资源支持。

（三）德国村庄更新——循序渐进型

循序渐进型模式是将乡村治理看作一项长期的社会实践工作。政府通过制度层面的法律法规调整，对农村改革进行规范和引导，逐步地将乡村推向发展与繁荣，这种模式以德国的村庄更新为典型代表。德国村庄更新的周期虽然漫长，但是村庄循序渐进的发展保留了农村的活力和特色。

德国的乡村治理起步于 20 世纪初期，村庄更新历经了不同的发展阶段。1936 年，政府通过《帝国土地改革法》，开始对乡村的农地建设、生产用地以及荒废土地进行合理规划。1954 年，政府正式提出"村庄更新"的概念，在《土地整理法》中将乡村建设和农村公共基础设施完善作为村庄更新的重要任务。1976 年，德国将村庄更新写入修订的《土地整理法》，试图在对乡村的社会环境和基础设施进行整顿完善时保持村庄的地方特色和独特优势。20 世纪 90 年代，村庄更新融入了更多的科学生态发展元素，乡村的文化价值、休闲价值和生态价值被提升到与经济价值同等重要的位置，推动了村庄的可持续发展。

（四）瑞士生态建设——生态环境型

生态环境型模式是指政府在乡村建设中，通过营造优美的环境、特色的乡村风光以及便利的交通设施来实现农村社会的增值发展，提升农村的吸引力，这种模式以瑞士的乡村建设最为典型。瑞士政府将农村与周边的自然环境协调起来，使乡村拥有独具特色的田野风光，成为人们休闲娱乐和户外旅行的好去处。

政府将乡村发展作为推动国家前进的重要组成部分，十分重视自然环境的美化和乡村基础设施的完善，以绿色、环保理念为依托，强调将乡村社会的生态价值、文化价值、休闲价值、旅游价值以及经济价值相结合，通过国家财政拨款和民间自筹资金的方式，为乡村建设学校、医院、活动场所，以及修建天然气管道、增设乡村交通等基础设施，完善农村公共服务体系，改善乡村生活质量，缩小城乡之间的差距，满足乡村发展需求。

（五）法国农村改革——综合发展型

综合发展型模式是指以满足农村现代化的需求为核心，通过农村建设的集中化、专业化以及大型化方式，推动乡村的综合发展，这种模式以法国的农村改革为典型。综合发展模式能够加快乡村地区的发展，使得城市和乡村地区的发展速度、经济水平和预期目标趋于平衡。

法国作为经济高度发达的资本主义国家，既是一个工业强国，又是一个农业富国。法国只用了 20 多年就实现了农村现代化建设，主要缘于法国政府采取了适宜的发展策略，积极有效地推进农村改革。法国农村改革主要包括两个方面：一是发展"一体化农业"，在国家整体规划和科学指导下，强调完善的合作机制，在生产专业化和协调基础上，由工商业资本家与农场主通过控股或缔结合同等形式，利用现代科学技术和现代企业方式，把农业与同农业相关的工业、商业、运输、信贷等部门结合起来，组成利益共同体，加强了各部门之间的联系，通过其他部门和机构提供的资金和技术指导带动农业建设，使其共同致力于推动乡村社会的发展，实现对农业的支持和反哺。二是开展领土整治，通过国家相关法律法规帮助和支持经济欠发达地区的乡村，实现农村社会资源的优化配置，以此加快乡村社会的现代化建设。此外，法国在进行农业一体化改革和开展领土整治工作中，还强调应用财政扶持、技术保障以及教育培训等综合方式来支持乡村建设，助推乡村社会的善治。

（六）美国乡村小城镇建设——城乡共生型

城乡共生型模式以遵循城乡互惠共生为原则，通过城市带动农村、城乡一体化发展等策略来推动乡村社会的发展，最终实现工业与农业、城市与农村的双赢局面，这种模式以美国乡村小城镇建设为典型代表。

美国是世界上城市化水平最高的国家，在乡村治理过程中，推崇通过小城镇建设来实现农村社会的发展。20 世纪初，美国城市人口不断增加，市中心过度拥挤，导致许多中产阶级向郊区迁移，推动了小城镇的发展。同时，美国加强农村公共服务体系建设和城乡交通条件和配套，随着汽车等交通工具的普及、小城镇功能设施的完善以及自然环境的优化，进一步助推了小城镇的成长和发展。美国小城镇的发展与政府推行的小城镇建设政策也有着密不可分的关系。1960 年，美国推行"示范城市"试验计划，通过分流大城市的人口来推进中小城镇的发展。在小城镇的建设上，美国政府强调个性化功能的打造，结合区位优势和地区特色，在追求经济目标的同时，更加重视乡村生态、文化、生活的多元化发展，注重生活环境和休闲旅游等多重目标。小城镇有着良好的管理体制和规章制度，能够对全镇的经济社会进行统筹监管，保证小城镇有序与稳定发展。美国城乡一体化的形成，使得美国小城镇建设能够很好地带动乡村的发展。

（七）加拿大农村计划——伙伴协作型

伙伴协作型模式是指在互相交流和充分沟通的基础上，通过跨部门的协商合作形成战略伙伴关系，共同致力于乡村善治目标的实现，这种模式以加拿大的农村计划最为典型。为了扭转城乡之间贫富分化的现象，提升乡村社会的活力，1998 年加拿大政府颁布实施了《加拿大农村协作伙伴计划》，平衡城市与农村的经济社会发展水平，加强农村基础设施建设、公共事务治理和村民的就业教育，实现城乡的统筹协调发展。

伙伴型的乡村治理模式主要体现在五个方面：一是通过建立跨部门的农村工作小组解决乡村问题，提高工作效率，降低政府行政成本；二是建立农村对话机制，定期举办农村会议、交流学习、在线讨论等活动，及时掌握社情民意，为民众排忧解难；三是构建农村透镜机制，使各级政府部门官员站在村民立场上，时刻牢记为人民服务的宗旨；四是推动和组织不同主题的农村项目，激发企业和个人到农村创业的激情；五是在欠发达的农村地区建立信息服务系统和电子政务网站，为村民提供信息咨询服务和专家指导建议。政府通过实行农村协作计划，协调各部门之间的关系，与村民形成了新型的合作伙伴关系，积极帮助农民改善生活，极大地推动了乡村地区的发展和社会的繁荣。

二、发达国家乡村治理模式的经验

发达国家农村社会依托本地自然环境、资源禀赋、政府推动、经济水平、城乡合作、发展机遇等优势，整合了政府、社会、市场等多方主体力量，建立了多方参与、共建共享合作机制，形成了多样化的乡村治理模式，为我国乡村治理提供了有益借鉴。

（一）政府作为乡村治理的主体，提供法律支持和资金保障

发达国家政府在乡村治理中发挥着主导性的作用，对于改善农村弱势地位、缩小城乡差距、提高农民收入等方面都具有不可推卸的责任。政府制定相关法律法规，出台各类政策章程，从制度层面对乡村治理进行宏观指导与整体调控。例如，德国《土地整理法》、荷兰《空间规划法》、加拿大《农村协作伙伴计划》等法律法规都规定了农村发展的长远目标、发展方向与实现途径，明确了政府在乡村治理中的职责。政府在物力和财力上支持农村现代化建设。例如，日本通过财政转移支付补贴农业、建立农产品价格风险基金，帮农民承担在农产品生产、销售过程中的资金损失。韩国政府对政策制定方面和资金补助方面提供一定程度的支持，在新村运动后期，投入20亿美元设立新村建设基金用于改善农民的生活环境，兴办乡村公益事业。德国政府向偏远的欠发达的乡村提供专项的经济补助，帮助其开展生产活动。

（二）农民协会是农村自治组织，改善村民的弱势地位

农民协会是指农民在自愿与平等的基础上成立的互利合作的自治组织。它是提高农民组织化程度、改变农民在市场经济中弱势地位的重要途径，在推动本国乡村治理中扮演着关键的角色。农民协会的类型多样，有政府推动型的日本农协、市场主导型的法国农协、网络协作型的德国农协、综合多元型的美国农协、集约经营型的荷兰农协以及互助合作型的韩国农协。日本农协在造村运动中承担了提升农民素质和文化水平的功能；韩国农协金融机构吸引大量的村民存款，共同发展乡村经济；瑞士农协针对市场需求状况，及时反馈信息给政府和村民，以便做出正确判断，维护

农民权益；法国农协提高农业与工业的对接能力，为新农村建设提供承接平台。

（三）城市、企业和学校是农村发展的支持者，推动乡村的发展与繁荣

发达城市、大型企业和科研院校是推动乡村发展的重要力量。通过城乡之间建立互利合作模式，大型企业利用项目开拓农村市场，科研院校为农民提供农业培训指导。在城乡合作方面，日本使村庄和城市建立了姊妹关系，协同支持农村社会的发展，组织高校教职工到农村讲学传播文化知识，协同支持农村社会的发展。瑞士的城市与农村结成互助合作协议，投资兴建医院、学校、公共交通等农村公共基础设施。在企业推动农村发展方面，法国许多大型国有企业通过投资项目下乡的方式，实现了工业、农业、商业三大产业的真正联合，推动了农业发展和农村建设。德国的企业在农村创造更多的就业岗位，吸引农民留在原来的村庄，防止人口流失，推动农村的现代化发展。在高等科研院校支持乡村建设方面，瑞士的科研院校扮演了为农民提供培训指导、推广农业科技以及开发农业新品种、新技术的角色。荷兰的科研院校通过制订科学的教学计划、个性化的培训方案，开展农民技能培训，提升农村劳动者素质。

（四）村民尤其是乡村精英作为乡村建设的带动者，加快农村改革的进程

乡村治理是以乡村农民为核心的社会建设工程，鼓励村民尤其是乡村精英参与农村发展，不仅有利于发挥村民在农村发展中的基础作用，实现乡村社会善治的目标与任务；而且有利于农民维护自身权益，促进乡村社会的繁荣。日本造村运动的提倡者平松守彦为了向村民传达"造村运动"的理念，走访了58个村庄，直接与农民对话，唤起他们对于建设自己家乡的热情。在美国，农村的每部法律法规都需要公民的积极参与。在德国，村民的积极参与对村庄更新项目的完成起着决定作用。瑞士农村的管理主要实行村民自治的形式，村民委员会由一名村长和四名委员组成，组织村民参与农村公共事务治理与乡村社会经济建设的工作中来。村民尤其是乡村精英在乡村治理中作用的发挥，极大地加快了乡村改革的进程。

（五）农村金融机构是乡村治理的助推者，承担着农村可持续发展的重担

健全、完善的农村金融机构在国家乡村治理中扮演着助推者的角色，对于吸引农民存款、加大基层公共产品投入、帮助降低农民生产风险、提供村民信贷资金支持等方面都发挥着重要的作用。日本的农村金融体系对

农产品改良、乡村道路维修、农村居民活动场所兴建等生产性基础设施建设，以及对稳定农林渔业的经营、改善农林渔业的条件所需资金提供贷款，极大地增强了本国农产品的竞争能力。荷兰农业合作银行，以相对低的利率为农民办理农业信贷用于农场经营，帮助农民承担市场风险。加拿大农村金融机构是三大融资机构之一，帮助解决加拿大农民的信贷、借款业务，改善农村的经济状况。

第二节　我国乡村治理模式

随着乡村治理主体不断多元化，政府、市场、社会力量不断涌现，乡村"横向"的权力分割和各类主体关系的协调愈加复杂，推动乡村治理模式不断演化发展。从公共权力配置的角度来考察乡村治理，关键在于把握公共权力运行中主要的支配者，即把握在乡村治理过程中，"谁"在运用公共权力影响乡村的治理活动。

初期的乡村治理模式主要围绕权力分割这一核心要件展开，具有普遍性或一般性；其后，各种社会力量和社会组织崛起，开始影响并决定乡村治理进程，推动着乡村治理模式向前发展；进入 21 世纪以来，在部分地区，乡村治理的区域突破了建制村范围，推动了乡村治理在治理区域和治理模式上的创新，由此形成了乡村治理的"一般模式""发展模式"和"创新模式"。

一、一般模式

基于国家法律和政策规定而形成的乡村治理模式称为"一般模式"。始于 20 世纪 80 年代初期的"乡政村治"，农村政治组织和经济组织分离，在村民自治实践初期，村两委的关系协调和权力分割一直处于主导地位。依据村党组织和村民委员会之间的关系，乡村治理的"一般模式"可以进一步细分为以下三种：

一是"主导"模式。即村党组织或村民委员会完全主导着村庄的治理格局。从《中华人民共和国村民委员会组织法》和党章的有关规定看，两者虽然各负其责，但在现实中则是一方主导、另外一方相对处于被动地位。在村民自治实践初期，既有村民委员会完全主导村庄工作的情况，也有村党支部书记"一人说了算"的情况。其中,第二种情况更为常见。

二是"主辅"模式。即在法律和政策规定的两大组织中,有可能村民委员会在村庄治理中居于主导地位,村党组织按照规定充分发挥好领导核心和组织领导的作用;也有可能是党组织从发挥领导核心和组织领导作用转变为村党组织书记直接领导村民委员会及其工作,村民委员会则在党组织书记个人的领导下配合做好村庄具体事务。前一种是制度设计的理想状态,但在现实过程中常常演变为后一种。

三是"各自为政"模式。虽然相关法律和政策规定村党组织和村民自治组织之间是领导和被领导的关系,但在一些地区,两者之间实际上是各自为政、相互争权的关系,成员之间也形成了分庭抗礼的格局。

目前,随着全国推进村支部书记兼任村民委员会主任,全面推行乡村"一肩挑"和新一轮换届全面完成,村党组织书记和村委会主任大部分实现"一肩挑",这种对抗、冲突、合作被新的矛盾所取代。

二、发展模式

乡村治理的"发展模式"与乡村社会的发展有关,特别是与新兴经济、社会组织崛起并在乡村治理中占据一定的地位有关。随着村民自治的推进,一些与农民利益直接有关的乡村组织开始出现,它们不仅获得了村党组织、村民委员会和村民的一致认可,还在乡村治理中发挥着越来越重要的作用。它们与村党组织和村民委员会一起,共同组成了乡村治理的主体,促进了乡村治理模式的发展。根据治理主体之间的关系,乡村治理的"发展模式"进一步分为以下两种:

一是"合作协商"模式。这种模式与两类组织的出现有关:第一类是乡村经济组织的崛起,与之相伴的是现代经营管理体系,后者逐渐主导了乡村的治理格局和治理过程;第二类是一些临时性或事务性组织的建立,它们与乡村自治组织一起形成了新的组织格局。在前一种情况下,现代经营管理体系与村庄治理体系各司其职,在经营管理与社会管理之间合理分工;在后一种情况下,临时性或事务性组织依托乡村自治组织,并与之形成了良好的协商与合作关系,从而形成"合作治理""合作共治""协商治理""民主协商""协商共治"等形式。这些组织在临时性的事务或特定的功能完成后,有的消失,有的被纳入村庄自治体系中,其建立和运行过程中形成的协商、民主、合作等理念或原则,也影响着其后的乡村治理过程及治理机制，使乡村治理朝着良性的方向发展。

二是"多元自主"模式。它与"合作协商"模式相对，不仅意味着乡村治理主体的多元化，更意味着各个主体之间没有形成良好的合作或协调机制。这些新兴组织既不能与乡村自治组织有机结合，也不能与之形成良好的合作与协商关系，只能各司其职，各谋其事，形成了乡村治理的"多元自主"模式。还有一种非常特殊的情况，就是传统宗族的复兴，它不仅影响村庄选举与权力分配，甚至导致"宗族治村"。

三、创新模式

乡村治理的"一般模式"基于国家法律、政策和制度的规定。"发展模式"虽然反映了乡村社会的现实变化及与之相应的乡村治理发展趋势，但仍然以"一般模式"为基础，不脱离也不突破原有的治理体系。而乡村治理的"创新模式"则突破了乡村原有的治理基础，特别是突破了原有的治理单元和治理区域，建立起了新的治理单元及相应的治理模式。根据乡村当前的实际情况，乡村治理的"创新模式"主要有以下三种：

一是"下沉"模式，主要体现为乡村治理单元向下延伸。即根据农村社会的实际需要，特别是为了解决自治单元与利益单元脱嵌的问题，将村级层次上的治理机制向下级治理单元延伸，从而实现更小范围、更低层次上的自治。最为典型的是村民小组自治。

二是"整合"模式，其典型特征是村庄合并。农村社会结构、经济结构、人口结构正在发生广泛而深刻的变化，建制村数量多、人口少、实力弱，农村空心化、农民老龄化、农户空巢化等问题较为突出，与乡村振兴要求很不适应。例如，四川省开展了乡镇行政区划调整改革和村级建制调整改革"两项改革"。合并后的村庄一般整合了两个或多个"1+N"治理体系和治理单元，治理单元比原来更大，范围更广。

三是"重组"模式，可以理解为乡村治理单元的重新规划。这种模式主要出现在经济较发达地区的乡村或一些城市郊区。这些地区经济发展水平一般较高，对乡村治理提出了更高的要求，打破既有乡村治理格局，强化区域、资源、人口与组织体系之间的有机联系，创新了乡村社会治理模式。最为典型的是广东省清远市的"片区模式"。该模式以乡镇为单位，将原有的"乡镇—村—村民小组"调整为"街镇—片区—村（原村民小组或自然村）"，以片区为基础进行乡村治理。

"一般模式"主要考虑村两委关系，"发展模式"主要考虑新兴组织和社会力量与自治组织关系不同，"创新模式"主要考虑治理效率和治理绩效。

第三节　攀西地区乡村治理模式

长期以来攀西地区受到历史因素的影响，对传统的治理秩序及体系都较为崇尚，"家支"观念的影响普遍且深刻，乡村社会对传统治理力量更为推崇。传统"家支"观念和现代村民自治新旧两种治理模式相互碰撞、相互影响，使得攀西地区的乡村治理模式有着独特多样的表现形式。乡村治理的主要模式包括体制内精英治村、体制外精英治村、"第一书记+村两委+家支"治村等多种类型。

一、体制内精英治村

体制内精英指的是在国家权力序列之内或得到国家基层政权认可的乡村精英，主要是村两委干部。"乡政村治"是改革开放以来我国农村治理的普遍模式。村两委在乡村治理中发挥主导作用的模式，又称为体制内精英治村，即上述的一般模式。攀西彝区也不例外，改革开放以后村民自治全面推广，凉山州各彝族乡村在乡（镇）政府的指导下选出了自己的村两委，使其承担乡村治理的主体责任。在党的全面领导下，在乡镇的指导下，村两委积极利用政策契机，大力宣传国家政策，打破传统的"苦荞粑粑酸菜汤，围着火塘话家常"的传统生活观念，以及仅饲养用于"家支"礼俗的"长命牛""长命羊"的生产方式，带领村民加快当地农业产业发展，大力推广农业科技，扩大再生产，引进了新的农业经济作物，推广花椒、板栗、脐橙、葡萄等高产值经济作物，加快畜牧业发展步伐，提高了牛羊存栏数量，全面完成脱贫攻坚历史任务，啃下了绝对贫困的硬骨头，迈上了全面建设社会主义现代化国家的新征程。在党和国家的惠农利民富民政策引导和村两委的带领下，村民自治活动的积极性得以提升，村委会和广大村民之间形成了良性互动。

二、体制外精英治村

体制外精英则是国家权力序列之外的拥有独特资源的乡村精英。体制外精英在乡村治理中发挥主导作用的模式称为体制外精英治村。

与其他民族地区乡村治理的多元化类似，攀西地区的乡村治理主体中还包括了传统的治理力量，那就是"家支"和"德古"。"少不得的是牛羊，缺不得的是粮食，离不开的是'家支'。"各"家支"都有自己的德古，德古由通晓习惯法规则和彝族社会习俗，办事公平、思维敏捷、能说会道的人担任。在凉山旧社会，德古在"家支"中具有权威身份，"家支"成员对德古权威必须服从。虽然民主改革后，德古身份及活动受到限制，但社会管理及制度设计在一定程度上存在着路径依赖现象。虽然"家支"管理手段逐渐瓦解，但是"家支"观念依然存在于凉山彝族社会中，家支成员的生产生活还依赖本家支的组织和安排，家支长期积累的治理经验在攀西地区彝族乡村公共生活中仍发挥社会文化功能。"家支"中一些能说会道、协调能力强的人又扮演了德古的角色，在个别村的管理和服务过程中起到有效的组织协调作用，在乡村治理活动中发挥了较为明显的主导作用。

伴随着改革开放，一些头脑灵活、闯劲十足的人率先富了起来，成为乡村社会中的经济能人，大多积极参与乡村社会事务，成为改善农村村貌和农民生产环境和政治生活环境的一支重要力量，在解决就业问题、提供公共服务等乡村公共事业等集体行动的组织与管理活动中的发挥着主导作用，获得了超过村干部的声誉。

德古、经济能人是在某一方面优秀、能力突出，能够为村民带来益处，在一定程度上能为村民解决生产生活中遇到的问题的乡村精英，是获得了村民认可的人，也是村民在观察与了解后早已默认的村民代表。这部分人虽然没有进入村两委，但经常参与乡村某些方面的治理。

攀西地区农村基层中的体制内治理主体（如村两委）与体制外治理主体（如德古、"家支"头人、经济能人、文化能人等），都能在农村基层治理中发挥重要的作用，他们引导和推动着攀西地区农村基层治理的运行。从攀西地区农村基层治理的现实情况来看，"家支"头人、德古依据彝族习惯法，运用本土知识来调解民事纠纷、协调人际关系，作为传统治理主体的代表，巩固和维系了彝族乡村社会传统的延续。在攀西地区农村基层治理过程中，政府要注重运用彝族传统社会资源的积极因素，有的基层组织创造性地聘请他们来参与处理乡村事务，丰富了乡村治理主体。只有扩大攀西地区乡村社会治理的参与主体，才能汇集各方面的治理力量，调动其积极因素，最终将基层治理落到实处。

三、"第一书记+村两委+家支"治村

"治理"的关键是主体，党的十八届三中全会提出"治理现代化"，其中的一个方面即让社会力量以及具有本土特色的内生性或体制外资源参与基层治理，从而构建起多元乡村治理主体的系统体系。

在国家脱贫攻坚战略实施之后，政府为攀西地区乡村配备了驻村第一书记和驻村工作队。在这种背景下，乡村逐渐形成由第一书记、村两委、"家支"等多元主体参与，共同发挥作用的乡村治理模式。这种模式在村两委的基础上增加了第一书记和"家支"两类主体，既发挥了第一书记的重要作用，又将"家支"纳入治理的行列，有利于发挥"家支"对社会治理的积极影响，也有利于治理主体之间相互监督、相互促进。

在攀西地区乡村治理的过程中，承认"家支"这一既定事实，妥善处理好传统治理力量与现代治理力量的关系、妥善处理好"习惯法"和"成文法"之间的关系，"取其精华、去其糟粕"，丢弃掉那些与时代发展相违背的、保留那些有利于乡村治理的，就可以将传统的力量运用于新时代的乡村治理。只有实现传统管理与现代治理相融合，推进传统"家支"观念和现代村民自治两个思维向度的相互融合，积极调动和发挥多方面的治理力量，吸收更多的社会力量以及具有本土特色的内生性或体制外资源参与基层治理，从而建构起多元乡村治理主体的系统体系，才能实现乡村社会治理效果的最大化。

同时，在多元主体参与治理模式发展的大趋势下，要加强不同治理主体的参与与合作，分清多元主体的职责和权限，从而构建相互依赖、共同发展的良性关系。

第四章　完善村党组织领导
乡村治理的体制机制

习近平总书记指出："基层是一切工作的落脚点""基层工作很重要，基础不牢，地动山摇。"治理有效是乡村振兴的基础，这一目标的实现不仅要有良好的顶层设计，还需要有强有力的组织载体与执行人员。在新时代，加大基层组织建设力度和创新基层组织体系不容忽视。在培育、设置和成立农村各类基层组织，建立和完善乡村治理体系，提高乡村治理主体的组织化程度的同时，要明确各类基层组织的职责，理顺乡村组织的关系，确保乡村组织依法依规履行职责、行使权力、发挥作用。实施乡村振兴战略，只有夯实乡村振兴基层基础，提升基层组织的治理能力，才能进一步促进乡村组织、人才、产业、生态和文化振兴，最终实现乡村全面振兴。

第一节　建立和完善村级组织体系

历史经验证明：新中国成立以来，党和国家事业之所以能够取得巨大的现代化建设成就，其核心就是建立了一套强有力的基层组织及动员体系。

一、建立和完善村级组织体系的背景和意义

改革开放以来，人民公社体制解体，传统农村农业占据主导地位，常年生活在此的村民以从事农业活动为主，形成了"一家一户"的生产经营模式，这便是具有中国特色的"家户制"。这种制度在中国历史上长期存

在，创造了灿烂的农业生产文明，但弊端在于家户之间普遍缺乏整体利益关系，每个人都抱着"过好自己生活则万事不管"的态度，存在参与主体"缺位"和参与意识不足现象[37]。攀西地区彝区乡村因其历史原因，乡村社会文明和教育文化的发展相对滞后，形成村级组织先天发展不足、后期动力缺乏的局面。当前，乡村治理的一个突出问题，归结起来就是一个"散"字，缺乏凝聚力、向心力。

随着市场经济的深化和新型工业化、城市化、信息化和农业现代化的加速演进，进城务工的农民越来越多地转移进入城镇，农村出现了人财物的绝对流出，在这个过程中资源流出进一步削弱了农村社会内生秩序和村民组织的能力，农村社会的无序化、无组织化程度加剧，农村社会的内聚力、共生力极大地降低。

同时，乡村治理涉及美丽村庄建设、民生保障、精神文明建设、法治宣传教育、社会治安综合治理等工作，涵盖产业振兴、文化振兴、人才振兴、生态振兴、组织振兴，涉及面宽、任务繁重、基础薄弱、差异化大，是一项复杂的系统工程。

过去理解农村政治角色，只要把握住"干部—群众"的二元结构就基本能解决问题。现在，应对越来越纷繁复杂的社会结构和利益关系，如果还是以传统的思维、简单的方式去管理乡村，势必力不从心，甚至适得其反，村民无法形成集体一致的意志和行动，无法凝聚起各种力量推进农村治理体系和治理能力现代化。作为国家政权的"最末梢""最前沿"的乡、民族乡、镇人民政府，无论在人力、财力、物力上，都不能直接面向亿万农民。同时，仅靠农村基层党组织和村民委员会的力量也是难以实现的。这就需要更大限度、更加广泛、更加耐心地整合各级各类资源，共同推进、协同发力、改革攻坚、保持耐心、久久为功，变"分"为"合"，变"散"为"聚"，破单打独斗之题，凝聚起攻坚破题的强大合力。

实现乡村善治，血脉在农民、根基在农民、力量在农民。乡村治理要坚持立党为公、执政为民的执政理念，坚持群众工作路线，坚持发展为了人民、发展依靠人民、发展成果由人民共享，坚持一切从群众来，到群众中去，团结一切可以团结的力量，调动一切可以调动的积极因素，组织群众、宣传群众、凝聚群众、服务群众，在亿万农民和基层政权组织之间架起沟通联系的"桥梁""纽带"，引领、组织和汇聚起乡村善治的磅礴力量。

这个"桥梁"和"纽带"必然是培育和壮大各类村级组织,创造条件以保证乡村社会秩序,扩大乡村基层民主,凝聚广大村民的智慧力量并集体行动。乡村治理的出路必然是提高农民的组织化程度,把夯实基层基础作为固本之策,树立大抓基层的鲜明导向,抓基层、打基础、固基本,从形式上要构建和完善村级组织体系,建立以基层党组织为领导、村民自治组织和村务监督组织为基础、集体经济组织和农民合作组织为纽带、其他经济社会组织为补充的村级组织体系,建立和完善现代乡村治理体系,把农民群众团结凝聚在各类组织中,推动治理主体从"一元"到"多元"、从"散"到"聚",把农民群众、各类基层组织动员起来、凝聚起来、组织起来、运行起来、规范起来。打铁还需自身硬,重构和加强农村基层的秩序,加强村级组织自身建设,提升村级组织的治理能力,激发市场、社会和村民多种力量的主动性和创造性,激活乡村振兴内生活力,推进乡村振兴和有效治理的协同发展,提高村民集体行动和共同富裕的能力。

提高农民组织化程度,成立农村各类基层组织,一定要因地制宜、因事而设,切不可照搬照抄,简单复制其他地方的治理模式,要分清乡村治理主体的主次,哪些是必须成立设置的,哪些是发展过程中需要考虑成立设置的,以免设置有名无实的组织,造成治理空转与低效,反而造成农民群众对基层组织的不信任和不信赖。例如,浙江省桐乡市桃源村构建了基层党建新体系、村民自治新体系、合作经济组织新体系"三位一体"基层治理体系,推行"十户联管"模式,组建 66 个十户联管小组,实行"十户联管""十户联防""十户联产"并行,做到基层治理直接到户,形成基层治理组织化、农村经济合作化、脱贫提升精准化、产业发展规模化、村庄振兴特色化的高质量发展新格局。

二、建立和完善村级组织体系的历史进程

村级组织分为村党组织、村民自治组织、村集体经济组织、村务监督组织和其他村级经济社会组织。

一是农村基层党组织。1994 年中共中央下发了《关于加强农村基层组织建设的通知》,规定党支部要加强对村民委员会的领导,支持村民委员会依法开展工作。村民委员会必须把自己置于党支部领导之下,积极主动地做好职责范围内的工作。1998 年正式实施的《中华人民共和国村委会组织法》规定:农村的基层组织按照中国共产党章程进行工作,发挥领导核

心作用，领导和支持村民委员会行使职权。1999 年中共中央印发的《中国共产党农村基层组织工作条例》规定，乡镇党委和村党组织是党在农村的基层组织，是党在农村全部工作和战斗力的基础，全面领导乡镇、村的各类组织和各项工作。领导村民委员会以及村务监督委员会、村集体经济组织、群团组织和其他经济组织、社会组织，加强指导和规范，支持和保证这些组织依照国家法律法规以及各自章程履行职责。2019 年中共中央印发的《中国共产党农村工作条例》规定，坚持农村基层党组织领导地位不动摇，农村基层党组织是党在农村全部工作和战斗力的基础，是农村一切工作的领导核心，领导、支持和保障村民委员会充分行使政权。2022 年党的二十大审议通过的《中国共产党章程》明确了村、社区党组织的地位和作用，规定村、社区党组织统一领导本地区基层各类组织和各项工作，加强基层社会治理，支持和保证行政组织、经济组织和群众性自治组织充分行使职权。这就明确了村党组织与村其他组织的领导与被领导的关系。

二是村民委员会。村民委员会是在人民公社进行政社分开、建立乡政权的过程中，在全国农村逐步建立起来的。1982 年，第五届全国人民代表大会通过新的《中华人民共和国宪法》，明确村民委员会是群众性自治组织的法律地位。1988 年《中华人民共和国村委会组织法》在全国试行，首次对村委会组织作出了具体规定，明确村民委员会是村民自我管理、自我教育、自我服务的基层群众性自治组织，实行民主选举、民主决策、民主管理、民主监督。村民委员会可以按照村民居住状况分设若干村民小组。村委会与村民小组虽然不是一级行政机构，但是承担着农村基层政治、经济、社会、文化、生态管理服务职能。乡、民族乡、镇的人民政府对村民委员会的工作给予指导、支持和帮助，但是不得干预依法属于村民自治范围内的事项。1994 年中共中央下发了《关于加强农村基层组织建设的通知》，规定乡镇政府应当尊重村民委员会的法律地位，支持其工作；村民委员会应当积极取得乡镇政府的指导、支持和帮助，在履行村民自治职能的同时，积极完成乡镇政府布置的工作任务。这就明确了乡、民族乡、镇的人民政府与村民委员会是指导与被指导关系。

三是农村集体经济组织。农村集体经济组织是以土地等集体所有财产为纽带，承担土地承包、资源开发、资本积累、资产增值等集体资产经营管理服务的基层经济组织，依法代表集体成员行使集体资产所有权、享有独立经济活动自主权。农村集体经济组织实行以家庭承包经营为基础、统分结合的双层经营体制。

农村集体经济组织产生于 20 世纪 50 年代初的农业合作化运动，是为了实行社会主义公有制改造，在自然乡村范围内，由农民自愿联合，将其各自所有的生产资料，包括土地、较大型农具、耕畜等归集体所有，由集体组织农业生产经营，农民进行集体劳动，各尽所能，按劳分配的农业社会主义经济组织。农村集体经济组织是除国家以外对土地拥有所有权的唯一一个组织。农村集体经济组织与企业法人、社会团体、行政机关显著不同，其资产具有集体所有和特有的社区性、社区居民全覆盖性，是一种特殊的经济组织，发挥着管理集体资产、开发集体资源、发展集体经济、服务集体成员等作用。1982 年《中华人民共和国宪法》规定：人民公社原来政经合一的体制改为政社分设体制，设立乡人民政府和乡农业合作经济联合组织。1983 年中共中央、国务院印发《关于实行政社分开建立乡政府的通知》，明确根据生产的需要和群众的意愿逐步建立经济组织。国家稳步推进农村集体经济组织和村民自治组织职能分离，坚持经济职能归集体经济组织管理，社会职能归村民自治组织管理，集体经济组织依法代表集体行使集体资产所有权，村民自治组织依法开展农村基层自治活动。1994 年中共中央印发《关于加强农村基层组织建设的通知》，规定发挥集体经济组织生产服务、协调管理、资产积累、资源开发、兴办企业等职能作用。1998 年正式实行的《中华人民共和国村委会组织法》，指出尊重集体经济组织依法独立进行经济活动的自主权。2016 年中央深化农村集体产权制度改革，中共中央、国务院印发《关于稳步推进农村集体产权制度改革的意见》，提出着力探索集体经济新的实现形式和运行机制，明确农村集体经济组织市场主体地位，保护农民集体资产权益，多种形式发展集体经济，增加农民财产性收入。强调"在基层党组织领导下，探索明晰农村集体经济组织与村（居）民委员会的职能关系，有效承担集体经济经营管理事务和村民自治事务。有需要且条件许可的地方，可以实行村民委员会事务和集体经济事务分离。妥善处理好村党组织、村民委员会和农村集体经济组织的关系。"截至 2020 年年底，纳入统计登记的村级集体经济组织达到 54 万个。2021 年农业农村部印发《农村集体经济组织示范章程（试行）》，明确了农村集体经济组织的宗旨、原则和经济资产的范畴。集体经济组织以维护集体成员权益、实现共同富裕为宗旨，坚持集体所有、合作经营、民主管理，实行各尽所能、按劳分配、共享收益的原则。

经济资产包括：①集体所有的土地、森林、山岭、草原、荒地、滩涂等资源性资产；②集体所有的用于经营的房屋、建筑物、机器设备、工具器具、农业基础设施、集体投资兴办的企业及其所持有的其他经济组织的资产份额、无形资产等经营性资产；③集体所有的用于公共服务的教育、科技、文化、卫生、体育等方面的非经营性资产；④接受政府拨款、减免税费、社会捐赠等形成的资产；⑤依法属于本社成员集体所有的其他资产。

集体经济组织履行管理集体资产、开发集体资源、发展集体经济、服务集体成员等职能，开展的业务包括：①保护利用集体所有或者国家所有依法由集体使用的农村土地等资源，并组织发包、出租、入股，以及集体经营性建设用地出让等；②经营管理集体所有或者国家所有依法由集体使用的经营性资产，并组织转让、出租、入股、抵押等；③管护运营集体所有或者国家所有依法由本社集体使用的非经营性资产；④提供成员生产经营所需的公共服务；⑤依法利用集体所有或者国家所有依法由集体使用的资产对外投资，参与经营管理；⑥其他业务。

经济组织在党的基层组织领导下，依法开展经济活动。集体经济组织依法履行农村集体经济经营管理事务，村民委员会依法履行村民自治社会事务。

四是村务监督委员会。村务监督委员会是村民对村务进行民主监督的机构。1985年，实行家庭联产承包责任制比较早、发展比较好的农村，公布村集体财务收支状况、宅基地划分和计划生育指标分配等项目，是村务公开的最早尝试和雏形。1988年试行的《中华人民共和国村民委员会组织法》，明确村民委员会收支账目应当按期公布，接受村民和本村经济组织的监督。1994年中共中央印发《关于加强农村基层组织建设的通知》，提出村务公开制度，明确凡涉及全村群众利益的事情，包括财务收支、宅基地审批、当年获准生育的妇女名单及各种罚款的处理等，都必须定期向村民张榜公布，接受群众监督。1997年民政部下发《关于进一步建立健全村务公开制度 深化农村村民自治工作的通知》，要求各地民政部门加大对村务公开工作的指导力度。1998年中共中央办公厅、国务院办公厅印发《关于在农村普遍实行村务公开和民主管理制度的通知》，并且修订了《中华人民共和国村民委员会组织法》，用法律形式明确村务公开的一些重大原则和具体措施，明确村务监督委员会负责村民民主理财，监督村务公开等制度的落实，向村民会议和村民代表会议负责。1999 年中共中央颁布《中国共产党农村基层组织工作条例》，提出建立健全村务监督委员会。2003 年我国成立了全国村务公开协调小组，统一协调全国的村务公开工作。2004 年中共中央办公厅、国务院办公厅印发《关于健全完善村务公开和民主管理制度的意见》，这是针对村务公开的专门制度，从进一步健全村务公开制度、规范民主决策机制、完善民主管理制度、强化村务管理的监督制约机制四个方面，保障农民的知情权、决策权、参与权和监督权。2012 年中共中央、国务院印发《关于加快发展现代农业进一步增强农村发展活力的若干意见》，强调继续推广"四议两公开"等工作法，发挥村务监督委员会作用，以县（市、区）为单位统一公开目录和时间，实现村务公开由事后公开向事前、事中公开延伸。

第二节　村党组织领导乡村治理

农村基层党组织、村民自治组织、集体经济组织、村务监督委员会、农民合作组织、其他经济社会组织、社会力量和广大农民作为乡村治理主体，以不同的方式发挥着作用。这些乡村基层组织相互之间不是独立存在的，而是存在着权力依赖。建立现代乡村治理体系，需要理顺各类基层组织的关系，杜绝界限和责任方面的模糊性，建立"一核多元"的乡村治理领导体系。

一、明确村级组织的职责

村党组织全面领导村民委员会及村务监督委员会、村集体经济组织、农民合作组织和其他经济社会组织。村民委员会是村民自治组织，依法履行基层群众性自治组织职能，增强村民自我管理、自我教育、自我服务能力。村务监督委员会发挥在村务决策和公开、财产管理、工程项目建设、惠农政策措施落实等事项上的监督作用。集体经济组织发挥在管理集体资产、合理开发集体资源、服务集体成员等方面的作用。农民合作组织和其他经济社会组织要依照国家法律和各自的章程充分行使职权。中华全国妇女联合会、共青团等群团组织充分发挥桥梁纽带作用，保持和增强政治性、先进性、群众性，切实把所联系群众的积极性充分调动起来，共同为乡村繁荣发展、和谐稳定贡献智慧和力量，积极发挥社会组织的服务性、公益性、互助性作用。

二、建立以基层党组织为领导的组织体系

办好农村的事情，关键在党。加强党对农村工作的领导，是我们党的传统，也是优势。在革命、建设、改革的各个历史时期，我们党都把解决好"三农"问题作为关系党和国家事业全局的根本性问题，始终牢牢掌握党对农村工作的领导权。

实践经验表明，在中国乡村治理发展和运行中，基层党组织在发展经济、动员和组织农民以及整合农村社会方面，发挥着领导核心作用。可以说，乡村经济快速发展和社会长期稳定的关键，就是坚持和加强党对农村的领导。

火车跑得快，全靠车头带。如果把乡村治理体系和治理能力现代化工作比作一辆奔驰的火车，党的领导就是这个至关重要的"火车头"。实践充分表明，只有加强和改善党对"三农"工作的领导，切实提高党把方向、谋大局、定政策、促改革的能力和定力，确保党始终总揽全局、协调各方，才能保证农村改革发展沿着正确的方向前进。

新时代加强和改进乡村治理，实现乡村治理有效，关键还在党。党的领导不是抽象的、虚无的、可有可无的，而是具体的、实在的、必不可少的。在乡村治理的实践探索中，不断加强基层党组织的领导，才能做到"蹄疾步稳"。只有把基层党组织建成最坚强的"主心骨"，使其作为农村各类组织的"顶梁柱""领头羊"，充分发挥各类组织的积极作用，才能够加快形成治理有效、充满活力、和谐有序的乡村治理合力。

2018年，中央修订了《中国共产党农村基层组织工作条例》，对村党支部和村委会，以及其他农村基层组织的关系做了进一步明确。农村基层党组织"讨论和决定本村经济建设、政治建设、文化建设、社会建设、生态文明建设和党的建设，以及乡村振兴中的重要问题，并及时向乡镇党委报告。""领导和推进村级民主选举、民主决策、民主管理、民主监督，推进农村基层协商。""领导村民委员会以及村务监督委员会、村集体经济组织、群团组织和其他经济组织、社会组织，加强指导和规范"，但是"需由村民委员会提请村民会议、村民代表会议决定的事情或者集体经济组织决定的重要事项，经村党组织研究讨论后，由村民会议、村民代表会议或

者集体经济组织依照法律和有关规定作出决定。""支持和保证这些组织依照国家法律法规及各自章程充分行使职权。""支持和保障村民依法开展自治活动。"这比《中华人民共和国村民委员会组织法》和1999年的《中国共产党农村基层组织工作条例》的有关规定更具体，也更具有操作性，促进了乡村治理模式的制度化发展。

2019年，中共中央印发《中国共产党农村工作条例》。这是我们党首次专门制定关于农村工作的党内法规，把党领导农村工作的传统、要求、政策等以党内法规形式确定下来，对坚持和加强党对农村工作的全面领导作出系统规定，是新时代党管农村工作的总依据。

基层党组织战斗堡垒作用好，组织力、号召力强，就能把各类组织凝聚到党的周围，就能心往一处想，劲往一处使，在农村经济社会各项事业发展进程中凝聚起强大合力，组织带领村委会、集体经济组织、社会组织等共同唱好乡村全面振兴大合唱，不断把党的政治优势、组织优势、制度优势转化为强劲的乡村治理效能。

村民委员会是自治组织，村务监督委员会是行使监督作用的组织，村集体经济组织是发展壮大经济的组织，这些组织要想沿着正确的方向运行，离不开村党组织"把方向"。如果一味地强调自治，不注重加强党组织的领导，就有可能走向"泛民主"；如果村务监督委员会不在党的领导下行使监督作用，就有可能被各种利益诱惑侵蚀腐化；如果村集体经济组织不在党组织领导下壮大经济，就有可能在盲目发展中走向难以为继的局面。如果只是片面关注其他各类组织作用的发挥，而不注重加强党的领导，就有可能出现"跑偏"的现象，虽然速度挺快，但离目标却越来越远。只有坚持加强党组织的领导，才能做到"步稳"，才能面临新问题不退缩，迎接新挑战不回避，应对新形势不迷乱，从而凝聚起各方合力，劈波斩浪，奋力前行。

三、理顺农村基层党组织和村民自治组织的关系

乡村权力是乡村治理的核心，农村基层党组织和村民委员会这"两委"是乡村权力的重要核心之一[38]。农村基层党组织与村民委员会之间的关系一直是乡村自治备受关注和争议的问题，明确村两委的职责将有利于打开具有内生动力的乡村治理局面。农村基层党组织是党在农村全部工作和战斗力的基础，相当于国家政策宣传的"传声筒"，负责党的路线方针

政策和上级决策部署的宣传贯彻执行，而村民自治委员会则相当于乡村群众的"发生器"，能够反映出乡村民众的真实想法。二者相辅相成，缺一不可。

农村基层党组织由全体党员大会选举产生，向全体党员大会报告工作，接受上级党委的领导。村民委员会是基层群众性自治组织，由村民直接选举产生，对村民会议负责并向其报告工作，接受乡、镇政府的指导。这表明，村民委员会和农村基层党组织是性质不同的两种组织，不能相互混淆，在职责上要明确区分，各司其职，各负其责。该由农村基层党组织开展的工作，就以党组织的名义，通过党组织战斗堡垒作用和党员的先锋模范作用，带领群众去实施；该由村民委员会组织的工作就以村民委员会的名义，运用村民委员会的职权，组织村民去完成。

农村基层党组织发挥领导核心作用，但不能包办、取代村委会的工作。农村基层党组织要认真改进领导方法和工作作风，要相信农民群众，相信农民群众的自治组织，相信他们完全有能力管理好自己的事情。遇事要与村委会多商量，多听取群众的意见。无视村民委员会的职权，越俎代庖的做法，不仅不利于群众性自治组织作用的发挥，而且有损党组织的威信，有悖党和国家实行村民自治的初衷。村委会应当牢记村民自治是在党领导下有秩序、有计划地开展工作，是国家法律范围内的自治，而不是毫无约束的自治，要及时向党支部报告工作，多沟通情况，交换意见，共同把村中的事情管好办好。

四、实施"一肩挑"和交叉任职

2017年，为全面贯彻新时代党的建设总要求和新时代组织工作路线，全面加强和改进党对农村工作的领导，加强基层组织建设，推进乡村振兴战略，确保党的路线方针政策和决策部署贯彻落实，党中央在全国推进村支部书记兼任村民委员会主任，全面推行乡村"一肩挑"。2018年9月，中共中央、国务院印发《乡村振兴战略规划（2018—2022年）》，第二十五章第一节提出：坚持农村基层党组织领导核心地位，大力推进村党组织书记通过法定程序担任村民委员会主任和集体经济组织、农民合作组织负责人。随后，《中国共产党农村基层组织工作条例》《中国共产党农村工作条例》、2019年中央一号文件、《建立健全城乡融合发展体制机制和政策体系的意见》《关于加强和改进乡村治理的指导意见》等政策都对"村党组织书记应当通过法定程序担任村民委员会主任和村级集体经济组织、合作经济组织负责人"做出部署和安排。

所谓"一肩挑"，是指村民委员会主任和村党支部书记由一个人同时担任，两委其他成员交叉任职，实现两套班子，一套人马，将农村工作的领导权、人事权、财权一把抓。

第一，"一肩挑"有利于提高村干部办事效率。村支部书记和村委会主任长期共存，有利于互相监督，但到了关键时候却容易出现的推诿扯皮现象。书记、主任"一肩挑"实行后，由于党务、村务都由同一个做出决策，在问题的决策、事务的处理上，减少了书记、主任的沟通、协调环节，避免了两者意见不同引起的事务拖延，使决策能够快速实施。同时，在"一肩挑"的情况下，由于党务、村务都由同一个人做出决策，就可以根据事情轻重缓急来统筹安排工作，便于加快村级组织正常运转，提高办事工作效率。

第二，"一肩挑"有利于加强党对农村工作的领导。实行"一肩挑"是全国的统一部署，是坚持和加强党的全面领导的必然趋势。实行"一肩挑"后村党支部书记兼任村委会主任，可以加强党的领导、巩固党在农村的执政基础，推进村民自治的有机统一，更好地发挥以村党支部为核心的村级组织的整体功能，有利于村党组织全面领导村级各项事业，从而巩固党在基层在农村的执政基础。

第三，"一肩挑"有利于增强村组织的凝聚力，强化班子成员工作责任心。农村干部大多文化水平较低，理论知识匮乏，政治素养较低。在这种情况下，如果管理不规范或者受到外界各种不良因素的影响，农村干部在工作中就很可能因自己的个人情感、个人利益影响大局，阻碍工作正常开展。如果书记、主任关系不融洽，就会在工作中各自为政，不能做到相互配合，工作中甚至会出现相互抵触、拆台的现象。书记、主任由一个人担任，有效减少了书记、主任思想不统一的现象，解决村两委班子工作协调配合不同步的实际问题。实行"一肩挑"后，不会出现书记和主任相互扯皮、争权的现象，在村中只有一个领导核心，有利于消除不必要的两委矛盾，增强村组织的凝聚力，使两委成员目标同向，各司其职，各负其责，分工合作，协调配合，能够促进"两委"成员心往一处想、劲往一处使。同时，推行"一肩挑"后，"一肩挑"的书记、主任是村级所有事务的第一责任人，工作中没有了推诿对象，必须踏踏实实完成工作，有利于其认真落实各项工作，强化工作责任心。

除了全面推行"一肩挑"外，村"两委"班子成员实行交叉任职。村务监督委员会主任一般由党员担任，可以由非村民委员会成员的村党组织班子成员兼任。村民委员会成员、村民代表中党员应当占一定比例。

因此，全面推行农村"一肩挑"体制建设是依据我国农村现有实际问题所进行的农村基层制度机制改革，这是新时代提高乡村治理能力的重要举措。村党组织书记、村民委员会主任和村级集体经济组织、合作经济组织负责人由同一人担任，实施"一肩挑"，村"两委"班子成员交叉任职，是对乡村基层治理新模式的创新[39]，其根本前提是坚持和加强党对农村工作的领导，这有助于巩固党在农村的执政基础，有助于化解以往村两委日常的管理矛盾，推动乡村权力向着更加规范化、合理化和科学化的方向发展。"一肩挑"体制的建设承担着党和村民双重利益的双重职能[40]，就是促使乡村发展衔接国家现代化进程，进而提升乡村治理能力的现代化水平。"三农"工作进入乡村振兴的新阶段、新征程，其任务会更加艰巨，"一肩挑"体制理顺了基层党组织与村委会、集体经济组织、社会组织的关系，农村协商机制和权力监督机制更加健全，推动乡村治理逐渐"从依赖地方性规范向制度性规范"转变[41]，也有利于提高村干部办事效率，增强村组织的凝聚力，使村"两委"班子团结一心，协调一致，共谋发展。

2021年4月25日，凉山州完成村（社区）换届工作。通过本轮换届，全州2 377个村（社区）共选配村（社区）"两委"班子成员1.7万余名，村（社区）党组织换届选举党员参选率达90.2%，村（居）委会换届选举选民参选率达79.5%，党组织书记均满票当选，村（居）委会主任、"两委"委员均高票当选，新一届村（社区）"两委"班子成员结构更优、战斗力更强、综合素质更硬、党员群众满意度更高，为巩固拓展脱贫攻坚成果同乡村振兴有效衔接、推动凉山高质量发展奠定了坚实的组织基础，并成功实现村党组织书记中优秀农民工占比达到50%以上、致富带头人占比达到70%以上，社区党组织书记中大专及以上学历占比达到70%以上；村（社区）"两委"班子形成以45岁左右、高中以上干部为主体的功能结构，形成"有为有位"的良好用人氛围的目标。

2021年3月15日，攀枝花市336个村（居）委会换届选举完成。全市开展村（居）委会换届选举工作以来，充分发挥各级党委统揽全局、协调各方的核心作用，牢牢把握工作主动权，印制发放全市第十一届村

（居）委会换届选举工作时间任务安排建议表，细化 12 个阶段、26 项任务，挂图作战。把村（社区）党组织书记依法推选为村（居）民选举委员会主任，主持换届选举各项工作，注重发挥党组织领导作用、党员示范作用，广泛听取群众意愿，让党的用人导向深入人心，做到既贯彻落实党的主张，又真实体现群众意愿，选出组织放心、群众满意的村（居）委会成员。全市全面推行村（社区）党组织书记兼任村（居）委会主任，除 3 个提前备案村（社区）外，剩余 333 个村（社区）全部实现"一肩挑"。积极推行村（社区）"两委"成员交叉任职，全市共计 583 人，平均每个村（社区）1.74 人。全市累计登记选民 52.58 万人，选民参选率 96%，村（居）委会主任平均得票率 93%、委员平均得票率 91%，均为历年最高。

需要注意的是，村党组织书记和村委会主任两个关键职位无论是过去的独立设置、两套班子，还是现在积极推行的"一肩挑"，精简人马，村两委交叉任职，村党组织和村委会都是单独的组织，并且政策法规都赋予两个组织相应的职责。虽然村党组织书记和村委会主任全部实现"一肩挑"，但是"一肩挑"的负责人依然具有两种身份，是乡村"两委"的负责人，要依据党章、村委会组织法和议事规则行使职权。

第三节　健全村组织议事决策机制

村级组织议事协商是基层群众自治的生动实践，是社会主义协商民主建设的重要组成部分和有效实现形式。党的十八届三中全会明确指出，协商民主即"在党的领导下，以经济社会发展重大问题和涉及群众切身利益的实际问题为内容，在全社会开展广泛协商，坚持协商于决策之前和决策实施之中。"

在明确各个治理主体职责，发挥各个治理主体优势的同时，还要着重提升主体之间的协同能力，发挥好基层党组织的引领作用以及其他各类组织的优势，乡村治理才能"蹄疾步稳"。乡村治理现代化的标志就是多元化的主体协同合作，自主地参与村务管理，通过加强基层党组织为领导的农村基层组织建设，加强乡村基层民主、法治和德治建设，实现乡村治理的重心由上到下的转移，建设人人有责、人人尽责、人人享有的乡村社会治理共同体，最终将形成一个自主的网络，这个"网络"就是完善党委领导、政府负责、民主协商、社会协同、公众参与、法治保障、科技支撑的乡村治理体系，党委领导下的政府、社会、市场、农民等多元主体参与的共建共治共享的乡村治理格局，以实现乡村有序、良性和协调发展。

一、丰富村民议事协商形式

当前，乡村无法实现治理有效的根本原因在于治理主体之间相互嵌入机制的缺失。乡村治理主体是多元的，既包括广大村民和社会组织，也包括村党组织和村委会等。

涉及村里发展和村民切身利益的重大事项，村党组织和村委会如何分工、如何民主决策，又如何防止个别人或少数人说了算？同时，作为基层治理的最末端，攀西地区村级基层党组织如何调动多元主体特别是村民民主决策、民主监督、民主管理的积极性、主动性和创造性，厘清乡村治理抓什么？怎么抓？如何利用集体资产壮大集体经济？如何回引优秀农民工发展产业带动群众发家致富？这些都需要建立完善议事决策机制。

健全村级议事协商制度，就是形成民事民议、民事民办、民事民管的多层次基层协商格局，丰富有事好商量、农村的事情由村民商量的制度化实践。只有为广大村民积极搭建村民自治平台、规范各项民主决策机制、保障村民享有充分的决策权和参与权，才能有效提高乡村主体参与治理的主动性。

二、"四议两公开一监督"工作法

治理的过程是一个集体行动的过程，乡村治理多元主体必须在法律法规和制度约束的框架内行事。

"四议两公开"是指村党组织领导下对村级事务进行民主决策的一套基本工作程序，是基层在实践中探索创造的一套行之有效的工作方法。2018年11月26日，中共中央政治局召开会议，审议《中国共产党农村基层组织工作条例》。会议强调，凡是农村的重要事项和重大问题都要经党组织研究讨论，村级重大事项决策实行"四议两公开"，加强村务监督。早在2010年四川省委办公厅、省政府办公厅就出台了《关于发展和完善党领导的村级民主自治机制的意见》，要求四川省全面建立健全以"四议两公开一监督"为主要内容的村级民主自治机制，对村级民主自治决策事项，要在村党组织的统一领导下，按照"四议两公开一监督"的程序组织实施。

"四议"是指涉及乡村发展和村民切身利益的重大事项，要经村党支部提议、"两委"会商议、党员大会审议后，提交村民会议或村民代表会议讨论作出决定。

"两公开"是指实行村级重大事务决议内容公开和实施结果公开，关键是要联动推进党务公开、村务公开，对村民会议或村民代表会议决议的事项以及组织实施的结果，要及时公布，特别是与群众切身利益密切相关的重大村务，实行事前、事中、事后全过程公开，保障和落实村民的知情权。

"一监督"是指村里重大事项的决议和决议实施全过程要自觉接受党员、村民的监督。

三、"四议两公开一监督"工作法的程序

一是村党组织提议。村党组织要切实履行主体责任，村党组织书记要发挥好第一责任人职责，按照"四议两公开一监督"的内容要求，对涉及农村的重要事项和重大问题，以及事关全体群众利益的重大事务，在广泛听取意见、认真调查论证的基础上，经集体研究后，提出初步意见和方案。提议必须符合国家有关法律法规和中央及省、市、县、乡政策要求，符合本村发展实际，符合群众意愿。例如，四川省巴中市以 5～15 户农户为单元重构治理网格，每个网格推选 1 名联户长，收集群众意见建议并上报村党组织。村党组织每周汇总 1 次，能立办的安排专人迅速办理。

二是村"两委"商议。根据村党组织的初步意见，组织村"两委"班子成员充分讨论、发表意见。在提交村"两委"商议前，村党组织书记应提前将村党组织讨论内容向村委会主任通报并充分沟通，议题应提前一周发至村"两委"班子成员手中；对意见分歧较大的事项，应在深入调研、充分听取意见的基础上，进一步统一思想后再提交村"两委"讨论通过；对必须立即作出决议的重要事项，可采取口头、举手、无记名投票等方式表决，按照民主集中制的原则形成商议意见。

三是党员大会审议。对村"两委"商定的重大事项，提交党员大会讨论审议。召开党员大会审议前，须在党员中充分酝酿并征求村民意见；党员大会审议时，到会党员人数须占党员总数的三分之二以上，审议事项经应到会党员半数以上同意方可提交村民会议或村民代表会议表决；党员大会审议后，村"两委"要认真吸纳党员的意见建议，修订完善方案，组织

党员深入农户做好方案的宣传解释工作。

四是村民会议决议。党员大会通过的事项，依照有关法律法规规定，在村党组织领导下，召开村民会议或村民代表会议讨论表决。参加会议人数必须符合法律规定，讨论事项必须经到会村民或全体村民代表半数以上同意方可通过决议。村民代表的推选按照相关法律规定产生。必要时，可邀请驻本村的企业、事业单位和群众组织派代表列席村民会议。

五是决议内容公开。经村民会议或村民代表会议决议通过的事项，一律在村级活动场所和各村民小组村务公示栏公告，并设立意见箱，公告时间原则上不少于10天。公告期间，如发现决议存在不符合法律法规及其他重大问题的，要按程序宣布决议无效，待修改完善后重新进入民主决策程序。

六是实施结果公开。决议事项在村党组织领导下由村委会组织实施，并定期向党员、村民代表、村务监督委员会通报决策执行的进度、账目等；对在实施过程中遇到特殊问题需变更方案的，应及时向党员大会和村民代表会议通报，变化较大的应再次提交村党组织按民主决策程序解决。

七是民主评议监督。村务监督委员会负责对决策、实施过程进行全面审核审查评议，并将评议结果实事求是地向全体村民公布，作为每年民主评议村"两委"班子成员的重要依据。村级民主自治决策的重大事宜，还须接受上级党委监督，确保其不违反国家法律法规及相关政策后，方可组织实施。

四、推行"四议两公开一监督"的意义

规范推行"四议两公开一监督"决策监督机制，能够有效促进村级基层良好发展。

一是凝聚干部群众"合力"的"融合剂"。"集体事务集体干"。在村级建设发展中，农村基层党组织、村民自治组织、集体经济组织、农民合作组织、其他经济社会组织、社会力量和广大农民是乡村治理主体，任何人都不能置之度外。攀西地区特别是彝族地区，由于历史原因和长期贫困，村级组织建设滞后、力量不强，长久以来，个别村级基层组织未能有效商议和发展村级发展事务，长期存在"干部干，群众看"的现象。推行"四议两公开一监督"能够有效避免农村基层组织"一言堂"问题，充分体现村民自治。

二是尊重党员群众"四权"的"助推器"。村级事务无论大小都是村民的"家事"，村级事务要良性发展，普通党员和群众就必须拥有村级事务发展的知情权、参与权、决策权、监督权。作为乡村经济社会发展的主体力量，也是乡村经济社会发展成果的享有者，村民的主动性和创造性是乡村发展和治理有效的活力所在。村党组织领导乡村治理，提高自治化水平的关键是充分体现农民的治理主体地位，给予农民充分表达自己意见和想法的平台和渠道，激发党员群众的主人翁意识，激活党员群众的内生动力，变"要我参与"为"我要参与"，避免各种建议"石沉大海"。要让广大村民及时了解党和国家各类惠民政策、民生项目具体实施过程以及民生领域存在的实际问题，有效避免因干群沟通不畅、"不患寡而患不均"等矛盾影响党群、干群关系。

三是规范村级事务发展的"指挥棒"。加强和创新基层社会治理，党的领导是根本保证。要把党的领导贯彻基层社会治理全过程、各领域、各方面，着力提高党的政治领导力、思想引领力、群众组织力、社会号召力，需寻求社会意愿和诉求的最大公约数，汇聚多元治理主体力量共同参与基层治理，构建基层社会治理发展新格局，不断满足人民日益增长的美好生活需要，就必须有一套科学化、规范化、制度化的体制机制予以保证。

五、强化党组织对"四议两公开一监督"的领导

"四议两公开一监督"工作法的实施及其实施效果，关键是发挥村级党组织在基层议事协商的领导核心作用，始终坚持以党建引领议事协商为主线，搭建协商平台，组建协商队伍，明确协商内容，规范协商程序，构建农村基层党组织领导决策组织、决策执行、决策监督的村级议事决策机制，拓展村民参与公共事务的管理渠道和途径，推进民主协商制度化、程序化、规范化，全力实现民主协商有队伍、有场所、有制度、有成效，提升党组织领导的乡村治理体系和治理能力现代化水平，实现加强党的领导、扩大农民自主权利、依法办事三者的有机统一。

一是强化对决策动议的领导。经济建设、政治建设、文化建设、社会建设、生态文明建设和党的建设以及乡村振兴中的重要问题，须经村党组织研究讨论决定，重大事项须经镇党委审核把关。二是强化对决策表决的领导。党员居住分散或人数较多的乡村，可推荐选举产生一批党员议事代

表，参与村级议事决策。对需由村民委员会提请村民会议、村民代表会议决定的事情或者集体经济组织、村级合作经济组织决定的重要事项，经村党组织研究讨论、镇党委审核把关、党员议事代表会议或全体党员大会审议后，由村民会议、村民代表会议或者集体经济组织、村级合作经济组织依照法律和有关规定作出决定。三是强化对决策执行的领导。决策事项表决后，村民委员会和集体经济组织、村级合作经济组织等在村党组织领导下，按照分工组织实施和落实。村级组织相关责任人对议事决策拒不执行或执行不到位、造成重大影响的，依照法律法规和章程办法严肃处理。四是强化对决策监督的领导。村党组织领导村级监督组织发挥监督作用，实行村级议事决策全过程监督。

六、典型案例——"零收入村"引来致富活水

四川省内江市东兴区椑木镇红林村是曾经的贫困村、问题村，村集体鱼塘、林场等长期闲置无人问津，村"两委"和驻村工作队做了许多努力，均无人愿意承包。

如何盘活闲置资源，引来致富活水？村"两委"多次召开专题会议商量对策，张贴公示和广告寻求承包业主；同时，广泛发动群众参与讨论，充分征求党员、村民意见，初步确定以建设"产业红林"为目标，创新承包经营模式，将闲置的村集体鱼塘、林场、荒地、闲置农房等设施整体打包盘活，采取"企业+村集体+农户"方式建设"红梓林汐"农业文旅项目，打造集党建教育、研学旅行、农耕体验、民宿餐饮等多功能于一体的现代生态乡村旅游产业。

经过创新包装项目、集体协商对策，红林村成功吸引两家企业前来竞标。然而由于红林村存在不少历史遗留问题，对于企业的选择，村民意见分歧严重。村"两委"、驻村工作队充分吸纳各方意见，在前期村党总支会议提议、村"两委"会议初步确定意向后，再次提交村党员大会审议以及村民大会表决，党员、村干部、村民代表、监察委员、水产专合社社员代表、村集体经济组织成员纷纷参与，最广泛代表了多数人意见。村民大会一致表决通过了新的承包方，会后立即公示结果。整个流程做到公开、公平、公正，村民对结果表示认同，最大程度地凝聚了发展合力。

在项目推进过程中，村"两委"对各项合作细节进行充分讨论，经党员大会、村民代表会议等进行表决，一致确定村集体占股比例、经营方式

等，在保证业主合法经营权益的同时，确保村集体每年享有 9 万元的保底分成。同时，每次大小事宜的开会结果，均进行公示。2022 年年底，村集体经济收入达 10 万余元，相比过去"零收入村"迈出了成功的一大步。

红林村运用"四议两公开"工作法进行民主决策，通过创新基层治理模式，促进了村集体产业发展、化解了历史遗留问题、改善了基础设施等，使群众真正得了实惠、感受到了公平。2023 年，红林村获评"全国民主法治示范村""内江市乡风文明示范村""内江市平安村"等荣誉称号。

第五章 加强乡村基层党组织建设

党的力量来自组织。习近平总书记在《摆脱贫困》一书中曾经说过：如果没有一个坚强的、过得硬的农村党支部，党的正确路线、方针政策就不能在农村得到具体的落实，就不能把农村党员团结在自己周围，从而就谈不上带领群众壮大农村经济，发展农业生产力，向贫困和落后作战。

农村基层党组织与基层群众距离最近、联系最广、接触最多，是党在农村基层组织中的战斗堡垒，是党的基层组织领导和实施乡村振兴的基本单元，是党在农村全部工作和战斗力的基础，也是党联系广大农民群众的桥梁和纽带。实施乡村振兴战略，打造充满活力、和谐有序的善治乡村，最终要靠基层党组织来落实。农村要发展，组织是关键，组织兴，则乡村兴；组织强，则乡村强。

第一节 加强农村基层党组织体系建设

乡村振兴是系统全面振兴，工作千头万绪，任务繁重艰巨，抓好农村基层党组织建设是关键。"帮钱帮物，不如帮助建个好支部。"加强和改进乡村治理工作，推进乡村治理现代化，必须打造千千万万个坚强的农村基层党组织。加强农村基层党组织建设，提升基层党组织的领导力、组织力、执行力，是实施乡村振兴战略的根本保障。

抓好农村基层党组织建设，是建立健全现代乡村社会治理体制的前提，必须坚持党要管党、全面从严治党，坚持和加强党对农村工作的领导，坚持以习近平新时代中国特色社会主义思想为指导，全面贯彻落实新时代党的建设总要求和新时代组织工作路线，认真贯彻落实《中国共产党章程》《中国共产党农村基层组织工作条例》《中国共产党农村工作条例》《中国共产党支部工作条例（试行）》，按照《四川省行政村党支部标准化规范化建设指导标准（试行）》，围绕"组织健全、活动经常、队伍过硬、保障到位、作用突出"的目标任务，以党组织标准化规范化建设为载体，增强农村基层党组织政治功能和组织功能，坚持抓基层、强基础、固基本，推动农村基层党组织担负好直接教育党员、管理党员、监督党员和组织群众、宣传群众、凝聚群众重任，把全面从严治党落实到每个支部、每名党员，推动农村基层党组织建设全面进步、全面过硬。

一、农村基层党组织设置面临的新形势

严密的组织体系，是马克思主义政党的优势所在、力量所在。党组织设置是党实现有效领导的载体，也是加强党的农村基层组织建设、发挥党组织和党员作用的基础。农村经济社会结构的深刻变革，给农村基层党组织设置、党员发展和教育管理工作都带来新的挑战，需要实事求是分析农村基层党组织面临的新形势，不断加强和改进农村基层党组织建设，确保党的组织全覆盖、党的工作全覆盖。

一是很多农村青壮年劳动力涌入城市打工赚钱，致使村级党组织党员数量偏少、规模也越来越小，流动党员数量迅速增加，党员流动性大，农村人口老龄化，农村党员队伍结构不合理，直接影响和制约着基层党组织建设和农村的经济社会发展。二是众多乡村布局分散、资源短缺、村庄空心化、人口老龄化状况严重，以及村党组织功能弱化等问题，导致乡村难以发展，实施乡村振兴战略必须对这些乡村进行重新布局和资源整合，重新整合后的乡村必然带来一系列新的社会管理问题。三是随着社会发展，村与村之间的关联度、依存度日益紧密，互补性需求也日趋强烈，尤其是一些经济实力较为雄厚的村庄，存在土地和劳动力等资源短缺问题，难以发展壮大，急需开拓新的发展空间；而经济欠发达的村庄虽拥有丰富的土地资源，村民也有强烈的致富意愿，但缺少发展机会，急需寻求新的发展支撑、筑强组织堡垒、凝聚发展合力[42]。四是随着农村改革的深入和市场经济的发展，农村社会结构、组织形式、经营方式等出现许多新变化，家庭农场主、新型农业合作社、龙头企业市场主体和社会力量新主体出现，新型城镇化建设和村改社等新情况不断涌现。五是按照农村传统村、组等行政分割方式设置基层组织的单一模式，已经很难适应农村经济社会多

元化发展的需要，给农村党组织活动和党员的教育管理带来了诸多不便，影响了农村党组织和党员作用的发挥。

与此同时，提高农村基层党组织设置的科学化、规范化水平，在组织机构设置过程中需要防止两种倾向：一是盲目求新，不尊重党建的客观规律，组织结构的设置调整脱离当前农村经济社会发展的实际，一些地方在村改社区、合村并组中，党组织存在简单合并、运行不畅等问题；二是因循守旧，封闭僵化，缺乏改革创新的思维，使基层党组织设置滞后于农村经济社会发展的实际[43]，与产业发展、城镇化发展不匹配，党的组织覆盖和工作覆盖存在大量"空白点"等问题。

二、农村基层党组织设置原则

面对上述问题，加强农村基层党组织建设，要深入贯彻落实新时代组织工作路线，以组织体系建设为重点，科学设置、规范设置农村基层党组织，确保农村党的组织全覆盖和工作全覆盖，有效发挥党组织战斗堡垒作用和党员先锋模范作用。

农村基层党组织的设置应遵循三个基本原则：一是农村基层党组织设置要有利于加强党在农村的领导核心地位。农村基层党组织是党在农村全部工作的领导核心，也是确保农村各项事业取得成功的重要组织保障，农村基层党组织的设置必须强化这种领导地位。如果基层党组织设置的调整，削弱了党组织的政治功能和组织功能，抑制了党组织领导核心作用的发挥，弱化了党在农村的领导地位，那么这样的设置就不符合农村基层党组织设置科学化的基本要求。二是农村基层党组织设置要有利于解放和发展农村社会生产力。调整优化农村基层党组织设置，最终目的是解放和发展农村社会生产力，促进农村经济社会的快速健康发展，推动农村产业振兴、人才振兴、文化振兴、生态振兴、组织振兴，改善农村公共服务，促进农村和谐稳定。农村基层党组织要通过组织设置形式的变化，进一步调动各方面的积极性，实现农村经济社会发展与基层党组织建设的互促共赢。三是农村基层党组织设置要有利于加强基层党组织同人民群众的血肉联系。走群众路线是保证党的事业兴旺发达的一条基本经验，农村基层党组织处于农村一线末梢，与农民群众直接相处，联系最为紧密，接触最为频繁，了解最为深入，是党与农民群众联系的桥梁和纽带，基层党组织设置要有利于保持党同农民群众密切联系的政治优势，不能远离甚至脱离农民群众，要与农民群众想在一起、干在一处，想农民之所想、急农民之所急、解农民之所困，坚持群众工作路线，从群众中来、到群众中去。

三、农村基层党组织设置方式

农村基层党组织设置既不能落后于农村形势发展的要求，又不能超越形势发展的要求；既不能盲目进行或朝令夕改，又不能一成不变或一劳永逸，应根据形势变化的需要，不断调整基层党组织结构设置的模式。

因此，织密农村基层组织体系，最大限度地发挥党组织在引领社会治理方面的作用，是各级党组织重点思考的问题。农村基层党组织要改变以往"一村一支部"的单一基层党组织架构，一般以行政村为基本单元规范设置党组织，普遍形成行政村党支部（党委、总支）—村民小组（网格）党小组（支部）—党员联系户的组织体系，不断织密党组织这张网。同时，农村基层党组织要积极适应农村经济社会结构、社会组织形态、生产生活方式等深刻变化，因地制宜优化和创新党组织设置形式，不断扩大党的组织覆盖和工作覆盖，做到哪里有党员和群众，哪里就有党的组织。农村经济组织、社会组织具备单独成立党组织条件的，根据工作需要可以成立党组织。打铁自身要硬，切实加强自身建设，全面提升农村基层党组织的组织力、领导力，把农村基层党组织建设成为贯彻执行党的路线方针政策、促进农村全面发展、维护农村社会稳定的核心领导力量，使农村基层党组织成为新时代引领乡村振兴的主心骨和顶梁柱。

一是打破地域限制，实行村村、村企、村居联建模式。针对经济发展不同步、不平衡且彼此又有较强互补性的相邻村，推行村村联建，建立村村联合党组织。针对村镇企业规模大、经济效益好、行政村多数党员及青年进入村镇企业工作的实际，实行村企联合设置党组织。这样既能有效整合村企党组织资源，协调企业与农户的利益关系，又能够拓宽基层党组织工作领域和发展空间，促进农户增收和企业发展。在村居联建上，由城镇近郊村与社区共同建立党组织，成立党委或党总支，统一领导村、居工作，着力解决城镇化推进过程中，农村逐渐成为城区，而村党组织的社区管理工作还相对薄弱的问题。

二是适应农业产业化发展的需要，以产业链为纽带建立产业型党组织。在目前农村涌现出的大批产业基地和行业协会基础上，把分散在农村和城镇的党员，按产业分工组织起来，建立相应的产业党组织，以顺应农业专业化、产业化发展的需要[44]。

三是针对农村党员流动性大的特点，设置流动党员党组织。构建以流入地党组织为主，流出地与流入地党组织密切配合、有机衔接、双向互动、共同负责的党员动态管理机制，以实现对流动农民党员的管理。

四是试行设立城乡基层党组织互帮互助机制。以统筹城乡协调发展为出发点，通过城市各单位基层党组织与农村党支部结对帮扶，积极有序地推进城乡党的基层组织建设协调发展，实现结对双方党建工作的整体水平的提高，形成组织共建、资源共享、优势互补、共同发展的良好局面。

根据实际情况，创新基层党组织设置，应尽量在保持现有行政区划不变、村民自治主体不变、集体资产产权不变和财务管理独立建账、独立核算、独立收支的前提下，以地域相连、产业相近、资源共享为纽带，以共同发展、共同富裕为目的，探索创新农村党组织设置方式。

一是强村带动型。针对经济发展不同步、不平衡且彼此又有较强互补性的相邻村，推行村村联建，将经济实力比较强的村级党组织，与周边相邻、基础条件较差导致经济实力比较弱的村级党组织联合起来，建立强村带动型联合党委。

二是产业互助型。将若干地域相邻、产业相同或产业互补的村级党组织联合起来，建立产业互助型联合党委。

三是易地搬迁型。在人口比较集中的易地扶贫搬迁安置点，建立易地搬迁型联合党委。

四是村企联建型。将落户在村的经济实力较强、能够发挥企业市场资源等优势、带动村级发展、行政村多数党员及青年进入村镇企业工作的大中型企业党组织，与村级党组织联合起来，建立村企联建型联合党委。

五是村社联建型。将城郊村、村改居社区党组织与存在地域交叉、产销互动、人口往来比较密集的城市社区党组织联合起来，解决城镇化推进过程中，农村逐渐成为城区，而村党组织的社区管理工作还相对薄弱，建立村社联建型联合党委。

六是融合共建型。将集镇建设试点镇所在村党组织与镇区机关、学校、医院、企业等党组织联合起来；也可聚焦重大工作专项，围绕重点产业发展、工程项目，将企业、项目与县直机关、行业机关等党组织联合起来，建立融合共建型联合党委。

同时，农村基层党组织要调整理顺党组织隶属关系，做到应建尽建、设置规范、调整及时、隶属明晰。建立和执行好村级党组织按期换届制度，持续整顿软弱涣散基层党组织。

四、典型案例——湖北咸宁创新农村基层党组织设置

2021年5月，咸宁市委组织部印发《农村联合党委试点工作方案》，提出"以地域相连、产业相近、资源共享为纽带，以共同发展、咸宁市共同富裕为目的"，采取自上而下统筹、自下而上申请相结合的办法，在综合考虑产业、地域、资源等因素的基础上，组建农村联合党委。

例如，通城县关刀镇以经济实力比较强的杨家村为核心，将周边相邻的道上村、高桥村、云水村联合起来，组建了强村带动型的云溪湖联合党委；嘉鱼县潘家湾镇发挥蔬菜产业优势，按照产业相近或互补的原则，组建了产业互助型的蔬菜产业发展联合党委；官桥镇借助田野集团的市场和资源优势，推动其与官桥、朱砂、两湖等5个村融合发展，成立了村企联建型的乡村文旅产业发展联合党委。

联合党委成立后，需要选好配强联合党委书记及委员的人选。通常，党委成员一般由联建村（企业、社区）党组织书记、成员和乡镇驻村干部等组成。联合党委书记的人选，咸宁市委组织部则注重从多渠道选优配强，通过"选""派""聘"等方式充实力量。

一是从工作能力突出、带动能力强的党组织书记中"选"。咸安区西山下大幕联合党委由经济实力较强的西山下村与经济实力较弱的大幕村党组织抱团组建，西山下村党支部书记因工作业绩突出、致富带富能力强被推选担任联合党委书记。

二是从乡镇的包村党委委员中"派"。赤壁市各农村联合党委书记均由所属乡镇（街道）党（工）委委员下派担任，崇阳县试点建设的4个联合党委均由乡镇班子成员担任书记。

三是结合村（社区）"两委"换届工作，从威望高的退职村主职干部中"聘"。咸安区贺胜桥镇注重发挥退职村主职干部工作经验丰富、群众基础深厚、社会影响广泛的优势，聘请联建村贺胜村退职支部书记担任梓山湖片区联合党委书记。

一批能力强、经验足的联合党委书记，通过各联建村党组织之间的联合，加强村级沟通，推动联建村资源互补、治理互助、经济协同发展。

第二节　农村基层党组织带头人队伍建设

火车跑得快，全靠车头带。乡村要发展就要有一个好的领头羊。继脱贫攻坚工作后，乡村振兴成为当前农村的首要工作，如何提升村集体经济收入、改善百姓的生活环境、丰富百姓的精神生活、充实百姓的菜篮子、鼓足百姓的钱袋子，这些问题的首要责任主体是村党组织书记。他们是村级发展的掌舵者、村两委班子的主心骨。

农村基层党组织带头人在乡村治理过程中，不仅是直接的推动者和组织者，也是涉及乡村振兴战略的各项路线、方针、政策在农村的一线执行人，更是推动农村集体经济发展，解决农村发展后劲不足的致富领路人。加强农村基层党组织建设，必须紧紧抓住村级党组织带头人队伍建设这个"牛鼻子"，固本强基、多措并举，着力选优配强村级党组织带头人队伍，不断筑牢村级党组织战斗堡垒，为全面推进乡村振兴提供坚强的组织保障和人才保障。

一、走进凉山州的"华西村"——冕宁县建设村

建设村位于凉山彝族自治州冕宁县复兴镇。20年前的建设村，"前是荒滩、后是荒山，有女不嫁峡口湾"，是个出了名的"穷窝村"。2013年，建设村因给村民现金分红1 300万元而出名，被誉为凉山州的"华西村"。

建设村颇为贫穷，2010年前是个普通的村子。

"以前村好穷，现在基本上家家都是别墅，多亏有金书记。"村民马某说，当时她嫁到建设村，家人嫌这里太穷，并不乐意，"当时不通公路，下雨都没办法出门。"建设村的快速发展，离不开他们的"领头雁"——村党支部书记金洪元。虽然他自己开办的公司年收入达500万元以上，但是他自身致富，不忘群众。他常说："独木不成林，万紫千红才是春，我一个人富不算富，大家富了才算富。"

1989年，金洪元和当地村民外出承包工程，积累下了一定资金。2003年，金洪元担任村支书。2010年，金洪元积极带领村"两委"一班人，立足市场，调整思路，整合资源，探索"农户+合作社+农户"土地流转新模式，成立专业合作社，提高生产效率，实行入股分红，凸显"一人创业，

致富一方"的能人带动乘数效应，实现了农民增收，带动了全村发展。20世纪60至70年代，村民加入合作社，是生产队给村民分粮食；现在，村民加入合作社，是合作社给村民分钱。

如今，冕宁县建设村，不仅富裕，而且美丽。该村荣获了"国家级美丽宜居示范村庄""国家3A级旅游景区""全省乡村旅游示范村""四川百强名村""四川村集体经济十强村"等荣誉称号。

二、拓宽选拔渠道，严把选人用人入口关

"群众富不富，关键在支部""支部强不强，要看领头羊"，村党组织带头人有觉悟、有干劲、有能力、有群众基础和奉献精神，作风正派、办事公道，才能搞好乡村治理，发展好村级经济。

乡村振兴战略的"蓝图"已经划定，路线路、时间图、施工图已经确定，村两委干部特别是村党组织带头人是关键因素。村党组织书记、村委会主任"一肩挑"原则确立后，核心就是选好配强"领头雁"。乡村党组织书记的选用事关党对农村工作的领导，事关党在农村基层的权威和形象，事关基层党组织的战斗堡垒作用和党员先锋模范作用的有效发挥，事关乡村经济社会的高质量发展，事关乡村老百姓的致富增收和共同富裕。

县、乡各级党委要精准摸清行政村基层组织队伍情况和干部队伍情况，包括党员、干部的年龄结构、学历结构、性别结构、致富增收能力、为民服务情怀、基层威望口碑等。基层党组织要切实提高政治站位，跳出农村看农村、跳出农业看农业，站在坚持和加强党对农村的全面领导和乡村振兴时不我待、与全国同步实现社会主义现代化的使命高度，本着对历史负责、对人民负责的态度，拓宽选人用人渠道，严把选人用人关口，选优配强村党组织书记。

拓宽选人用人渠道。要在摸清各村党员干部队伍和经济社会条件的基础上，采取"一村一策"，坚持因村选人、以事择人，缺什么样的人就要选什么样的人，需要什么样的书记就要配什么样的人。坚持选人用人标准，坚持德才兼备、以德为先、任人唯贤，坚持信念坚定、为民服务、勤政务实、敢于担当、清正廉洁，培养选拔党和人民需要的好干部，选出的村党组织书记一定要发挥好领头羊的作用，把好政治方向、站好政治立场、坚守政治原则，切实履行好管党治党第一责任人职责，既要保证把党员群众带到中国特色社会主义道路上去，听党话，跟党走；又要想办法把

党员群众带到农业农村现代化道路上去，同舟共济，携手奔向共同富裕。要广泛通过本村选、外面引、上级派、公开聘等方式加大培养选拔力度，加大从本村致富能手、外出经商务工人员、高校毕业生、退伍军人等群体中培养选拔村党组织带头人的力度。深入实施优秀农民工回引培养工程，把更多优秀返乡农民工发展成党员，培养为村党组织带头人。健全第一书记、驻村工作队常态化驻村工作机制，选拔高校毕业生、机关企事业单位优秀党员干部到村任职，鼓励和吸引更多有知识有能力的人才担任"一肩挑"的人选，为农村的建设注入新鲜血液，提高发展活力。

四川省宜宾市坚持把书记队伍建设摆在首位，拓宽视野选标兵，深化农民工回引"聚火"工程，吸引大学生、退役军人、机关干部到村任书记。攀枝花市西区把村党组织书记队伍建设作为乡村振兴的"一号工程"，大力实施"归雁兴西人才回引计划"，动员农村在外能人返乡创业、回村任职、当选村党组织书记。

建立村党组织书记后备人才库。全面落实村党组织书记"县乡共管"制度，把乡村党组织书记作为"薪火"工程加以培育和持续加强，确保乡村党组织书记后继有人，乡村振兴事关亿万农民民生福祉，共同富裕的接力棒一棒接一棒地交接好，不断跑出加速度、取得新辉煌。县、乡各级党委要加强领导、系统统筹，为每个村培养储备一定数量的村党组织带头人后备力量，逐步优化村党组织书记结构，持续优化年龄结构、学历结构、来源结构。攀枝花市西区建立村党组织书记后备人才库，将年龄在35岁左右、具有大专及以上学历的优秀人才纳入人才库动态培育管理，确保选得出、育得强、用得上。

严把选人用人入口关。全面落实村党组织书记县级党委备案管理制度和村"两委"换届候选人县级联审机制，明确"不能""不宜"作为候选人的具体情形，会同公安、检察院、法院、司法局等单位开展县级联审，把政治标准放在首位，严把村干部准入门槛，考准考实德能勤绩廉，杜绝"带病上岗"，把不符合条件的人员挡在门外。坚决防止和查处以贿选等不正当手段影响、控制村"两委"换届选举的行为，严厉打击干扰破坏村"两委"换届选举的黑恶势力、宗族势力。坚决把受过刑事处罚、存在"村霸"和涉黑涉恶涉邪教的人清理出村干部队伍。

三、聚焦能力培养，持续提升履职素质水平

俗话说，打铁还需自身硬。农村基层党组织带头人是党的农村工作的

核心力量，实行村党组织书记和村委会主任"一肩挑"后，农村基层党组织书记不仅权力更加集中，而且意味着责任和担子更重了。乡村治理体系和治理能力现代化，关键在于农村基层组织作用的充分发挥，作为农村发展的灵魂和骨干，农村基层党组织带头人起着至关重要的作用。

2020 年，四川全省 3.4 万个村（社区）"两委"进行了集中换届，产生了新一届"两委"班子。通过换届，各村都选出了新一届的"当家人""领头雁"，大部分村"两委"班子结构得到优化，基本实现年龄、学历"一降一升"目标，但与"十四五"规划各项目标，与新时代乡村振兴、实现共同富裕的目标，与农村老百姓对美好生活的需求相比，新选任的村党组织带头人的政治素养、理论水平、业务能力都有较大不足。

换届完成后，必须在抓好班子、带好队伍、履职尽责、带动发展方面"扶上马"，不能一选了之。对新任党组织书记进行培训，是进一步帮助全省村（社区）"领头雁"尽快进入角色、提升工作能力、履职担当作为的有效举措，也是续写好村（社区）换届"后半篇文章"的有效抓手。

针对全面"一肩挑"后带头人能力不适应，为确保村"两委"新班子"选好即开考、上任就奔跑"，必须把村党组织书记常态化培训纳入省、市、县（区）、乡各级党委党建工作规划和干部培训规划，纳入党建工作议事日程，作为推动乡村振兴战略实施的重中之重，作为农村党员培训的关键。实施农村党组织能力提升计划，系统规划、持续用力、抓紧抓牢换届后的培训培优训强，建立教育培训长效机制，省、市、县（市、区）分级负责每年对村党组织书记进行培训，全覆盖开展履新培训、提能培训，创新学习培训方法，务求培训教育实效，组织前往先进示范村参观考察、学习取经、挂职锻炼等，努力实现"培训提升一人、学习带动一片、发展盘活整村"的作用，乡村振兴提供坚实的组织保障和人才保障。

坚持用党的创新理论武装头脑、凝心铸魂。教育引导村党组织书记树牢"四个意识"，坚定"四个自信"，做到"两个维护"，深刻认识"两个确立"的决定性意义，全面贯彻执行上级重大决策部署，切实在思想上政治上行动上同党中央保持高度一致。

加强村党组织书记履职能力培训。全面提升村级党组织带头人掌握政策、履职尽责、服务群众的能力和水平，帮助新任干部理顺工作思路、打开工作局面，提升带领群众致富、为群众办实事的能力，提高适应新形势、应对新挑战、解决新问题的能力。加强新时代抓好农村党建工作基本功培养，深入学习贯彻落实新时代党建工作总要求和新时代组织工作路线，以政治建设为统领全面抓好党的各项建设，以组织体系建设为重点，发挥党组织政治功能和组织功能，着力培养忠诚干净有担当的高素质干部队伍，抓班子、带队伍，做好发展党员、教育党员、管理党员工作，发挥好党组织战斗堡垒作用和党员先锋模范作用。

加强掌握新形势下应对各种问题的工作方法的培养。坚持问题导向，注重实操运用，抓准农村发展特点，从经济发展、农村治理、矛盾调处等多方面开展专题培训，有针对性地在组织领导、村庄治理、纠纷调处、经济发展等专业能力提升上着力。加强群众工作路线和工作方法培养，教育引导村党组织书记牢固树立宗旨意识，提升群众工作方法，提高宣传群众、组织群众、凝聚群众、服务群众的能力与水平，一切依靠群众、一切为了群众，从群众中来、到群众中去，调动一切可以调动的资源和力量，变"单雁高飞"为"群雁齐飞"，把"群众答不答应、满不满意、高不高兴"作为工作的最高标准，提高服务群众能力，带头为民服务，打通服务群众"最后一公里"。

四川省委组织部对集中培训工作作出部署安排，省、市、县三级联动，于2021年6月底前对新一届村党组织书记全覆盖轮训一次。2021年4月，四川省示范先行，举办新任村党组织书记示范培训班，一方面，通过一揽子培训，让新任村党组织书记学会如何做细做实换届"后半篇文章"；另一方面，为市县培训作出示范、探索经验。培训内容涵盖习近平新时代中国特色社会主义思想、党和国家重大方针政策、四川省委治蜀兴川重大决策部署、中国共产党历史、基层党组织基本职责和工作方法、基层实用知识技能等。

2021年5月起，攀枝花市分两期组织全市177名村党组织书记赴绵阳开展培训，培训紧紧围绕"村党组织书记提升履职能力"这一主题，采取"理论课程+现场教学+交流研讨"相结合的方式，设置新时代乡村旅游实战解析、新型集体经济的发展探索、两项改革"后半篇"文章做法及经验等课程，突出基层组织建设、基层治理、集体经济、乡村振兴、廉政建设等重点内容，引导村党组织书记增强理论素养、提升党性修养、强化责任意识、激发担当精神。

2021年6月，凉山州举办了村（社区）党组织书记示范培训班，以辅导报告、专题讲座、书记讲坛、交流讨论、现场参观等形式，就党史学习教育、巩固拓展脱贫攻坚成果与乡村振兴有效衔接、森林草原防灭火、创新发展新型村级集体经济、农村基层党建、党风廉政建设、新时期"三农"工作、防汛减灾、地灾防治等内容开展培训。

四川省宜宾市创新实施"标兵书记选育工程",推动每名村党组织书记都"过得硬"。四川省宜宾市采取"集中学、挂职炼、擂台比、顶岗用"等方式达标管理 1 792 名村支部书记,择优培养市级"标兵书记"12 名、县级"示范书记"123 名,构建"十百千"村党组织书记"雁阵"培养体系。

突出培养村党组织书记后备力量培训,通过政治引领、政治吸纳、理论培训、老书记传帮带、实践锻炼等方式,加大村级后备干部储备和培养。

四、完善激励保障,在作用发挥上见实效

坚持政治上激励、待遇上保障、工作上支持,加强对村党组织书记的激励、支持和保障。

提高经济待遇。落实"固定报酬+绩效报酬",不断健全完善村干部报酬稳步增长机制,明确村干部兼职补助规定,按所兼职务定额领取兼职报酬,兼任村级集体经济组织负责人的按集体经济组织章程领取劳动报酬,切实提高村干部工资待遇水平。例如,四川广安出台《加强村党组织带头人队伍建设十条措施》,围绕"选""用""育""留"等方面配套政策,着力增强村干部岗位吸引力。宜宾出台《激励村党组织书记担当作为十条措施》,从待遇保障、减负增效、容错纠错等方面出实招,严格落实村干部"基本报酬+绩效报酬+集体经济创收奖励"薪酬制度,允许最高将村级集体经济纯收入新增部分的 20% 作为创收奖励基金,激发村干部创业激情。成都市建立村党组织书记收入常态化增长机制,落实集体经济发展创收奖励,建立一次性荣退激励金制度,激励引导带头表率、实干担当。

推动能上能下。落实党中央和省委政策安排,面向村党组织书记定向选拔乡镇领导干部、考录乡镇公务员、招聘乡镇事业人员,着力解决村两委干部没干头、没盼头、没出路的问题。例如,成都市换届后有针对性地出台《加强村党组织书记监督管理激励办法》,把村党组织书记纳入社区专职工作者职业发展体系,定期选拔优秀村党组织书记进入镇领导班子。宜宾从优秀村支部书记中选拔乡镇副科级领导 24 人、招聘事业人员 36 人、

推荐"两代表一委员"1 790人，全覆盖签订竞职、履职、辞职三项承诺，调整不胜任不尽职村支部书记13名。

注重人文关怀。鼓励和支持村干部参加社会养老保险、医疗保险和人身意外险，并由财政予以定额补助。例如，四川广安每两年组织村干部进行1次体检。

加强政治激励。提高村党组织书记在各类表彰（表扬）中的比例，表扬先进、鼓舞干劲，在全社会营造对标看齐、奋勇争先的良好氛围。2023年四川评出100名乡村振兴"担当作为好支书"。凉山州评出60名村党组织书记为2022年度州级乡村振兴"担当作为好支书"。"担当作为好支书"是各地村党组织书记中的佼佼者，政治过硬、实绩突出、群众认可，能够充分发挥优秀村支部书记的示范引领作用，激励鼓舞受表彰的村党组织书记和更多的村党组织书记在乡村振兴伟大实践中再创佳绩、再立新功。

第三节　抓好党员发展和教育管理工作

党员是党的肌体最基本的细胞，是党组织最基本的力量，是党的活力源泉。党的先进性和纯洁性要靠千千万万党员的先进性和纯洁性来体现，党的执政使命要靠千千万万党员卓有成效的工作来承载，实现农业农村现代化、乡村治理体系和治理能力现代化，这一历史重任必将落在青年的肩上，这一历史接力棒必然交到青年一代手上。

党的十八大以来，在党中央全面从严治党、大抓基层的鲜明导向指引下，四川基层党建工作深入推进，农村基层党组织战斗堡垒作用和党员先锋模范作用充分彰显，党组织对农村青年的吸引力明显增强，一大批在基层一线建功立业的优秀农村青年成为党的新鲜血液。与此同时，农村党员队伍仍然存在着年龄偏高、文化水平偏低、流动性大、作用发挥不够等问题。农村党员队伍"青黄不接"的问题比较突出，流动党员教育管理较难。

县、乡、村各级党组织需要着力从根本上解决农村党员队伍和基层组织建设后继乏人问题，始终把党员队伍建设作为党的建设的基础性、经常性工作来抓，按照"控制总量、优化结构、提升质量、发挥作用"的总要求，做好农村党员发展和教育管理工作，不断吸收新鲜血液，优化农村党员队伍结构，提高农村党员发展质量，着力锻造发挥先锋作用，使农村党组织和党员保持更加旺盛的生命力和强大的战斗力。

一、做好党员发展工作

目前，农村党员发展面临"两个过少"，即青年农民党员的发展过少，高学历水平的党员发展过少。

（一）压实党员发展责任

习近平总书记就做好农民工工作作出一系列重要指示批示，突出强调"要重视从农民中发展党员，加强带头人队伍建设，打造千千万万个坚强的农村基层党组织"。

做好农村发展党员工作，是党在农村永葆青春活力的"源头活水"，事关党的农村工作和农村党的建设薪火相传，事关农村党的战斗力和生命力，事关乡村振兴战略实施的质量、效率和成败。凡事预则立，不预则废。站在全局和大局的高度，将发展党员工作纳入党组织书记抓党建工作述职评议考核和党建工作绩效考核重要内容，压紧压实各级党组织党员发展责任，进一步增强各级党组织的责任感和使命感，形成一级抓一级，层层抓落实的格局。

坚持"控制总量、优化结构、提高质量、发挥作用"总方针，严格标准、严肃程序、严明纪律，按照《中国共产党发展党员工作细则》要求，实施农村党员发展计划单列，坚持慎重发展，均衡发展，有领导、有计划地进行发展，在优化结构上下狠功夫，在提高质量上下苦功夫，在扩大发展党员视野上下细功夫，及时将外出务工经商人员、退役军人、大学毕业生、农民专业合作社成员、致富能手等农村中的优秀人才发展入党，加大在优秀青年农民中发展党员的力度，坚持优中选优、好中选好，实现农村发展党员"质""量"双提升。

（二）实施优秀农民工党员发展专项计划

针对农村青壮年大量外出务工，村党组织带头人后继乏人问题，认真贯彻执行《关于大力实施优秀农民工回引培养工程的意见》，实施好优秀农民工党员发展专项计划和优秀农民工"送出去+引回来"双向培育工程。把优秀青年有领导、有计划、有组织地送出去外出务工、经商，通过勤劳双手外出富裕"口袋"、富足"脑袋"，帮助优秀青年开拓致富视野，学习致富技能，谋取致富专长，制定创业创新计划。注重从优秀农民工中发展党员，培育致富带头人，新发展党员中优秀农民工应占主体，千方百计把有能力、有觉悟、有志于为家乡服务的优秀农民工吸引回乡，引领优秀农民工返乡创业，带领家庭、家族和更多村民发展产业、致富增收。

针对外出务工农民多、流动党员管理难的问题。凉山州昭觉县坚持县委主抓，组织部门牵头，乡镇党委和村（社区）党组织负责的组织体系，哪里有农民工党员，哪里就有党的组织；哪里有农民工，哪里就有党的工作，完善建立农民工党建联席会议制度，在昭觉籍农民工比较多的广州、西昌等地设立驻外农民工党组织，推动形成上下结合、齐抓共管、协调推进的工作机制，确保农民工党员"离乡不离党、流动不流失"。针对外出务工的农民工少，优秀农民工更少的问题，昭觉县委组织部联合县人社局摸排出没有优秀农民工或优秀农民工较少的 13 个村，联合广东佛山、绵阳涪城等地实施"定向式"培养，有针对性地引导一批优秀群众外出务工经商。通过乡镇党委审查资格条件，相关部门核查不良记录情况，驻外农民工党组织访查外在表现，村组干部调查群众基础等流程，积极培养政治素质高、表现好、35 岁左右、高中文化及以上的优秀农民工和返乡创业致富带头人。

同时，让更多优秀农民工安心安身扎根农村干事创业。建立从优秀村党组织书记中选拔乡镇领导干部常态机制，加大选拔村干部力度，实施农民工后备力量培育计划，重点选拔一批 35 岁左右、高中文化程度以上的优秀农民工，纳入村级后备力量加强针对性培养，每个村至少发展储备 2 名农民工后备力量。当村两委班子出现缺口时，原则上主要从优秀农民工、农民工后备力量中补充选配，从根本上推动村党组织带头人整体优化提升。对新回引担任村干部、纳入村级后备力量培养和列为党员发展对象的优秀农民工，从乡镇、村班子成员中选派 1 名工作经验丰富的干部"一对一"结对联系，建立联系帮带制度。积极推荐返乡创业就业优秀农民工、农民工后备力量、农民工村干部按程序担任各级党代表、人大代表、政协委员，增强优秀农民工的获得感、荣誉感。

二、加强党员教育管理

党员教育管理是党的建设的基础性、经常性工作。组织上入党一生一次，思想上入党一生一世。办好中国的事情，关键在党，关键在党要管党、从严治党。

大部分乡村受自身条件限制，开展党员教育培训力量比较薄弱。农村党员教育管理必须坚持在党要管党、从严治党的根本前提下，充分考虑农村党员教育管理的特殊性，坚持重心下移、坚持需求导向，提高党员教育管理的针对性、吸引性、实用性，做好党员发展"前半篇"和教育管理"后半篇"两篇文章的衔接贯通工作，努力建设一支政治合格、执行纪律合格、品德合格、发挥作用合格的农村党员队伍。

县、乡、村各级党组织要切实担负起党员教育管理的主体责任，切实加强党员教育管理，创新农村党员教育管理方式，引导党员坚定理想信念，增强党性，提高素质，认真履行义务，正确行使权利，充分发挥先锋模范作用，为乡村治理体系和治理能力现代化提供坚实的政治保障、思想保障和组织保障。

强化入党过程教育管理。关口前移，从递交入党申请书到列为入党积极分子、吸收预备党员，全过程、全方位加强教育管理，帮助树立正确的入党动机，牢固党的意识，强化党性观念，坚定理想信念。

发挥党组织政治功能。始终用习近平新时代中国特色社会主义思想武装党员，引导党员坚定共产主义远大理想和中国特色社会主义共同理想，增强"四个意识"、坚定"四个自信"、做到"两个维护"，始终在思想上、政治上、行动上同以习近平同志为核心的党中央保持高度一致。

严肃党的组织生活。党的组织生活是党内政治生活的重要载体，是党组织对党员进行教育管理监督的重要形式。按照《中共四川省委组织部关于严格执行党的组织生活制度的意见》，强化政治功能，坚持和完善党的组织生活各项制度，严格落实"三会一课"、组织生活会、民主评议党员、谈心谈话、主题党日、双重组织生活等制度，对党员进行经常性的教育管理。坚持围绕中心、服务大局，坚持教育、管理、监督、服务相结合，丰富组织生活方式，创新组织活动内容，注重党员教育管理质量和实效，注重把组织生活与村级中心工作、解决民生问题结合起来，不断增强组织生活的吸引力、感染力，切实提高组织生活质量和效果。坚持突出政治性、时代性、原则性、斗争性，确保党的组织生活经常、认真、严肃，坚决防止组织生活随意化、平淡化、娱乐化、庸俗化，不断增强党自我净化、自我完善、自我革新、自我提高的能力，为推动乡村治理有效提供坚强组织保障，着力提高党内政治生活质量。

建立农村党员定期培训制度。根据农村事业发展和党的建设重点任务，结合农村中心工作和党员实际，确定培训内容和方式，组织党员认真参加党内集中学习教育，有针对性地开展政治理论教育，突出政治教育和政治训练，强化党章党规党纪教育，加强党的宗旨教育，进行革命传统教育，开展形势政策教育，注重知识技能教育。例如，攀枝花市西区以"三个坚持"抓实农村党员教育培训。坚持将农村党员教育管理作为党的建设基础性经常性工作来抓，坚持分层分类、创新方式、实干实效抓培训，不断推动全区农村党员教育培训工作提质增效。一是坚持分层分类抓培训。攀枝花市西区印发《关于开展农村党员教育培训需求摸底的通知》，征集1个镇党委、6个村党组织培训建议58条，确定政治理论、基层党建、基层治理、种养殖技术、电商销售、群众工作、政策解读7方面培训内容。建立村党组织书记重点培训、致富带头人优先培训、村"两委"班子成员及时培训、后备力量超前培训、一般党员普遍培训机制，差异化设置培训内容，增强培训针对性。二是坚持多种方式抓培训。攀枝花市西区组建包括党政领导、党校教师、致富带头人、农技人员在内的乡村振兴师资库，举办乡村振兴能力提升培训班8期，培训全区党员干部304人（次），实现思维"破冰"。探索现场观摩、互动研讨等培训方式，组织23名村党组织书记、村"两委"班子成员赴成都、宜宾、眉山学习乡村治理、产业发展、村集体经济等方面先进经验，牵住乡村振兴"牛鼻子"。借助"四川党建"系列信息平台、云视讯会议系统、西区组工APP等载体，开设"指尖课堂"，定期推送党的创新理论、"书记龙门阵"主题坝坝会等内容，实现党员教育全覆盖。三是坚持实干实效抓培训。攀枝花市西区推行教育培训测试制度，将测试分为理论考试和现场演讲两个环节，重点测试政策理论和产业发展思路，依据综合成绩确定等次，引导参训人员找差距、补短板。注重学以致用，组织开展调研6次，召开"乡村振兴恳谈会"10次，确定山药种植、绿色蔬菜、当当鸡、特色花卉等9个重点产业，培育特色农产品品牌5个，帮助群众解决病虫害防治、苗木嫁接等技术难题62次，培训成果转化显著。

第四节　发挥党员先锋模范作用

党的基层组织是党的肌体的"神经末梢"，要发挥好战斗堡垒作用。我们党抓农村工作很重要的一条经验，就是把党的组织建在村里，发挥村党组织战斗堡垒作用，通过政治教育、思想引导、社会服务把农民组织起来，紧密团结在党的周围。

基层党组织能力强不强，抓重大任务落实是试金石，也是磨刀石。实现乡村治理体系和治理能力现代化，最终要靠农村基层党组织来落实，要靠广大党员卓有成效的工作来落实。农村基层党组织是乡村治理的主心骨，农村党员既是乡村治理的排头兵，又是参与者，更是农村基层工作的中坚力量。

只有持之以恒抓好基层党组织建设，发挥基层党组织战斗堡垒作用，发挥党员先锋模范作用，更好地宣传党的主张、贯彻党的决定、领导基层治理、团结动员群众、推动改革发展，更好地组织群众、宣传群众、凝聚群众、服务群众，才能不断增强乡村治理实效，为实现乡村善治凝聚力量，为乡村振兴提供坚实保障。

一、发挥党员先锋模范作用的举措

（一）在加强党性锤炼上发挥先锋模范作用

党员要始终牢记自己的第一身份是党员，第一职责是为党工作，要把党性锤炼作为终生的"心学"，要旗帜鲜明讲政治，不断提高政治素养，把握正确政治方向，坚定站稳政治立场，不断提高政治判断力、政治领悟力、政治执行力，严守政治纪律和政治规矩，永葆共产党员的政治本色，永葆对党忠诚的政治品格，切实增强"四个意识"、坚定"四个自信"、做到"两个维护"，深刻认识"两个确立"的决定性意义，始终在党言党、在党忧党、在党为党。

基层党组织要用好攀西地区红色教育资源、三线建设教育资源、民族团结教育资源，加强党员党性教育，教育引导全体党员不忘初心、牢记使命，传承红色基因，赓续红色血脉，弘扬"坚持真理、坚守理想，践行初心、担当使命，不怕牺牲、英勇斗争，对党忠诚、不负人民"伟大建党精神。

（二）在宣传贯彻党的路线方针政策上发挥先锋模范作用

学习宣传贯彻党的二十大精神和省十二次党代会、十二届二次全会精神是当前和今后一个时期的首要政治任务。攀西地区各级党组织要周密组织、精心安排、动员部署，以当前正在开展学习贯彻习近平新时代中国特色社会主义思想主题教育为抓手，组织党员全面学习、全面把握、全面落实，在学深悟透上下功夫，坚持用党的创新理论武装党员、教育群众，自觉地贯彻执行党的路线、方针、政策，切实在思想上政治上行动上同党中央保持高度一致，提高党员的理论素养，要做政策明白人。

同时，农村思想宣传是党十分重要的一项工作，关系到党的政策知晓与落实，做好思想宣传工作也是每个党员义不容辞的职责。每个党员既要当好学习者、践行者，又要当好宣传者，认真学习领会党的路线方针，积极向人民群众宣传党的思想精神。攀西地区少数民族众多，特别是彝区群众聚集，采取双语宣传、坝坝会、宣教活动等群众喜闻乐见的方式，用准确生动的宣传让人民群众懂党、知党、爱党，把党的"声音"传播好、宣传好，把党的方针政策和决策部署原原本本、原汁原味地传达给群众。

（三）在为民服务上发挥先锋模范作用

农村党员是农村党组织联系群众的桥梁和纽带，是反映社情民意的联络员。要围绕正在开展的学习贯彻习近平新时代中国特色社会主义思想主体教育，建立党员干部调查研究的长效机制，强化党员的宗旨意识和为民情怀，密切党员与群众的联系，把自己摆进去、把工作摆进去，大兴调查研究之风，帮助解决实际困难，加强对贫困人口、低保对象、留守儿童和妇女、老年人、残疾人、特困人员等人群的关爱服务，采取更加精准有效的措施解决好人民群众的操心事、烦心事、揪心事，引导农民群众自觉听党话、感党恩、跟党走。

农村党员要重实践、促发展，深入群众、结对联户，尊重群众的首创精神，坚持从群众中来、到群众中去，当好农民的"千里眼""顺风耳"，了解群众的所思所想所盼，收集乡村各类治理主体的意见建议，运用好"四议两公开一监督"的机制，向村级党组织建言献策，不断推动民主决策、凝心聚力，推动发展。

（四）在担当作为上发挥先锋模范作用

农民要致富，党员要引路。党员带头致富是职责，带领群众共富是义务。推动乡村振兴，党员的先锋模范主要体现在带头致富、带领群众共同致富上。作为农村党员干部，要增强致富本领，在群众中率先致富，争做勤劳致富的排头兵，争当创业致富带头人，不能拖发家致富的后腿。

攀西地区各级党组织要引导农村党员带头学习农村实用技术，结合本村实际发展产业，通过勤劳的劳动、合法的生产经营带头致富，当好产业发展的带头人，带头创办、领办农村专业合作社，起到党员应有的模范带头作用；通过自己先富起来的榜样作用，为群众树立依靠自身努力过上幸福生活的信心和决心；要大力发挥好传帮带作用，提升农民的组织化程度，主动去帮助贫困群众，与他们结成帮扶对子，达到"帮富一家人，带动一个村"的效果，最终实现带领贫困群众共同致富奔小康的目标。

（五）在遵纪守法上发挥先锋模范作用

自觉遵守党的纪律和国家的法律，是每个党员的义务。农村党员要坚定不移走中国特色社会主义法治道路，自觉遵守党规党纪、宪法法律，自觉崇尚法治、敬畏法律，带头学法用法、守法护法，不断强化法治意识、红线意识，以对党和国家负责、对事业负责、对家庭和社会负责的态度，带头把法治精神植入灵魂、落到实处，主动参与法治实践并发挥示范带头作用；同时，要大力开展普法教育，教育广大农民群众遵纪守法，引导农民增强法治意识，有序参与、理性表达利益诉求，逐步提高整体素质，培育造就新型农民，为建设新农村提供坚强的政治保障；积极主动地深入群众，深入矛盾第一线，把群众工作做细做好，防止个别问题群体化、内部问题社会化、局部问题扩大化，把各类矛盾纠纷和不稳定因素消除在萌芽状态。

（六）创新发挥先锋模范作用的载体

一名党员就是一面旗帜；一块牌子表明一个身份，代表一份荣誉，承担一份责任。基层党组织普遍组织开展党员户挂牌、党员联系户、承诺践诺、设岗定责等活动，开展亮身份、践承诺、做表率、树形象活动；通过党员户挂牌，让党员亮出身份、当好表率，把党员的个人荣誉上升为家庭荣誉，充分发挥辖区党员"一人带一户，一户带一片"的辐射带动作用，树立党员先进形象，充分发挥党员示范引领作用。一块红色小牌挂在党员户门口，让更多党员亮出身份，不仅饱含着党组织对党员的关爱，更是督促党员时刻保持党员意识。

建立党员联系群众制度，引导农村党员开展入户走访和践行承诺等活动，努力做到带头宣传乡村振兴政策、带头搞好房前屋后环境卫生、带头绿化美化庭院、带头实行垃圾分类、带头开展志愿服务活动、带头搞好产业勤劳致富，形成农村党员示范引领、群众看齐跟进的良好局面，为乡村振兴凝聚正能量、激发新动力。实行党员评星定级、积分管理，引导党员带头把党员身份亮出来，争做对党忠诚的表率；带头把先锋形象树起来，争做为民服务的先锋；带头把党员责任担起来，争做推动发展的标杆。引导农村党员在乡村治理、强村富民中走在前作表率，推动广大农村党员在乡村振兴、乡村治理等工作中发挥先锋模范作用。

二、典型案例

（一）白河镇发挥党员先锋模范作用

甘肃省陇南礼县白河镇开展党员干部"亮身份、践承诺、树形象、作表率"活动，以"一亮二建三帮四带五评"为抓手，锻造高素质党员干部队伍。

白河镇建立"党员之家"，制作"党员之家"身份公示牌，实行公开形象、公开姓名、公开职责、公开联系方式、公开承诺事项的"五公开"机制；通过公开亮明党员干部身份，展示党员干部形象，并将公示牌张贴悬挂在办公场所及党群服务中心进行公示，接受群众监督；建立党员星级积分卡，实行季度积分星级评定的办法，建立积分奖励机制，结合党员结构实行三级奖励，每级奖励设置不同级别的奖品，在年终个人积分达到相应标准时进行相应奖励，获得相应奖品，通过奖励机制激发党员干部的积极性和"赶超劲"。

（二）太原市发挥党员先锋模范作用

太原市聚焦农村党员管理定性不定量、党员作用发挥不明显等问题，通过实行积分制管理量化考核，真正让党员肩上有责、争先有标、行为有尺、奖惩有据。目前，全市已有 33 485 名农村党员纳入积分制管理，农村党员管理精细化、规范化和科学化水平进一步提高。

在评定程序上，严格执行党员申报、支部考评、年底通报三步工作法，按照"一人一卡、一事一记，量化积分、动态管理"原则，为每名农村党员发放积分卡，把党员现实表现量化为具体分值，得分情况通过公示栏、党员大会、公众号、微信群等方式公开，接受党员群众监督。建立"基础积分+正向加分+反向减分"的三位一体评分体系，推动党员画像由"虚描"向"实写"转变。将党员年度积分结果与党员评先评优、表彰奖励、民主评议"三挂钩"，推动党员考核由"软指标"向"硬杠杠"转变。

一是"表彰+奖励"一批。对评定为"好"的、积分较高的、连续两年评定为"好"的党员分别予以村级、乡级、县级表彰奖励，并作为选拔后备干部、评先评优、组织推荐"两代表一委员"的重要依据。

二是"帮扶+整改"一批。对评为"一般"和"差"的党员，在民主评议时不能评定为"优秀"党员，配套采取村级警示谈话、乡级批评教育、"一对一"结对等方式，帮助整改提高。阳曲县实行"红黄榜"积分管理以来，由村党支部成员对上"黄榜"的430名党员进行结对帮扶、定期转化。

三是"问责+惩处"一批。对连续两个周期评定为"差"等次的党员，且本人拒不改正、不愿接受党组织教育和纪律约束的，依规处置处理，切实树起奖的标杆、划清罚的底线，切实增强农村党员荣誉感、紧迫感、责任感，推动广大党员更加积极地投身到工作中来，激活党建引领乡村治理的"一池春水"。

第五节　建好党群服务中心阵地

长期以来，许多经济基础薄弱的村，村部位置偏僻、房屋破旧，为民服务缺少场所、党员活动缺少阵地。如何让党员群众重新找到"家"？这就需要整合资源建好用好基层组织活动场所，推动党群服务中心这一有效载体重要平台布局合理化、建设规范化和服务综合化，形成政务服务、便民服务、法律服务、文体服务、关爱服务等服务体系，让党员群众在家门口就能找到组织、享受便利服务。

一、农村党群服务中心概述

农村党群服务中心是农村党支部联系群众的桥梁和纽带，是践行党的宗旨和群众工作路线的重要平台，是服务发展、服务民生、服务群众、服务党员的综合窗口，是融党员服务、群众议事、便民服务、政策咨询、教育培训于一体的主要阵地。

农村党群服务中心是近年来农村基层组织改革和制度创新，是加强农村基层组织建设、完善农村公共服务体系、推动农村治理体系和治理能力现代化的重要举措。攀西地区要将农村党群服务中心作为一种新型的治理方式，将党建工作与群众服务紧密结合，最大限度发挥农村基层党组织"同心圆"的政治引领功能和"连心桥"的服务群众功能，将村党组织、村委会、社会组织、企业、市场等各方面的力量、资源整合起来，建立

"一核多元"和"一核多能"的乡村治理和服务创新模式,加强党在农村基层的组织力和服务力,解决农村公共服务体系不健全,公共服务资源不足,农民群众办事难、办事远的问题,让党员群众在家门口就能找到组织、享受便利服务,为农民群众提供更加便捷、高效、优质的服务。

二、党群服务中心阵地建设中存在的问题

当前,各地牢固树立抓基层、打基础、固根本的工作导向,把党群服务中心作为农村基层治理的重要载体,一手抓要素集聚、一手抓服务提质,取得了一定成效。但在具体工作中依然存在一些问题,主要表现为"五重五轻"的"五个偏差"[45]。攀西地区在下一步的建设、改建、扩建方面要注意克服,真正把党群服务中心建设成为宣传党的路线方针政策的重要阵地,基层党组织开展活动的重要场所,展示基层党建工作的重要窗口,服务城乡群众的重要平台。

一是在功能定位上,存在"重办事服务、轻政治引领"的偏差。有的村(社区)党组织对党群服务中心的政治定位认识不足,更多强调服务功能,忽视了党组织的政治功能,开展党群活动缺乏统筹、形式单一、内容枯燥,党组织政治引领能力不强。少数党群服务中心党建内容展示及功能设置不到位,党建阵地"党味"不浓。党群服务中心是基层党组织发挥政治功能和组织功能、领导基层治理、增强群众组织力和社会号召力的有效载体和重要平台,是党领导农村治理的坚强阵地。党群服务中心要切实发挥政治功能和组织功能,要严守政治纪律和政治规矩,以政治建设为统领,始终用习近平新时代中国特色社会主义思想武装党员、教育群众,在思想上政治上行动上同党中央保持高度一致。同时,发挥党在农村基层的服务力,着力打造党员和群众的共同园地。

二是在工作导向上,存在"重上级考评、轻群众满意"的偏差。一些村(社区)党组织更多地倾注于应对上级各类考核,对于基层群众究竟欢迎什么、需要什么,过问不多、了解不透,提供的服务、开展的活动与群众实际需求不匹配,群众主动参与热情不高。党群服务中心要坚持群众路线,从群众中来、到群众中去,一切以农民农村的需求为出发点和落脚点,不断创新服务方式,积极推行"一站式"服务、"互联网+政务服务""最多跑一趟"服务,提供就近办理、线上办理、基层代办等"一条龙"便民服务,让农民就近在一个党群服务中心内就能解决所有问题,成为老

百姓最愿意去的地方。

三是在建用衔接上，存在"重建设投入、轻开放使用"的偏差。有的村（社区）党群服务中心内部功能站室重建轻用，居家养老服务站、农家书屋、健身中心等功能室利用率偏低，有的甚至长期闲置。少数党群服务中心位置偏僻，"没有人气"；有的一站式便民服务大厅设置在二楼甚至三楼，"不接地气"。党群服务中心要创新组织形式、服务方式，科学规划、合理布局党群服务中心，推动党群服务中心布局合理化、亲民化、便民化，将各类服务、各个主体、各种资源、各项活动进行有效整合，实现资源共享、优势互补，打造成为集党务、政务、社务、文化、便民、娱乐等为一体的多功能综合服务场所，满足群众多样化的需求，增强党群关系。

四是在作用发挥上，存在"重工作留痕、轻实际效果"的偏差。一些地方台账资料精简效果不明显，党群服务中心工作过于重视"留痕"，基层干部疲于应付。一些基层党委政府没有建立起长效管理机制，对党群服务中心往往"一建了之"，缺乏跟踪指导，导致实际运行"走形变样"。一些部门动辄以是否挂牌作为硬性考核指标，在基层刷"存在感"，村（社区）"牌子乱象"问题较为突出。

五是在总体发展上，存在"重盆景打造、轻整体提升"的偏差。有的地方注重"盆景"打造，但对于如何整体推进提升，研究不深、措施不多、投入不足，党群服务中心建设不达标、功能不完善、作用发挥不明显等问题或多或少、或轻或重地影响到面上的整体成效。党群服务中心要建立"四常两聚"机制，即大门常开、场所常用、活动常办、群众常来，让党群服务中心政治属性和服务功能突显，不仅聚人气，更聚民心。

三、典型案例

（一）西昌市大石板村党群服务中心

2019年10月，四川省全面启动乡镇区划和村级建制调整"两项"改革。2020年村级建制调整，将原海南乡钟楼村、核桃村、民主村合并为大石板社区。

在大石板社区的建设打造中，大石板党群服务中心充分发挥党建引领职能，精准把握村民、外来投资经营业主等群体的实际需求，围绕康养民宿主导产业发展、村集体经济发展壮大、村民持续增收创收、乡村治理有效四大方面，科学设置服务内容，常态化开展方针政策宣传、群众呼声倾听、群众业务办理、矛盾纠纷调解、人居环境整治、文明新风树立等为民服务工作，使之成为乡村振兴的"加油站"和"服务区"，为辖区党员、群众提供便民、娱乐和治理等一体化、一站式服务，让党群服务中心真正成为群众生产、生活离不开的精神家园。

（二）普达社区党群服务中心

2023年，作为四川省民政厅2022年城乡社区治理试点项目之一的社区——攀枝花市仁和区前进镇普达社区党群服务中心正式投入使用，标志着前进镇基层党建和基层治理再添新阵地。

普达社区党群服务中心位于普达安置新村，中心建设按照"一核四乐"的工作思路，以党建引领为核心，将"乐居、乐业、乐养、乐享"四条主线融为一体，内设亲民化服务大厅、新时代文明实践站、人大代表联络站、综治中心、社区警务室、人才超市、民生超市、康养驿站、社工服务室、志愿服务站等多功能场所。特别是围绕先锋示范和"一老一小"，建设党建红、法治黄、科普蓝、绘本彩等功能区域，努力打造居民身边的幸福驿站。

党群服务中心内建设了温馨驿站，为辖区内的快递员、外卖员、户外劳动者等新就业群体提供贴心服务，进一步凝聚党群力量，让党群服务中心在"便民、利民、惠民、亲民"中接地气、聚人气。

（三）米易县实施社区党群服务中心亲民化改造

有群众反馈"以前的社区柜台高、窗口小，就像个'衙门'一样，有时候去办事连个坐的地方都没有。"针对社区行政化、办公化、形式化等问题，攀枝花市米易县着力补短板、强弱项、提能力，"三去五化"大力推进社区党群服务中心亲民化改造，力争让党群服务中心成为居民的第二个"家"。

一是布局开放化。变隔离式办事柜台为开放式、互动式零距离服务，让社区工作人员与居民群众坐下来、面对面、平等交流。实行"一室多用"，形成功能叠加、错时使用的多功能融合共享空间，充分发挥空间最大效益。全面推进集中办公，尽量压缩办公场所面积，力求办公空间最小化、服务功能最大化。

二是氛围温馨化。努力营造温馨氛围，替换行政化办公桌椅，多采用舒适沙发、茶几进行室内布置，通过添花置绿、软转配置等打造生活场景，拆除闭合式围墙，深度挖掘社区文化特色，打造社区文化符号，增强社区群众的认同感、归属感。

三是标识规范化。清理陈旧标语、标牌、制度，各类管理制度、运行制度不再上墙悬挂，不单独设置集中展示社区工作理念、工作方法、工作成效的空间，在有条件的社区，统一制作工作牌、志愿者徽章等，规范楼层导视图、区域导视图、区域标识牌等，按照全市统一的社区视觉设计对外观标识、门头设计、文字格式、配色方案进行规范。

四是功能多元化。根据不同群体、不同年龄、不同时段居民群众的需求，进一步细化功能定位，优化设置特色功能用房，如党员活动室、道德讲堂、青少年阳光家园、纠纷调解室等。以社区服务功能为依托，积极培育引进社会组织、志愿服务团队等，参与社区运营。

五是服务智能化。建立社区工作者"全岗通"工作机制，健全完善坐班值班、错时上下班、代办服务等工作制度。推动"最多跑一次"与社区服务深度融合，强化"互联网+"思维，大力推进"网办""掌上办""社区通"建设，将办事窗口从"线下"拓展到"线上"，最大程度满足服务群众需求。

改造过后，社区党群服务中心变成密切联系群众、服务群众的"桥头堡"和"主阵地"，畅通服务群众的"最后一米"。

第六章　推动乡镇政府职能转变

　　治理理论源于西方，但治理理念是中华优秀传统文化的重要组成部分，推进乡村治理体系和治理能力现代化，在思想上行动上必须十分明确，绝不是西方化、资本主义化，决不能照搬照抄西方治理模式，多元治理、共商共建共享、政府职能转变并不意味着国家、政府退出"中心"。

　　实施乡村振兴战略是党的十九大做出的重大决策部署，"三农"问题是关系国计民生的根本性问题。党中央的各项政策归根结底要靠基层政府的落实与执行。随着国家乡村振兴一系列惠农政策的出台，乡村治理一系列部署安排的制定，国家资源和社会资本源源不断输入乡村。

　　乡镇政府作为我国纵向职能层级中最基层的政府，应因时制宜地转变职能，根据本地农村经济社会的基本状况，在坚决执行上级各项决定和命令的基础上，积极探索和创新乡村治理体系，正确处理好政府、市场、社会之间的关系，从传统的政府一元主体向多元主体共同治理转型，提升治理能力，强化公共产品和公共管理职能，为共建农村和谐社会创造条件，为农民提供更多的公共服务，深入推进理论创新、制度创新和实践创新。

第一节　乡镇政府依法履行乡村治理职责

　　治理是对公共事务的处理，以支配、影响和调控社会。西方的"治理"概念着重于自我管理、合作协调、多主体多中心治理，注重社会力量的作用，将"社会"置于中心或优先地位。尽管某些定义强调政府、社会与其他自组织的协调合作，以实现治理的责任与绩效，但却存在明显的去权威化、去国家化倾向。要达到治理的目的，必须借助于公共权力。因此，在治理的逻辑结构中，公共权力是最为核心的概念。

政府与市场、社会的多元互动是构建现代农村社会服务体系，应对大量农村公共事务治理的必然选择[46]。我国乡村治理由"管理"向"治理"转变，意味着面对国家或政府治理格局中出现的不可治理性、复杂性、多样性，需要重新审视、重构和再造治理主体，即政府、市场、社会之间的关系，达到新的治理平衡和高效。

鉴于国外公共管理变革无视或忽视政府能力的经验教训，我国"国家治理"跳出了西方公共管理对政府"何去何从"的纠结，旗帜鲜明地强调了国家和政府治理的主体地位。

一、政府在国家和乡村治理体系中的角色定位

在乡村治理中，与村级组织直接联系的是乡镇政府。乡镇政府是国家政权"五级政府"的最基层政权组织，上面连着县，下面连着村，是农村资源要素交换的关键节点，也是农村公共服务和产品的主要供给者，是主导乡村治理最强有力、最直接的国家政权力量，对贯彻和落实乡村治理现代化的各项部署和总体目标起着决定性作用。

传统乡镇治理是建立在对农业和农民的税费收取基础之上的，乡镇财政收入的主要来源是农业，农民是乡镇财政征收的主要对象，组织财政收入是乡镇政府的一项重要工作，在一些地方甚至成为乡镇政府的一项经常性工作。传统乡村治理模式主要表现为政府垄断，政府是管理国家和地方行政区域内部公共事务的唯一主体，政府成为"全能"政府，排斥和拒绝市场、社会和自组织等多元机制，公共权力的配置、运转呈现出自上而下的单向性运行。

在乡村振兴战略背景下，乡镇政府推动乡村治理能力与治理体系现代化，最突出的问题主要集中在政府职能方面，乡镇政府在乡村治理中居于何种位置，发挥何种作用，对农村治理体系与治理能力现代化至关重要。正确处理好政府、市场、社会之间的关系，从传统的政府一元主体向多元主体共同治理转型，转变乡镇政府职能，增强公共服务能力，以满足农村公共服务、公共产品的需要，成为当下乡镇改革的着力点和关键点。乡镇政府职能从"管治"转向"服务"仍然是当前乡镇改革的难点和重点。我国政府在乡村治理中的作用发挥虽然已经初步实现，但仍需要进一步对政府的角色、职能权限和功能边界进行界定。

追溯中国式现代化进程和中国特色社会主义乡村治理进程，不难发现，我国乡村治理和农业农村现代化进程一直是由政府主导和推动的一个制度变迁过程。国家权力一直发挥着主导作用，政府在治理进程中一直处于主导地位。

明确政府在乡村治理体系中的角色定位，是政府、市场和社会等多元主体追求和谐互惠的伟大实践。2013 年，党的十八届三中全会通过的《中共中央关于全面深化改革若干重大问题的决定》提出："全面深化改革的总目标是完善和发展中国特色社会主义制度，推进国家治理体系和治理能力现代化"。2018 年，党的十九届三中全会通过《中共中央关于深化党和国家机构改革的决定》，明确提出了深化党和国家机构改革的目标和任务之一就是要构建"职责明确、依法行政的政府治理体系"，转变政府职能，优化政府机构设置和职能配置成为深化党和国家机构改革的重要任务。2019 年党的十九届四中全会通过《中共中央关于坚持和完善中国特色社会主义制度推进国家治理体系和治理能力现代化若干重大问题的决定》（以下简称《决定》），进一步细化和拓展了党的十九大及十九届三中全会提出的战略目标和任务，并对完善国家行政体制、构建政府治理体系作出了部署，将"坚持和完善中国特色社会主义行政体制，构建职责明确、依法行政的政府治理体系"列入推进我国国家治理体系和治理能力现代化应坚持和完善的十三项制度体系之中。《决定》提出："国家行政管理承担着按照党和国家决策部署推动经济社会发展、管理社会事务、服务人民群众的重大职责。必须坚持一切行政机关为人民服务、对人民负责、受人民监督，创新行政方式，提高行政效能，建设人民满意的服务型政府""坚定不移走中国特色社会主义法治道路，全面推进依法治国，坚持依法治国、依法执政、依法行政共同推进，坚持法治国家、法治政府、法治社会一体建设"。

2019 年中共中央办公厅、国务院办公厅印发的《关于加强和改进乡村治理的指导意见》提出："建立健全党委领导、政府负责、社会协同、公众参与、法治保障、科技支撑的现代乡村社会治理体制"，"各级党委和政府要结合本地实际，围绕加强和改进乡村治理的主要任务，分类确定落实举措"。

2021 年《中共中央 国务院关于加强基层治理体系和治理能力现代化建设的意见》提出："基层治理是国家治理的基石，统筹推进乡镇（街道）

和城乡社区治理，是实现国家治理体系和治理能力现代化的基础工程"，"力争用 5 年左右时间，建立起党组织统一领导、政府依法履责、各类组织积极协同、群众广泛参与，自治、法治、德治相结合的基层治理体系"。这就明确了政府在国家治理和乡村治理体系中的定位、职责、宗旨、目标、路径，对于全面推进我国国家治理体系改革和提高我国国家治理效能具有重大和深远的意义。政府治理体系和政府治理能力不仅是国家治理体系和治理能力的重要组成部分，而且是整个国家治理体系和治理能力发挥作用的重要保障。

我国的社会变革体现了明显的政府驱动特征。不管是农村经济改革还是城市经济改革，不管是经济体制改革还是政治体制改革，都是在政府的倡导和推动下得以实施的[47]。乡镇政府是推动乡村治理能力现代化的主导力量，如何加强以党组织为领导的农村基层组织建设，如何进一步深化村民自治实践，如何进一步健全村级议事协商制度，如何进一步完善乡村治理体系，如何提高村公共服务、公共管理、公共安全保障水平，如何完善党组织领导的自治、法治、德治相结合的乡村治理体系，这些对于农村基层党组织、村民委员会和广大农民群众是新事物、新课题、新任务，需要乡镇政府正确发挥政府职能，转变政府职能，既要坚决贯彻执行好党中央和上级决策部署，又要结合本地实际，理论联系实际，加强顶层设计、树立系统观念，整体规划、统筹部署，加强对乡村治理的部署、监督、考核、评估，指导村"两委"沿着乡村治理能力现代化的正确方向，调动村"两委"和广大农民的积极性、主动性和创造性，积极探索乡村治理的方法和手段，实现乡村治理能力现代化。

二、乡镇政府在乡村治理中的地位

乡镇政府是我国最基层的国家行政机关，依法行使本行政区的行政管理职能。把解决好"三农"问题作为全党工作的重中之重，推动农村治理能力与治理体系现代化，最艰巨最繁重的任务执行主体是乡镇政府。乡镇政府是乡村治理体系与治理能力现代化的核心主体。

乡村治理是新生事物，各地农村的自然条件、经济基础、社会结构、民主政治等发展差异大，先天的血缘结构和后天的利益结构交织且情况不同，中央关于乡村治理体系与治理能力现代化的部署安排为各地开展工作提供了指导意见，各地乡村"两委"如何正确认识乡村治理的意义、目标、任务，如何落实乡村治理各项工作部署，需要各级政府特别是直接面向农村农民的乡镇政府加强"前端"的行政推动和"后端"的公共管理服务，双轮驱动为乡村治理提供公共产品和公共管理服务。

一是乡镇政府作为国家五级政府的最末梢，乡村治理的目标任务最终都要落实在乡镇一级。乡镇政府要不折不扣贯彻落实好中央和上级关于乡村治理的各项重大决策部署，挥舞好"指挥棒"，当好第一线"指挥员"，加强顶层设计、统筹规划、整体部署、系统推进，强化对村"两委"的组织、指导和引导，确保乡村治理沿着正确方向可持续、有步骤、高质量推进，有条不紊、久久为功，实现乡村治理现代化的目标。二是加强"后端"的公共服务，做好农村基本公共产品和公共服务的各项兜底保障工作。乡镇政府不仅要做好前瞻性的规划与引导，还要加强过程的指导和考核，后方的服务与保障工作。只有在乡镇政府的科学规划、支持与引导下，采取切实有效的措施，乡村治理才能顺利实现。三是政府、市场、社会三者之间关系重构，实现协同治理、有效治理、共享治理成果，必然要求政府发挥主要作用，推动政府职能的转变，构建新的现代治理模式，即不再是传统的自上而下的单向性"管理"过程，而是上下互动、左右衔接的互动性"治理"过程，形成党委领导、政府负责、民主协商、社会协同、公众参与、法治保障、科技支撑的乡村治理体系。在党委领导下，政府全面负责乡村治理，发挥主导作用，全面推进或实现治理任务和目标的层层展开和落实。四是打破一元治理，推动农民的组织化程度加深，探索多元治理。攀西地区各地由于自然地域差异、民族文化差异、经济社会发展差异、组织发育差异等，将公众参与、社会力量镶嵌在国家政权等级结构中，没有普遍适用的统一治理模式，这种探索本身就具有风险性、不可预测性，治理进程中存在失败和矛盾不可避免。特别是攀西地区地域广阔，沟壑林立，民族较多，城乡差距、地区差距大，"空心化""空壳化"导致治理主体缺失，乡村治理体系和治理能力建立与完善更需要政府发挥主导作用，采取典型引路、示范先行、经验总结、全面推广的方式，先行先试、积极稳妥、逐步推进。

因此，多元治理不是政府的退出，不能摒弃和否定国家和政府的权威地位，而是政府的公共行政模式需要变革，政府职能需要转变，强化乡镇政府乡村治理的"行政推动"，更好发挥有为政府作用，处理好政府与市场、与社会的关系，经济领域要更多发挥市场配置资源的基础性作用，社会领域要更好地利用社会的力量，包括社会组织的力量，把应该由市场和社会发挥作用的交给市场和社会。政府履行经济建设、社会建设、公共服务职能，建设服务型政府，激发乡村经济的活力，为乡村提供更多的公共服务。政府要担负好职责，在乡村治理失败时，必须对这一失败结局负责并承担后果。

因此，乡镇政府在整个乡村治理体系中具有非常重要的地位。党和国家的各项重要决策部署需要乡镇政府去贯彻和落实；上级人大及其常委会制定的法律和作出的重大决定需要乡镇政府去执行和实施；人民群众对美好生活的向往需要乡镇政府通过其履职行为去助其实现。没有乡镇政府的有效运作，就没有乡村治理体系的有效运行。政府是乡村治理进程中不可或缺的关键角色。

三、推行乡镇政府权责清单制度

党的十八届三中全会提出"使市场在资源配置中起决定性作用和更好发挥政府作用"的重要论断，对政府的职责做出了清晰的界定。乡（镇）政府与乡村社会之间的关系是乡村治理现代化进程中较为重要的一组关系，直接影响着治理结构整体性的发挥，因此完善乡与村关系的良性互动，理顺乡（镇）管理职能与农村发展之间的关系至关重要。改变当前乡（镇）政府基于行政目标对乡村社会进行的"家长式"管理模式、降低乡镇政府在农村的利益诉求是有效改善乡与村关系、建立良性互动机制的重要举措。

从发达国家乡村治理的经典模式来看，政府在农村公共事务中主要承担着为乡村社会制定法律法规和提供财政资金支持两大职能，从中体现出政府在乡村治理中的角色虽然是有限的，但却是有效的，推动着乡村社会实现有序、和谐、健康的发展。

以韩国为例，在新村运动中，韩国政府虽然在政策制定方面和资金补助方面提供一定程度的支持，但并不会直接参与乡村发展的规划管理过程，而是调动和发挥韩国农民的积极性。乡村的建设规划、农业生产等重要事务均由当地的村民大会所决定，农民在参与到乡村治理的过程中有着充分的发言权和决策权。政府引导、村民主导的管理模式有效避免了政府对乡村真实面貌了解不充分的情形下对乡村治理进行盲目的干预。

反观我国，政府长期受计划经济时代"全能型"政府角色的影响，对农村公共事务大包大揽，统管一切，包打一切，经常陷入政府越位、缺位、选择性治理以及碎片化创新等角色误区，进而出现偏离有限政府原则的行为，影响甚至阻碍了乡村社会的和谐稳定发展。

实现乡村社会的良善治理，政府迫切需要从当下的"全能型政府"模式转变为"有限政府"模式，这涉及政府体制机制、各项制度安排、法律法规跟进、职能机构调整的一场大范围的政府治理改革。乡（镇）政府应该在有限的时间和精力下，做到有所为和有所不为，转变以往"全能型""家长式"的管理手段，向"有限型""服务式"的方向转变，这将是今后凉山彝区乡（镇）政府职能转变的一个大的方向。

乡镇政府治理能力现代化的实现与制度环境有着密切的关联性，制度规则是乡镇政府得以有效运行的前提和基础。制度环境是乡镇政府治理能力有效发挥的基础和逻辑起点，制度是国家治理社会的重要手段，有效的制度供给和合理的制度安排为乡镇政府治理能力现代化的实现提供基本保障，为乡镇政府运转和治理活动展开提供了基本框架，对乡镇政府与社会行为给予了明确而严格的规定。

有限政府是政府在乡村治理中的正确角色定位，需要转变政府职能，形成有效的制度供给和合理的制度安排，建立推行乡镇政府权责清单制度，明确乡镇政府的行为边界和主体责任，厘清乡镇政府各部门职责和权力边界，规范乡镇政府的制度化运作，从源头上解决乡镇政府权责利不对等问题，防止政府越权越位或者失位缺位，确保政府发挥乡村社会组织作用以及实现乡村社会的整体性治理。只有在乡村治理中充分发挥好地方政府、农村基层组织、家（宗）族、社会力量、市场、村民群体等多元主体的协同治理作用，才能有效提升乡村治理水平。

所谓乡镇政府权责清单，就是对各级政府及其所属工作部门掌握的各项公共权力进行全面统计，并明确每项权力在行使过程中应承担的责任，以清单形式全面公开自身权力事项和责任事项，以及相关依据、运行流程等内容，主动接受社会监督。政府权责清单制度的建设大致经历了探索尝试、初步发展和全面推进三个阶段[48]，党的十九届四中全会通过《中共中央关于深化党和国家机构改革的决定》，正式提出全面推行政府部门权责清单制度。党的十九届四中全会提出，优化政府职责体系，实行政府权责清单制度，厘清政府和市场、政府和社会的关系。

党的十九大之后，权责清单制度正式全面推行。各地在完成好"规定动作"的同时，结合各地实际，开展了创造性的工作，如浙江省实行"最多跑一次"和"四单一网"改革，进一步延展了权责清单的制度功能。江苏、山东、四川等省份制定了标准化清单，明确了事项名称、编码、设定依据、权责大类等内容，编制省市县乡四级政府标准化权责清单，在省域范围内最大程度地避免"政策打架"。

2020 年，四川省印发《乡镇（街道）属地事项责任清单指导目录（2020 年本）》，明确规范乡镇（街道）属地管理事项 108 项，其中乡镇（街道）承担主体责任 61 项，承担配合责任 47 项，全面实行乡镇（街道）属地事项责任清单制度。2023 年四川省印发《乡镇（街道）法定行政权力事项指导目录》《赋予乡镇（街道）县级行政权力事项指导目录》。攀枝花市和凉山州全面推行乡镇（街道）权责清单制度。

建立权责清单制度是党中央作出的一项重要部署，是我国划定政府权力边界，约束行政权力，解决政府权责不对等、权责不公开、权责不明晰等问题的制度化尝试，是简政放权、依法行政和政府信息公开的延续与深化，是中国试图给出的建构现代政府的重要方案[49]。推行乡镇政府权责清单制度，有助于帮助乡镇人民政府及其工作部门厘清自身权责边界，既规范政府"法无授权不可为"，也要求政府"法定职责必须为"，有利于厘清政府和市场、政府和社会的关系，有利于加快政府职能转变，有利于政府治理体系现代化，有利于把政府权力关进制度的笼子里，打造有限、有为、有效的法治政府和服务型政府。对于农村老百姓而言，权责清单制度既方便办事时了解乡镇人民政府及其部门拥有哪些权力，为市场主体及普通老百姓的生产、生活提供便利，又推动社会各界对乡镇人民政府行政权力进行广泛监督，从而保证行政权力的正确合理行使。

四、建立与乡村治理相适应的政府绩效评估体系

在权责明晰的基础上也离不开相应的监督激励机制。建立以服务型政府职责为基础、以建设服务型政府为目标的服务型政府考核体系，对乡镇政府的考核重点应从注重形式和过程转向注重成果和绩效，从注重经济发展（特别是 GDP 和财政收入的增长）转向公共服务和乡村治理，尤其要突出对"为农服务"绩效的考核。

针对乡镇实际设置科学有效的考核指标、建立日常考核机制、创新考核方式，调动普通民众参与监督，积极克服考核内容过于宽泛、难以真实

反映考核对象工作实绩的窠臼，破除"平衡""轮流坐庄"甚至"领导做主"的畸形考核方式，祛除"花架子""走过场"的虚化考核结果，真正形成考核主体多元化、考核标准常态化、考核形式多样化、考核内容客观化以及考核结果有效化的考核生态，从而保证制度强有力的落实。

以考核体系为依据建立完善的激励与问责制度，强化考核结果运用，促使乡镇政府向服务型政府转型。通过切实的绩效考核进行乡镇干部的选拔、任用与晋升，形成以科学激励机制为标准的晋升制度，尤其需要激励那些"敢作为、能作为"的乡镇干部，给他们提供公平的晋升机会，以此调动乡镇干部干事创业的积极性，为乡镇政府治理能力现代化的实现奠定制度基础。

第二节　加强乡镇政权治理能力建设

在国家实施乡村振兴战略和乡村治理体系与治理能力现代化的进程中，乡镇政府作为国家政权组织的末端，如何主动适应乡村振兴和乡村治理的新任务新要求，贯彻落实好乡村治理体系与治理能力现代化的目标要求，正确处理政府与市场、政府与社会的关系，促进乡镇政府职能的有效转变？乡镇政府必须思考三个问题：一是政府职能重心转变，也就是政府"应该做什么"的问题；二是政府职能关系转变，即如何理顺政府与市场、政府与社会、政府与公民之间的关系和界限，也就是政府"能够做什么"的问题；三是政府职能方式转变，即以何种方法管理公共事务，也就是政府"应该怎么做"的问题[50]。

基层治理是国家治理的基石，加强乡镇治理能力建设，切实提升治理效能，是实现国家治理体系和治理能力现代化的基础性工程。实现乡村有效治理是乡村振兴的重要内容，没有农村治理体系与治理能力现代化，就没有整个国家治理体系与治理能力现代化。乡镇治理体系与治理能力同乡村治理体系与治理能力是相辅相成、互为支撑的。乡镇政府治理能力的现代化程度与水平直接决定了乡村治理能力现代化的程度与水平；反过来，乡村治理能力现代化构成了乡镇政府治理能力现代化，体现了乡镇政府治理能力现代化的程度与水平。

乡镇政权治理中应重点加强行政执行、为民服务、议事协商、应急管理和平安建设五种能力建设，提高乡镇治理社会化、法治化、智能化、专业化水平。

一、增强乡镇行政执行能力

从纵向国家政府体系来看，乡镇政府作为国家政权组织的最末梢，其地位和作用非常特殊，直接面向本地区农村农民，是联系上级与广大农民的桥梁与纽带。随着乡村振兴战略的实施，中央和地方各项农业农村发展政策、乡村治理项目资金纷纷出台，工业反哺农业、城市支持农村的时代已经到来，这些政策和项目成为农业农村现代化发展的动力与引擎，然而再好的政策也需要乡镇政府的落实与执行。

乡镇政府的首要职能就是坚决贯彻执行好中央和上级乡村振兴战略和乡村治理一系列重大决策部署。乡镇政府应切实增强政治站位，强化责任意识，把"三农"工作作为重中之重，把工作重心转移到乡村振兴战略部署上来，把乡村治理作为重点任务。乡村治理体系与治理能力现代化迫切需要乡镇政府将职能转移到政府执行力上来，切实将思想和行动统一到乡村振兴与乡村治理重点任务上来，坚决贯彻执行好党中央和上级决策部署，将乡村治理目标、任务、要求落实落细，将党的富农强农联农利民好政策落实到本地区家家户户。

二、增强乡镇为民服务能力

乡镇政府在中国政府体系中的基础性地位，决定了它是建设服务型政府的基础性环节。市、州和县区各级政府要全面推行乡镇（街道）权责清单，用准"减法"规范乡镇（街道）属地责任，用好"加法"加强乡镇（街道）管理权限，做好乡镇（街道）权责清单的动态调整和监督、考核工作，规范乡镇（街道）政务服务、公共服务、公共安全等事项。乡镇要围绕全面推进乡村振兴、巩固拓展脱贫攻坚成果等任务，做好农业产业发展、人居环境建设及留守儿童、留守妇女、留守老人关爱服务等工作。乡镇要加强基层医疗卫生机构和乡村卫生健康人才队伍建设，优化乡镇政务服务流程，全面推进一窗式受理、一站式办理。

三、增强乡镇议事协商能力

乡镇政府直接面向广大农村和农民，发挥着提供公共产品和公共服务的不可替代的作用。面向农村、农业、农民提供公共产品和公共管理服务是乡镇政府的职责所在。农业税取消后，乡镇政府在财源有限的情况，如何建立民主的、科学的、规范的乡镇财政支出体制，确保乡镇公共财政收入被有效率地用来为农村和农民提供公共产品和公共服务？居民需要哪些公共产品？哪些是居民迫切需要的公共产品？哪些需求可以满足？哪些要求虽然合理但现在还做不到？这些都需要通过一个民主的、科学的、法治化的公共选择机制来确定，这也是公共财政体制建设的基本要求。这就需要建立以需求主导的公共产品供给决策体制，保障本地农民在公共产品供给决策中的参与权利，确保"好钢用在刀刃上"，使公共产品以满足居民的需求为目的。这就需要完善乡镇民主协商制度，县级党委和政府围绕涉及群众切身利益的事项确定乡镇协商重点，由乡镇党委主导开展议事协商，完善座谈会、听证会等协商方式，注重发挥人大代表、政协委员作用，探索建立社会公众列席乡镇有关会议制度。

四、增强乡镇应急管理能力

强化乡镇属地责任和相应职权，构建多方参与的社会动员响应体系。健全基层应急管理组织体系，细化乡镇应急预案，做好风险研判、预警、应对等工作。建立统一指挥的应急管理队伍，加强应急物资储备保障。每年组织开展综合应急演练。市、县级政府要指导乡镇做好应急准备工作，强化应急状态下对乡镇人、财、物的支持。

五、增强乡镇平安建设能力

坚持和发展新时代"枫桥经验"，加强乡镇综治中心规范化建设，发挥其整合社会治理资源、创新社会治理方式的平台作用。完善基层社会治安防控体系，健全防范涉黑涉恶长效机制。健全乡镇矛盾纠纷一站式、多元化解决机制和心理疏导服务机制。

六、提升乡镇干部治理能力

乡镇政府作为一级政府组织，组织目标的达成需要组织中成员的共同努力。乡镇政府治理能力现代化归根结底是乡镇干部能力的现代化，其能力和水平的高低直接影响乡镇政府实际工作的成效。乡镇干部是一级政府的运行主体，乡镇政府治理能力现代化的实现离不开乡镇干部能力的现代化，其治理理念、治理能力、治理水平影响着上级政策的传达与落实，更关乎组织目标与农民利益诉求的实现。

一方面，要提高乡镇干部学习转化能力。学习转化能力是乡镇干部能力的基础性要求，面对学习转化能力不足的现状，迫切需要乡镇干部通过多渠道、全方位的学习与实践，来更新学习观念、强化学习意识，掌握应对乡镇政府公共事务的现实能力。另一方面，要提高乡镇干部服务与创新能力。乡镇干部要树立"民本位"的公共服务理念，彻底去除"官本位"与"关系本位"的落后观念，切实从观念入手强化乡镇干部为民服务的重要性；要强化乡镇干部公共服务意识，积极鼓励公民主动参与公共服务，增强回应民众的主动性，切实解决民众的现实问题。

第三节 强化乡镇政府公共服务职能

国家治理鼓励社会力量参与治理并分享政府治理权，涉及对政府职能的重新定位、对官僚制弊端的回避与超越，对独立于政府之外的社会力量治理作用的认可。因此，国家治理也意味着政府的治理将由管理性治理模式转向服务性治理模式，以适应社会政治经济发展对治理模式更新换代的要求，并努力避免西方世界公共管理过程中出现的问题。

乡村治理实际上是一种政府主导的乡村治理[51]。政府职能具有动态性，政府需要不断调整自己的职能以适应社会发展的需要。政府职能转变是指由于行政环境改变，政府的基本任务和工作重点发生转变。

一、建设服务型政府

建设服务型政府是中国共产党执政理念的内在要求。进入 21 世纪以来，中国共产党建设服务型政府的目标逐渐明晰。2002 年，党的十六大报告指出"完善政府的经济调节、市场监管、社会管理和公共服务的职能"，第一次在党的重要文献中明确了政府的公共服务职能。

2005 年 3 月，全国人大十届三次会议通过的《政府工作报告》提出"努力建设服务型政府"，这是中国政府正式提出服务型政府建设的目标。2006 年 10 月，党的十六届六中全会通过《关于构建社会主义和谐社会若干重大问题的决定》，明确提出"建设服务型政府，强化社会管理和公共服务职能"，"建设服务型政府"第一次被写入党的指导性文件。2007 年 10 月，党的十七大报告把"加快行政管理体制改革，建设服务型政府"作为发展社会主义民主政治的重要内容予以强调。2012 年 11 月，党的十八大报告指出要建设"职能科学、结构优化、廉洁高效、人民满意的服务型政府"，又一次肯定了建设服务型政府的目标。党的十八届三中全会通过的《中共中央关于全面深化改革若干重大问题的决定》提出"建设法治政府和服务型政府"，进一步深化了党对建设服务型政府的认识。

2014 年，中共中央、国务院印发《国家新型城镇化规划（2014—2020 年)》，提出乡镇政府的职能应该由"管理"向"服务"转变。然而，在实际实施过程中，乡镇政府的行政化程度并没有降低甚至有加强的趋势。2015 年 5 月，国务院召开全国推进简政放权放管结合职能转变工作电视电话会议，首次提出了"放管服"改革，李克强总理在《政府工作报告》中提出，持续推进简政放权、放管结合、优化服务，不断提高政府效能。乡镇政府转变职能，重心就是"放管服"。"放"即简政放权，降低准入门槛。"管"即创新监管，促进公平竞争。"服"即高效服务，营造便利环境。乡镇要充分发挥服务农村和服务农民的作用，加强乡镇政府公共服务职能，加大乡镇基本公共服务投入，推动乡镇政府职能由"管理"向"服务"转变，成为为农服务的龙头。

服务型政府就是指在公民本位、社会本位理念的指导下，在民主秩序框架内，根据法定程序，按照公民意志组建起来的以公共服务为宗旨并承担相应服务责任的政府[52]。服务型政府的服务主体是各级政府，服务对象是公民、社会组织和社会，服务宗旨是为民兴利、促进社会稳定和发展，服务内容由民意决定，服务通过公开透明的方式进行。服务是政府最核心的价值理念，是政府行为最重要的依据。

服务型政府至少包括以下四个方面的基本特点。

第一，服务型政府是彻底实现以人为本的政府，这是服务型政府的本质特征。以人为本最重要的是在公共管理中，要通过一系列的措施保障公民的知情权、参与权、选择权，保证公民意志在公共管理中的决定性作用。

第二，服务型政府是以"为人民服务"为根本宗旨的政府。服务型政府把为人民服务作为自己的宗旨，为民服务也是服务型政府的合法性基础。

第三，服务型政府是严格依法行政的政府。依法行政是现代民主政府的一项基本行为准则，其目的在于规范政府权力，保障公民权利。服务型政府的本质和宗旨必然要求政府依法行政，并承担相应法律责任。

第四，服务型政府是受人民监督和约束的政府。受人民监督和约束既是服务型政府的本质要求，也是建设服务型政府的重要保障。

二、服务型乡镇政府的职能

我国政府层级自上而下分为中央、省、市、县、乡镇五级。各个层级的政府职能有各自的侧重点，有自己专门的职责。建设服务型政府是一项系统工程，各级政府都是服务型政府建设的主体，各自发挥着不可替代的作用。建设服务型政府，不同层级的政府既有共同的任务，又有不同的职能侧重点。服务型政府的服务分为五类：制度供给服务、公共政策服务、公共产品服务、公共管理服务和社会保障服务。

通常情况下，中央政府和高层级的地方政府主要是提供制度供给服务、公共政策服务和社会保障服务。与中央和较高层级的政府相比，低层级的地方政府和基层政府所拥有的职责权限种类相对要少，涉及面有限，其承担的多是具有社会公共管理特性的职能[53]。

基层地方政府是指处于层级结构最底层、直接面向当地居民、对所辖地域承担直接治理职责的地方政府。乡镇政府处于中国政府层级的末端，是农村的基层政府，与广大农民联系最为直接，最了解农民对公共产品和公共服务的需求，它承担着农村绝大多数行政事务，在维护农村社会治安、农村基础设施建设、改善农村环境、贫困帮扶、农村精神文明建设等方面发挥着重要作用。乡镇政府在当代中国政府体系中的基础性地位决定了它是建设服务型政府的基础性环节和重要组成部分，职权范围主要为贯彻执行国家政策和上级政府的决定，以及承担本乡镇区域内的各项行政工作，主要是向社会提供公共产品和公共服务。

服务型乡镇政府建设关系党和国家建设服务型政府目标在农村社会的实现。在建设服务型政府的今天，向乡村社会提供民众需要的公共产品和公共服务是乡镇政府提升治理能力的迫切要求。

乡镇政府需要将政府职能转移到构建多元主体共建共治共享上来。从横向上来看，我国农村正处于传统农业加快向现代农业转型跨越的新阶段，逐步形成以家庭承包经营为基础，专业大户、家庭农场、农民合作社、农业龙头企业为骨干，其他组织形式为补充的新型农业经营体系。越来越多的新型农业经营主体如雨后春笋般不断涌现，农村形成了传统血缘关系和现代利益关系交织的经济社会结构。虽然乡镇政府管理的仍然是以前的行政区域、本辖区的农民，但是，随着乡村振兴战略的实施，乡镇政府面临的形势任务发生了改变，辖区内的经济社会结构正在改变。以前乡镇政府管理所面对的主要为同质性的小农家庭，与之对应的是一家一户的小农经济，而随着农业农村现代化的发展，同质性的小农经济逐步向异质性的新型农业经营主体演变，小农经济正在向现代规模市场演变。农村现代化发展带来了社会结构进一步分化细化，社会主体日益多元化，经济日益规模化市场化。这必然要求政府改变传统的垄断式一元主体管理模式，培育和引入市场、社会等多方力量，寻求充分发挥市场、社会等多元主体的优势，以政府为治理核心，多方协同治理，共同维护乡村治安稳定，化解乡村矛盾冲突，促进社会和谐有序。乡镇政府必须适应乡村多元治理、共建共治共享的大趋势，回应农民对美好生活的需求，将政府职能转向构建党委领导、政府负责、社会协同、群众参与、科技支撑的乡村治理体制上来，转向构建自治、德治、法治"三治"协同的治理体系上来。

第四节　健全乡镇政府管理服务体系

治理的本质是服务，良好的公共服务是提升乡镇社会治理绩效的重要体现。现代政府是建立在政治契约基础上的，以追求公民的公共利益最大化为目标，为公民提供公共服务便是现代政府的逻辑起点[54]。

传统乡村治理政府垄断模式出现了诸多不可治性，主要表现为受传统管理模式影响，政府致力于打造万能政府，承担了本该由社会和市场力量承担的事务，造成"越位"。同时，政府在独揽权力的同时，又受人员、机构、编制、经费等复杂因素影响，出现严重"缺位"。乡镇政府的"越位""缺位"制约了乡村治理主体的发育和作用的发挥，使得原本具备治理能力或经济基础的市场、社会和个人无法参与乡村经济的发展与社会的治理，以致无法构建与其他治理主体的信任关系。

乡镇治理与社会服务和公共服务是紧密关联的，乡镇治理的根本取向在于面向服务对象，谋求社会公共利益的最大化。新公共服务理论认为，政府与民众绝非"企业"与"顾客"的关系，而是通过同民众建立信任与合作，帮助民众满足共同的利益需求。登哈特认为，新公共服务就是"建立在公共行政人员为公民服务并确实全心全意为他们服务之上的[55]。"

长期以来，乡村治理困境出现的根源在于我国特有的城乡二元体制，城乡之间的差距使乡村治理极易走入困境。农村的基本公共服务被忽视，造成城乡基本公共服务供给不均衡，农村居民的基本公共服务无法得到有效保障，严重影响了城乡区域的协调发展，这是政府在农村基本公共服务供给与管理中的缺位、错位和越位所致。加快城乡一体化发展进程是解决乡村治理困境、实现乡村治理现代化的治本之策。

政府需要依法履行其职能，担负起对公民的公共责任，认真履行政府的法定职能，努力促进城乡一体化和基本公共服务均等化，满足农村居民对公共服务的基本需求。这种需求不仅包括教育、医疗等基本公共服务，还包括公共法律服务和公共文化服务等。在实施乡村振兴战略的背景下，应该建立健全乡村公共服务体系，搭建联村联户的公共服务平台，才能进一步促进法治化政府建设和乡村治理现代化。

一、改进乡村公共服务方式

建构新型公共服务机制，积极改进乡镇的公共服务方式。过去即便有一定的公共服务，也主要是由政府及其部门直接提供的，这种提供方式一般是通过建立相应的机构、由政府财政供养其工作人员来行使服务职能。实践证明，这种服务方式最终往往异化为"只养人不服务"或者"收费养人"的结果，导致"食之者众、生之者寡"的局面。在最近一轮乡镇改革中，湖北等地撤销了这些"养人"机构，实行"以钱养事"的公共服务方式，不但精简了机构、减轻了财政供养负担，而且还切实提升了公共服务的绩效，为农民群众提供了更多、更好的公共服务。这种"以钱养事"的公共服务方式通过改革，变政府直接提供公共服务为市场化运作、政府购买，从而建立了政府、市场和社会多元合作的公共服务模式，值得推广。

加强乡村治理的整体规划与服务保障。乡镇政府的主要活动不是参与生产，而是远景规划与服务保障。乡镇政府要加强乡镇公共服务和基础设施的规划建设，不断完善农村义务教育、医疗卫生、社会保险、劳动就业、文化体育等基本公共服务；要加强乡镇中小学、乡镇卫生院、农技推广站等建设，形成区域性服务中心；要推动"最多跑一次"改革向基层延伸，加快在乡镇建设综合便民服务平台和网上办事平台，实行"一门式办理、一站式服务"。乡镇政府要充分发挥乡镇服务农村和农民的作用，加强乡镇政府公共服务职能，加大乡镇基本公共服务投入，使乡镇成为为农服务的龙头。乡镇政府要推进"放管服"改革和"最多跑一次"改革向基层延伸，整合乡镇和县级部门派驻乡镇机构承担的职能相近、职责交叉工作事项，建立集综合治理、市场监管、综合执法、公共服务等于一体的统一平台。乡镇政府要构建县乡联动、功能集成、反应灵敏、扁平高效的综合指挥体系，着力增强乡镇统筹协调能力，发挥好乡镇服务、带动乡村作用。乡镇政府要大力推进农村社区综合服务设施建设，引导管理服务向农村基层延伸，为农民提供"一门式办理""一站式服务"，构建线上线下相结合的乡村便民服务体系。乡镇政府要将农村民生和社会治理领域中属于政府职责范围且适合通过市场化方式提供的服务事项，纳入政府购买服务指导性目录。乡镇政府要支持农产品批发市场、加工流通企业向镇域集聚，实现加工在镇、基地在村、增收在户，支持在乡镇发展农资供应、土地托管、统防统治、烘干收储等生产性服务业，发展餐饮休闲、物流配送、养老托幼等生活性服务业，同时要支持乡镇发展劳动密集型产业，有条件的地方可以建设产业集群。

二、搭建网络便捷服务平台

服务最大的短板在农村。2022 年，民政部联合农业农村部等 16 部门印发《关于健全完善村级综合服务功能的意见》（以下简称《意见》），这是国家对村级服务首次系统性、完整性提出要求，对乡村当下需要哪些服务做出了回答，这是加快推进基本公共服务均等化，丰富多样化生活服务供给，全面推进乡村振兴，加强农村基层治理现代化建设，促进农民农村共同富裕的重要举措和必然要求。《意见》提出到 2025 年基本形成党组织统一领导、政府政策支持、村级组织积极作为、社会多方参与的服务机制，村级综合服务设施覆盖率达到 80% 以上。

健全完善村级综合服务功能应遵循基础性、规范性、可操作性三个原则。一是基础性。加强村综合性、兜底性服务能力建设，既着力补齐短板、提升农民福祉，又立足"保基本"定位，充分考虑经济发展状况和财力负担的可持续性。二是规范性。逐一梳理村级综合服务特别是公共服务的基本内容、保障水平和供给方式，有序扩大公共服务供给。三是可操作性。坚持"基本+"的编制原则，按照均等化思路提出适用于全国多数地区的一般性要求和指导性目录，明确县级人民政府及其职能部门、村级组织各自职责，引导各地区各部门推进服务向村下沉。

同时，抓好农村综合服务两项重点工作。一是强化县级人民政府相关职能部门兜底责任，确保综合服务供给下沉到村，推进卫生健康服务，医疗保障服务，就业和社会保险服务，社会服务，文化、体育和教育服务，生产服务，生活服务，人居环境服务，警务和法律服务，应急和社会心理服务10个方面重点公共服务事项，确保这10项综合服务供给下沉到村；二是村级组织要调动群众自我管理自我服务积极性，广泛参与公共服务，办好本村公共事务和公益事业，包括依法协助办理政务服务、广泛组织开展志愿服务和慈善活动、积极引导农民自我服务等。

第七章 乡村自治建设

乡村治理有着自己的演变逻辑，具有内生复杂性。人民当家作主是我们党始终不渝的奋斗目标。村民自治是中国农民的一项伟大创举，也是中国民主政治发展的重要成就[56]，是中国共产党领导亿万农民建设有中国特色社会主义民主政治的伟大创造。改革开放以来，我国农村实行村民自治，乡镇以下的行政村依然保留了自治惯习，并且在我国《宪法》和《中华人民共和国村民委员会组织法》中可以得到确认。《中华人民共和国村民委员会组织法》为村民自治提供了法律保障，村民可依据法律进行自我管理、自我教育和自我服务，可以在村民内部进行民主选举、民主决策、民主管理和民主监督。自治是中国特色社会主义民主政治在基层治理的实现形式和具体实践。

村民自治在本质上是对民主理念的践行，是乡村基层民主政治的基本要求和实现形式。以自治为核心内容的乡村治理体系，就是赋予乡村主体自治空间，发展农村基层民主，让村民直接进行民主选举、民主决策、民主管理、民主监督，维护村民的合法权益，充分行使民主权利，依法办理乡村各项事务，能够实行自我管理、自我教育、自我服务"三位一体"的社会政治制度，是人民当家作主在国家政治生活和社会生活中的最直接体现。

乡村有效治理呼唤自发秩序的回归[57]，在"三治融合"的乡村治理体系中，自治、法治、德治是维持乡村治理格局良性运转的不同治理方式。法治属于国家的范畴，德治属于社会的范畴，自治属于村庄的范畴。这三种方式是互为补充、互相衔接、缺一不可的。无论是法治，还是德治，最终都需要通过村民自治来执行。

从本质上看，乡村治理体系建设目标就是完善村民自治，强化村民自我管理、自我教育和自我服务的能力，规范民主选举、民主决策、民主管理以及民主监督行为，与时俱进、勇于创新，充分发挥自治主体智慧，摒弃那些不合时宜的对自治效果产生负面影响的落后要素，将新思想、新方法和新规范引入村民自治，建立符合国情域情、体现时代特征，规范有序、充满生机、调动民情、彰显民意、共享共担的村民自治秩序[58]。

第一节　加强村民委员会规范化建设

1982 年修订颁布的《中华人民共和国宪法》第一百一十一条规定："村民委员会是基层群众自治性组织。"明确规定了村民委员会的性质、设立、组成人员的产生办法、机构设置、主要任务以及与基层人民政府的关系等重要问题，确立了基层群众自治的原则和方向。这就为我国乡村治理实行村民自治和明确村民委员会的性质提供了根本依据。

村是我国农村最基层的单位，是村民长期生产、居住、生活的单位，跟村民关系最直接、最紧密。加强村民委员会规范化建设，就是正确处理好村民委员会和党支部、乡镇人民政府和村集体经济组织的关系，明确村民委员会的性质、职责和任务，建立健全村民委员会的各项制度，改善村民委员会的工作方法和方式，充分发挥村民委员会在乡村振兴中的作用。

一、村民委员会的性质

我国《中华人民共和国村民委员会组织法》规定："村民委员会是村民自我管理、自我教育、自我服务的基层群众性自治组织，实行民主选举、民主决策、民主管理、民主监督。"这明确了村民委员会的性质是农村基层群众自治组织，既不是一级政权组织，也不是乡镇政府的派出机构，不属于国家机关范畴。村民自治的内容是自我管理、自我教育、自我服务。村民自治的方式是民主选举、民主决策、民主管理、民主监督。

二、村民委员会的定位

一些地方学者主张把村民委员会定为基层政权性质，将乡镇人民政府与村民委员会的关系定义为领导与被领导的关系，把村民委员会当成乡镇人民政府的派出机关，当成乡镇政府的"腿"，将不该由基层自治组织从事的行政工作交给村民委员会去做，或者包办代替村民自治范围内的事项，这些都是同宪法的规定相违背的，与村民委员会的性质不符。

农村的基层党组织依照党章，发挥领导核心作用，领导和支持村民委员会行使职权；依照宪法和法律，支持和保障村民开展自治活动、直接行使民主权利。乡镇人民政府对村民委员会的工作给予指导、支持和帮助，但是不得干预依法属于村民自治范围内的事项。同时，村民委员会协助乡、民族乡、镇的人民政府开展工作。

村民委员会是村民自治的执行机构和工作机构。村民组成村民会议或村民代表会议，讨论决定涉及村民利益和村民普遍关心的事项，村民委员会向村民会议负责并报告工作。办什么，不办什么；先办什么，后办什么，如何办理，由村民自己决定。对于村民自治范围内的事项，任何组织和个人都不得干预。

三、村民委员会的职责

村民自治的主体是本村村民。村民委员会由村民直接选举产生，不得任命、委派和指定产生。因此，村民委员会进行工作应当走群众路线，坚持说服教育。村民委员会办理本村的公共事务和公益事业，调解民间纠纷，协助维护社会治安，向人民政府反映村民的意见、要求和建议。具体承担以下工作职责：

一是村民委员会根据需要设人民调解、治安保卫、公共卫生与计划生育等委员会。村民委员会成员可以兼任下属委员会的成员。人口少的村的村民委员会可以不设下属委员会，由村民委员会成员分工负责人民调解、治安保卫、公共卫生与计划生育等工作。

二是村民委员会应当支持和组织村民依法发展各种形式的合作经济和其他经济，承担本村生产的服务和协调工作，促进农村生产建设和经济发展。村民委员会依照法律规定，管理本村属于村农民集体所有的土地和其他财产，引导村民合理利用自然资源，保护和改善生态环境。村民委员会应当尊重并支持集体经济组织依法独立进行经济活动的自主权，维护以家庭承包经营为基础、统分结合的双层经营体制，保障集体经济组织和村民、承包经营户、联户或者合伙的合法财产权和其他合法权益。

三是村民委员会应当宣传宪法、法律、法规和国家的政策，教育和推动村民履行法律规定的义务、爱护公共财产，维护村民的合法权益，发展文化教育，普及科技知识，促进男女平等，做好计划生育工作，促进村与村之间的团结互助，开展多种形式的社会主义精神文明建设活动。

村民委员会应当支持服务性、公益性、互助性社会组织依法开展活动，推动农村社区建设。多民族村民居住的村，村民委员会应当教育和引导各民族村民增进团结、互相尊重、互相帮助。

四是村民委员会及其成员应当遵守宪法、法律、法规和国家的政策，遵守并组织实施村民自治章程、村规民约，执行村民会议、村民代表会议的决定、决议，办事公道，廉洁奉公，热心为村民服务，接受村民监督。

通过推进村委会规范化建设，进一步促进农民群众依法自我管理、自我服务、自我教育、自我监督，避免村民自治异化为村干部自治。

第二节　规范村级组织工作事务

村级组织作为基层治理体系的重要一环，是党和政府联系村民群众的桥梁纽带，是全面实施乡村振兴战略的重要力量。

在乡村治理过程中经常出现乡镇政府对很多事情大包大揽的情况，同时乡镇政府可能会为了完成上级赋予的考核任务，经常将一些事务交给村两委。而村两委需要处理的事务较为繁杂琐碎，现实中，基层工作许多时候是"上面千条线，下面一根针"，有时甚至是"上面千把锤，下面一颗钉"。为了完成任务，村两委会花费更多的时间和精力在乡镇政府安排的事情上，导致在本村的事务上用心不足，甚至无暇顾及，从而遭到村民的埋怨和反对，激发乡村社会的矛盾。深入做好村级组织的减负工作，是激发村级组织活力的必然要求。

为了切实减轻基层负担，使村级组织和村干部从形式主义的束缚中解脱出来，党和政府要积极推进村级组织工作事务规范化运行，让村干部卸下包袱、轻装上阵，集中精力为群众办实事、解难题，把主要时间和精力放在村级组织建设上、经济发展上、社会秩序建设上，团结带领群众脱贫之后接续推进乡村振兴，提高党的农村基层组织建设质量，不断提高农村基层治理水平。

2022年中共中央办公厅、国务院办公厅印发了《关于规范村级组织工作事务、机制牌子和证明事项的意见》，提出加强源头治理和制度建设，力争用两年左右时间，基本实现村级组织承担的工作事务权责明晰、设立的工作机制精简高效、加挂的牌子简约明了、出具的证明依规便民，进一步使村级组织和村干部从形式主义的束缚中解脱出来，不断提高农村基层治理水平，为全面推进乡村振兴提供更加坚实的组织保证。

一、明确村级组织工作事务

根据《中国共产党农村基层组织工作条例》《中华人民共和国村民委员会组织法》《中华人民共和国乡村振兴促进法》等党内法规、国家法律法规以及有关章程的规定，村级组织工作事务包括：宣传贯彻执行党的理论和路线方针政策，党中央、国务院以及地方党委和政府决策部署；加强村党组织及其领导的村级组织自身建设，组织群众、宣传群众、凝聚群众、服务群众；实行村民自治，发展壮大农村集体经济，维护村民群众合法权益，开展村级社会治理，提供村级综合服务等。

各种政府机构原则上不在村级建立分支机构。县级党委和政府依法依规明确党政群机构在全面推进乡村振兴方面的职责范围和履职方式，依法依规明确党政群机构要求村级组织协助或者委托村级组织开展工作事务的制度依据、职责范围、运行流程。未经县级党委和政府统一部署，党政群机构不得将自身权责事项派交村级组织承担，不得以行政命令方式要求村级承担有关行政性事务。交由村级组织承接或协助政府完成的工作事项，要充分考虑村级组织承接能力，实行严格管理和总量控制。不得将村级组织作为行政执法、拆迁拆违、招商引资、安全生产等事务的责任主体。

规范村级组织出具证明工作。属于职责范围内的事项，村级组织原则上应依法及时据实出具证明。以省（区、市）为单位分类制定需由村级组织出具证明的具体式样、办理程序和操作规范。做好规范村级组织出具证明工作与各地区各部门证明事项清理工作的衔接。省级层面未统一规范，但涉及村民群众工作、学习、生活等仍需出具证明的，村级组织可本着便利村民群众办事创业的原则，对能够核实的事项据实出具相关证明。出具证明涉及重大问题或者存在法律风险的，村级组织要认真调查核实情况，广泛组织村民群众议事协商，必要时召开村民会议、村民代表会议讨论决定。列入"不应由基层群众性自治组织出具证明事项清单"和省级不应出具证明事项清单的，村级组织要做好解释说明工作；虽列入清单、但有关党政群机构确因形势变化需要仍要求出具证明的，应及时向乡镇党委和政府反映情况，乡镇党委和政府应联系有关党政群机构协调处理。

二、从严控制党政群机构设立村级工作机制

除党中央、国务院明确要求或者法律法规明确规定外，未经省级党委和政府同意，党政群机构不得新设村级工作机制，不得要求专人专岗。按照精简、统一、效能原则，规范并整合党政群机构设立的各类村级工作机制，统筹开展村级党的建设、治理服务和群众工作。

可由村党组织、村民委员会及其下属委员会、村集体经济组织、村务监督委员会、农村基层群团组织承担相应职责的，原则上不得在村级设立专门工作机制或者要求专人专岗，承担相应职责的必要工作条件由县级党委和政府统筹予以保障。党中央、国务院明确要求或者法律法规明确规定设立村级工作机制、专人专岗的，相应的党政群机构应协调提供人员、经费等必要工作条件，不得将保障责任转嫁给村级组织。

乡村应成为提供基本公共服务的场所。乡村是农民生产生活的重要场所，更是村民享受基本公共服务的重要场所，但目前农村居民享受到的基本公共服务与城市居民相比，还存在较大差距。因此，要想真正改变村庄的发展面貌，积极回应农村居民对基本公共服务的需求，还必须回归村民自治，以便更好地为村民提供基本公共物品或公共服务。在当前推进乡村振兴战略实施的进程中，可以看到部分地区已经开始进行试点，将公共服务重心下移，将乡镇政府承担的公共服务职能逐渐向乡村延伸，并依托村民自治组织承接这部分服务职能，以满足村民的基本需求。需要注意的是，目前大部分村庄的基本公共服务仍然处于缺位状态，这就要求在推进乡村振兴战略的进程中，大力发展村庄集体经济，优化农村基本公共服务的供给机制和财政分担机制，提高对农村公共物品或公共服务的供给能力，满足村民多样化的发展需求，如农业基础设施建设、农村法律援助服务和农村老人照料服务等。

三、整合村级组织和工作机制办公场所

优化以村党群服务中心为基本阵地的村级综合服务设施布局。村级组织和工作机制原则上全部在综合服务设施中办公。以村民群众为对象、村级组织能够承接的公共服务事项，原则上全部在综合服务设施中提供，实行"一站式"服务、"一门式"办理。以省（区、市）为单位制定村级综

合服务设施建设标准，合理划分综合服务设施功能区域，统筹整合其他党政群活动阵地；依托综合服务设施推进新时代文明实践站建设，综合利用服务凝聚群众、教育引导群众的阵地资源。以县（市、区、旗）为单位推进村级综合服务设施建设，建立综合性服务团队或者设置综合性服务岗位，统一纳入村党群服务中心管理，做到一站多能、一岗多责。

四、规范村级组织和工作机制挂牌

省级党委和政府统一规定村级组织和工作机制挂牌数量、名称和式样，党政群机构不得要求村级组织对口挂牌。一般应在村级综合服务设施外部显著位置悬挂村党组织、村民委员会、村集体经济组织、村务监督委员会标牌和村党群服务中心、村新时代文明实践站标识。村级组织根据实际情况确定村级综合服务设施内部悬挂的标牌，一般在内部显著位置悬挂村级综合服务机构标牌，在综合服务大厅设置集合式服务功能指引标牌，在各功能区域入口悬挂简明标牌。依托村务公开栏张贴并定期更新有关信息，采取集中展陈形式展示村级组织获得的各类表彰奖励和创建成果。

五、创新村级组织工作方式

建立健全村级组织工作事务分流机制，分类办理政府基本公共服务事项、村级公共事务和公益服务事项，以及村民群众个人事项。

鼓励各地实行目录清单、审核备案等管理方式，强化村级组织兜底服务、综合服务能力。

对交由村级组织代办的公共服务事项，由乡镇党委和政府提供必要工作条件。对村民群众确有需要，但村级组织难以承担的公共事务和公益服务事项，由乡镇党委和政府协调解决。

将属于政府职责范围且适合通过市场化方式提供的村级公共服务事项纳入政府购买服务指导性目录，在征求村级组织意见基础上，由县乡级政府依法购买服务。

深化全国基层政权建设和社区治理信息系统分级应用，探索以县（市、区）为单位推进村级数据资源建设，逐步实现村级组织工作数据综合采集、多方利用。推广村级基础台账电子化，建立统一的"智慧村庄"综合管理服务平台。

六、完善村级组织考核评价机制

建立以解决实际问题、让村民群众满意为导向的村级组织考核评价机制，坚决杜绝简单以设机制挂牌子安排村级组织任务、以填报表格或者提供材料调度村级组织工作、以"是否留痕"印证村级组织实绩等问题。

县级党委和政府应整合各党政群机构要求村级组织填报的各类表格，每年年初统一交由乡镇安排村级组织按规定频次填报。未经县级党委和政府统一部署，党政群机构不得要求村级组织填报表格、提供材料。

以县（市、区）为单位，清理整合面向村级组织的微信工作群、政务APP，不得简单以上传工作场景截图或者录制视频等作为评价村级组织是否落实工作的依据。

从源头上清理规范上级对村级组织的考核评比项目，清理整顿村级组织各种检查评比事项多问题。

七、探索以清单等方式规范公共服务事项

推广运用清单制，着力解决村级组织负担重、运行不规范等问题。一些地方考核检查应接不暇、村级组织压力大、村级运行不规范等问题突出。这些问题解决不好，村级组织运行无序、疲于应付，精力都放在填表打卡迎检上，没时间为农民群众提供优质服务、抓乡村振兴。整治形式主义，减轻村级组织负担，规范村级运行，最根本的是建立长效机制，对此各地进行了积极探索。

清单制就是一种应用范围广、务实管用的机制，虽然具体形式不同，但归结起来，都是将基层管理服务事项细化为清单，明晰职责边界、优化办事流程、健全评价机制，形成规范化、精细化、具象化的制度办法，能够有效促进村级组织高效规范运行，提升乡村治理效能，好学、可用、能推广。

一是科学编制清单。从各地实践看，具体清单主要有村级组织自治事项清单、村级组织协助政府工作清单、村级小微权力清单、公共服务事项清单以及评比考核出具证明清单等。具体到一个地区，编制清单不要过分求多求全，要以问题为导向，针对本地突出矛盾、基层干部群众关注的突出问题，确定清单类型。例如，重庆市渝北区从破解基层负担过重入手，向行政管理惯性"开刀"，用"四张清单"解难题、破困局、提效能，就

是很好的例子。编制清单的条目，要依照法规政策全面梳理，做到精准、清晰、简明。广东省汕头市梳理村级组织自治工作47项、协助政府工作76项，制定村公共服务项目6大类36小项，各项工作于法有据、权责清晰，让村级组织运行由无序到有序，从以前承担过多行政事务逐步回归到服务群众的主责主业上。

二是规范清单运行。有了清单，还要建立每项清单的运行规则，明确实施的主体、内容、流程等细节，并通过张榜公布、网上公开、漫画图册等方式广为宣传，做到让群众按章办事，干部依规履职。例如，浙江省宁海县推行小微权力清单制，在依法梳理出36项权力清单的基础上，配套编制了45张流程图，明确了权力主体、权力内容、操作流程、决策方式、法律依据等。大家关心的村级事务，找谁办、怎么办、什么时间办完一目了然。制定这些规则，实质上是实现了清单运行的规范化和标准化，把权力关进制度的笼子里，让村干部管事由"逾矩"变"规矩"，农民群众办事由"烦心"变"顺心"。

三是发挥监督作用。要保障清单制的有效运行，监督就得到位。要鼓励群众通过"议事会"等载体开展监督，提升村务监督委员会履职能力，压实乡镇监督责任，充分发挥上级党委政府、群众和社会各方面的监督作用。要定期对清单运行情况开展群众民主评议、上级部门考核评价，评价结果与干部考核、绩效奖励、评优评先等挂钩，并明确违规问题处理办法。湖南省涟源市将清单运行纳入纪委和监委日常监督重要内容，对违反清单办事的单位和负责人严肃问责追责、曝光通报，各地可以借鉴。

第三节　健全村民自治机制

民主是现代国家治理体系的本质特征，是区别于传统国家治理体系的根本所在。乡村治理体系建设中的自治需要从健全完善村民自治的有效实现形式入手，搞好村级民主选举、村级民主决策、村级民主管理和村级民主监督是实现村民自治制度的关键环节。基层党组织要真正让广大农民发挥主人翁作用，主动参与村庄公共事务、公共决策、公共管理、公共监督，让农民自己"说事、议事、主事"，农民的事让农民商量着办，凸显农民在乡村治理中的主体地位，达到民众"自己的事自己说了算，自己参与干，干得怎么样自己参与评判"的治理目标。

民主不是装饰品，不是用来做摆设的，而是用来解决人民的问题的。现代乡村治理应该是多中心的治理模式，不单单依靠政府，还要靠广大村民及其他各种社会组织的有效参与，政府作为"元治理"应该充分地调动其他治理主体的参与意识，这样才能有效推进乡村治理的进程。

一、提高村民的主体意识和地位

农村是村民的家乡，乡村的健康有序发展，依靠广大农民的支持与参与。在当前的乡村治理模式构建中，需要确立农民的主体性，提高村民的主体地位，切实维护农民权益，以此完善和健全乡村治理机制。

国外乡村治理的成功在很大程度上依赖于村民，尤其是乡村精英积极参与农村发展的过程。因此，当前农民应发挥自身的主观能动性，以主人翁的心态更加积极地投入乡村建设，为创造繁荣富强的美丽乡村贡献自己的聪明才智。在乡村治理过程中，农民主体性的获得除了需要其自身不断提高公民素质、培养民主意识、自觉履行好村民的权力与义务外，还需要政府部门构建畅通的利益表达机制、参与机制、决策机制等，切实维护和实现农民的利益，最终促进乡村的健康发展。

因此，要树立和培育攀西地区农村地区广大村民的主体意识，通过宣传和教育，向村民普及合作意识、道德意识、法律意识及服务理念，让村民意识到，在乡村建设和乡村治理的进程中，不仅有政府，还应该有他们的身影，同样还要让他们意识到在事关自身利益的大事情面前，可以建言献策，说出自己的想法，为自己争取更多的利益，只有让他们切实体会到乡村治理、村民参与的有利之处，他们才会更有动力在今后的实践中参与乡村治理。

二、推进民主选举、民主决策、民主管理和民主监督

村民自治，简而言之，就是广大农民群众直接行使民主权利，依法办理自己的事情，创造自己的幸福生活，实行自我管理、自我教育、自我服务的一项基本社会政治制度。村民自治的核心内容是"四个民主"，即民主选举、民主决策、民主管理、民主监督，要落实好法律法规赋予村民群众的各项自治权利。

一是全面推进村级民主选举，把干部的选任权交给村民。在民主选举

中，要尊重和保障村民的推选权、选举权、提名权、投票权和罢免权。民主选举，就是按照宪法、《中华人民共和国村委会组织法》等法律法规，由村民直接选举或罢免村委会干部。村委会由主任、副主任和委员三至七人组成，每届任期5年，届满应及时进行换届选举。选举实行公平、公正、公开的原则，把思想好、作风正、有文化、有本领、真心愿意为群众办事的人选进村委会班子。

二是全面推进村级民主决策，把重大村务的决定权交给村民。民主决策，就是凡涉及村民利益的重要事项和村级重大事项决策，都应提请村民会议或村民代表会议决议，按多数人的意见作出决定。聚焦群众关心的民生实事和重要事项，定期开展民主协商。涉及村民切身利益的事情必须通过村民会议或村民代表会议，由群众民主决策。尊重村民在乡村自治领域的主体地位和创造精神，突出作为治理主体的人的参与自觉性和能动性，这是其得到公众认可和支持的重要根源。创新协商议事形式和活动载体，探索建立村民理事会、村民议事会、村民决策听证会等议事协商形式，形成民事民议、民事民办、民事民管的多层次协商格局。依托村民会议、村民代表会议、村民议事会、村民理事会、村务听证会、村民监事会等，鼓励农村开展村民说事、民情恳谈、百姓议事、妇女议事等各类协商活动，全面落实群众的知情权、决策权、监督权，形成"私事自家各人办，小事村社商量办，大事政府帮忙办"的居民自治格局。例如，重庆市巫山县双龙镇笔架村曾经基础设施薄弱、产业发展滞后，村支两委和驻村工作队在全村开了60多次村民会议，推行"改厨、改厕、改院落、改风貌、改习惯"工作，村民建言献策、完善细节，一个人人有责、人人尽责、人人享有的社会治理共同体在笔架村加快形成。

三是全面推进村级民主管理，把日常村务的参与权交给村民。民主管理，就是依据国家的法律法规和党的方针政策，结合本地的实际情况，全体村民讨论制定村民自治章程或村规民约，把村民的权利和义务，村级各类组织之间的关系、职责、工作程序以及经济管理、社会治安、村风民俗、人居环境、生态环境等方面的要求，规定得明明白白，加强村民的自我管理、自我教育、自我服务。村民自治章程是村民和村干部自我管理、自我教育、自我服务的综合性章程，也是村内最权威、最全面的规章，村民形象地称之为"小宪法"。村规民约一般是就某个突出问题，如治安、护林、防火等作出规定，作为村民的基本行为规范。

四是全面推进村级民主监督，把对村干部的评议权和村务的知情权交给村民。民主监督，就是通过村务公开、民主评议村干部和村委会定期报告工作等形式，由村民监督村中重大事务，监督村委会工作和村干部行为。民主监督的重点是村务公开，凡是村里的重大事项和村民普遍关心的问题，都应向村民公开。

第四节　全面实施村级事务阳光工程

衡量一个国家的治理体系是否现代化，其中一个重要的标准就是看公共权力的运行是否制度化和规范化，即是否有完善的制度安排和规范的公共秩序[59]。

1998 年中央下发了《关于在农村普遍实行村务公开和民主管理制度的通知》，2000 年下发了《关于在全国乡镇政权机关全面推行政务公开制度的通知》，这两个文件对规范村、乡两级公务活动，改善农村干群关系起到了积极作用。2004 年下发了《关于健全和完善村务公开和民主管理制度的意见》，对村务公开的内容、方式做了详尽规定。2005 年 1 月，中共中央颁布了《建立健全教育、制度、监督并重的惩治和预防腐败体系实施纲要》，这个文件也对农村党风廉政建设起到了积极指导作用。《中国共产党党内监督条例》《中华人民共和国政府信息公开条例》等都对党务、村务和财务公开作出了强调。乡村治理事关党和人民的切身利益，也是群众参与的一个重要方面，显然在公开范围之内。

在村级组织中推行书记、主任"一肩挑"，村支部书记就将村里的党务、村务、经济、对外合作都"一肩挑"了。如果这个政策落地实施了，农村就是村支部书记一人说了算，除了政策是中央和地方政府制定外，村支部书记既管资产、又管人，还要管钱。

事情都有两面性，"一肩挑"意味着领导权、人事权、财权由一人掌握，村里各项权力相对集中，大权在握，如果意志不坚定的话，容易受诱惑，出现贪污受贿的行为，长此以往，矛盾就会出现，影响农村的稳定和团结，甚至会阻碍当地发展。加强对村干部特别是村党组织书记的监督成为村支部书记和村民委员会主任之争历史性的暂告段落之后的重点，高度集中的权力给村务监督带来了更大的挑战。一些乡村信访多、举报问题多，与党务、村务、财务"三务"信息不公开、不透明有很大的关系。

一、深化"三公开"宣传教育

党务、村务、财务"三公开"制度，事关广大农民群众经济利益的维护和民主权利的保障，也是推动基层不敢腐、不能腐、不想腐的有效途径，重点是实现三务公开经常化、制度化和规范化，确保村级党务村务财务"三公开"工作放在阳光下运行，更好地为群众办实事、办好事，真真切切地实现好、维护好、发展好最广大人民群众的根本利益，彻底整改基层不会公开、不想公开、不敢公开以及搞虚假公开等问题，推进"公开内容清单化、公开载体多元化以及公开要求具体化，充分保障群众的知情权、参与权和监督权。

充分利用微信群、微信公众号、电视栏目、宣传栏、党校、夜校、村民大会等形式，广泛宣传"三务"公开的目的、意义、程序、具体要求和标准，提高"三务"公开的覆盖面和群众知晓率、参与度，确保群众见得到、看得清、能监督、易参与，激发广大群众的主人翁意识，提高监督"三务"公开、参与民主管理的积极性。

教育村干部克服思想顾虑，树立群众观念和法制观念，切实解决少数干部不愿公开、不敢公开、不重视公开和不懂公开的问题，真正把"三务"公开作为提高民主管理水平和加强基层民主政治建设的重要手段。

二、建立"三务"公开清单制度

要规范村务公开内容，结合乡镇实际情况，列出各村级党务村务财务"三公开"目录清单。例如四川省广安市广安区编制下发了村级"三务"公开重点目录，列出包括党内选举、党费交纳、村干部及其近亲属享受惠民帮扶情况等6项内容的党务公开清单，涵盖重大事项决策、惠民政策、招标工程等4项内容的村务公开清单，载明财务支出、资产管理、资源管理3项内容的财务公开清单。

三、推广村级事务"阳光公开"监管平台

运用现代信息技术，建立"村民微信群""乡村公众号"等，推进村级事务即时公开，加强群众对村级权力的有效监督。例如，四川省广安市广安区龙安乡勇敢村党群服务中心门前的公开栏上张贴着一个大大的二维

码。这是专属于勇敢村的监督二维码，只要扫一扫，村上大小事都一目了然。村民用手机微信"扫一扫"后，直接进入广安区"一村一码"监督平台。作风纪律建设开展情况、党费交纳、村务决策、工程管理以及村民小组收支明细等内容逐项公开、清晰明了。村干部把二维码分享到微信群里，在外务工的村民也能轻松查阅村里的公开信息，随时随地进行监督。

四、健全村务档案管理制度

村级档案工作在服务乡村振兴战略中具有基础性、支撑性作用，要把村级档案工作纳入村民自治实践的重要内容，积极引导村民自治组织建立健全档案工作制度和工作体系，制定完善务实管用的村级档案管理制度，规范村级档案收集、整理、保管、利用等各环节工作，规范档案的收集与管理工作，确保服务乡村振兴战略有档可用、有档可查。

五、加强督促检查整改

县、乡（镇）纪委要对各村级党务村务财务"三公开"公开栏开展不定期检查，重点围绕公开内容的真实性、全面性，公开时间的及时性等方面，查阅村务公开民主管理情况档案，及时指出其中公开内容不全面、公开时间不及时等问题，并提出整改措施、整改部门和整改期限，确保村级党务村务财务"三公开"工作落实到位。规范村级会计委托代理制，加强农村集体经济组织审计监督，开展村干部任期和离任经济责任审计。

第八章　乡村德治建设

习近平总书记指出："乡村振兴，既要塑形，也要铸魂，要形成文明乡风、良好家风、淳朴民风，焕发文明新气象。"

国无德不兴，人无德不立。德治在中国历史悠久，成为中国的治国理政理论和乡村治理传统。春秋时期齐国政治家管仲在《管子·牧民》中说，"礼义廉耻，国之四维；四维不张，国乃灭亡"，这正是中国传统德治文化的厚重体现。历代统治阶级提倡德治思想，以德立国，主张治国应以高尚的道德感化人、教育人。这种德治思想对乡村治理形成了重要影响，在几千年"皇权不下县"的治理格局中，乡村社会治理采取道德教化、以礼为先的准则，采用道德礼仪和文化影响来规范和约束人们的言行，将伦理道德放在尤为重要的地位。道德规范一旦形成，便成为人们普遍的价值和约束。长期以来，这种德治思想不断提高人们的道德修养，规范人们的日常言行，维护社会安定有序，强化中华民族的凝聚力，铸就中国礼仪之邦等方面发挥了举足轻重的作用。

纵观国外乡村治理成功经验，特别是欧美发达国家也高度重视恢复和发展乡村文化，更好地发挥乡规民约的德治作用。

法律是成文的道德，道德是内心的法律，法律是最低的道德底线，是立法机关将部分道德上升为以国家强制力作为保障的行为准则并以制度化形式呈现出来。这揭露出法律并不是万能的，法律没有将所有社会关系均纳入调节对象范畴。道德在调整社会关系上比法律更宽泛[60]。伴随着社会变迁和社会转型的加快，乡村社会不断从封闭走向开放，从一元主体走向多元主体，复杂的社会现实对乡村治理提出了更高的要求。法律的性质决定了将所有社会关系通过法律进行调节不具有现实可行性，这便需要通过道德来调节社会关系。

第一节 培育和践行社会主义核心价值观

每个时代都有每个时代的精神。实现中华民族伟大复兴的中国梦必须走中国道路、弘扬中国精神、凝聚中国力量。

党的十八大以来，以习近平同志为核心的党中央高度重视培育和践行社会主义核心价值观，形成了"富强、民主、文明、和谐，自由、平等、公正、法治，爱国、敬业、诚信、友善"24字的社会主义核心价值观。社会主义核心价值观内涵丰富，涵盖国家层面、社会层面和公民层面三个层面的价值要求。这"三个倡导"高度概括了社会主义核心价值观的基本内容，明确了国家的价值目标、社会的价值取向和公民的价值准则，是社会主义核心价值体系的集中表达，反映了现阶段全国各族人民在价值观上的最大公约数，抓住了我国社会主义意识形态建设的关键和根本。它实际上回答了我们要建设什么样的国家、建设什么样的社会、培育什么样的公民的重大问题，体现了古圣先贤的思想，体现了仁人志士的夙愿，体现了革命先烈的理想，也寄托着各族人民对美好生活的向往。

核心价值观就是一种德，既是个人的德，也是一种大德，就是国家的德、社会的德。核心价值观是一个民族赖以维系的精神纽带，是一个国家共同的思想道德基础。它承载着一个民族、一个国家的精神追求，体现着一个社会评判是非曲直的价值标准。如果没有共同的核心价值观，一个民族、一个国家就会魂无定所、行无依归。如果一个民族、一个国家没有共同的核心价值观，莫衷一是，那这个民族、这个国家就无法前进。核心价值观是推动民族文明进步、国家发展壮大最持久最深沉的力量。德治是一种"软治理"，就是通过文化和道德教育人、感化人，而核心价值观是文化软实力的灵魂、文化软实力建设的重点。历史和现实都表明，构建具有强大感召力的核心价值观，关系社会和谐稳定，关系国家长治久安。培育和弘扬核心价值观，有效整合社会意识，是社会系统得以正常运转、社会秩序得以有效维护的重要途径，也是乡村治理体系和治理能力的重要方面。

要在乡村大力弘扬和践行社会主义核心价值观，使之成为全体村民的共同价值追求，成为中国人的独特精神支柱，成为百姓日用而不觉的行为准则，内化为人们的精神追求，外化为人们的自觉行动。

一、推动农村学雷锋志愿服务制度化常态化

雷锋是在社会主义建设中涌现出的道德楷模。雷锋虽然是一个普通的汽车兵，但是他在平凡的工作岗位上，做出了不平凡的业绩。在22年的短暂人生中，他把远大的理想和日常工作紧密地结合起来，他以对党的无上忠诚、对祖国的无比热爱、对人民的无限深情，自觉把有限的生命投入无限的为人民服务中去，在短暂的一生中以"螺丝钉"的品格、"钉子"般的精神和"一滴水"的境界，谱写了光彩夺目的人生诗篇，生动体现了共产主义远大理想，树立了历久弥新的思想道德标杆，成为人民群众心目中一个光辉的榜样和一面鲜红的旗帜。

半个多世纪以来，自毛泽东同志发出"向雷锋同志学习"的号召以来，在毛泽东、邓小平、江泽民、胡锦涛、习近平等中央领导的亲切关怀和大力倡导下，学雷锋活动在全国各地蓬勃开展，已经成为培育和践行社会主义核心价值观的重要载体。随着时代进步和社会发展，雷锋精神不但没有过时、没有褪色，而且不断与民族传统美德相承接、与社会进步潮流相契合、与党的先进本色相融汇，越来越焕发出引领时代风气的独特魅力。

雷锋，既属于昨天，又属于今天和明天。这位普通的解放军战士，为什么他的事迹历久不衰呢？就是因为雷锋精神的实质是全心全意为人民服务，为了人民的事业无私奉献。雷锋精神是对中华民族伟大精神的继承和发展，集中体现了社会主义核心价值观，反映了我们的时代精神，过去、现在和将来都是教育和激励人们前进的宝贵精神财富。

康德曾说："有两种东西值得仰望，一是天上的星辰；二是人间的道德。"雷锋精神，人人可学；奉献爱心，处处可为。我们要大力弘扬雷锋精神，从自己做起，从身边做起，从日常小事做起，争做社会主义核心价值观的践行者，努力使雷锋精神走进千家万户、深入人心，使社会主义核心价值观融入人们的生产生活和精神世界。学雷锋和志愿服务是新时代全体公民践行社会主义核心价值观的重要途径。全面推进学雷锋志愿服务，当务之急是要解决好"谁来做、做什么、深入做、做长久"四个问题，注重建队伍、推项目、强文化、重激励。

一是抓好队伍建设。切实加强组织领导是推进学雷锋志愿服务制度化常态化的基础。大力扶持发展文明实践志愿服务组织，自上而下和自下而

上双向发力，发展文明实践志愿服务组织。省、市、县、乡各级党委政府要广泛发展专业学雷锋志愿服务队伍，推动企业、机关、学校、医院、文化单位等，立足本职岗位成立专业志愿服务队，向乡村提供专业化、常态化的志愿服务。重视服务对象的差异化需求，引导教师、医生、律师等人员提供专业化、高质量的志愿服务，不断拓宽志愿服务范围，切实提高针对性和实效性。鼓励、支持和组织村干部、村级组织、党员和广大农民成立学雷锋志愿服务活动，开展"弘扬雷锋精神 培育文明新风"主题志愿服务活动，让学雷锋活动融入日常、化作经常，不仅成为城里人的自觉，更要成为新时代广大村民的乡风。发挥"小手牵大手"带动作用，组织乡村中小学生和返乡、回乡大中专学生组成雏鹰志愿服务队、青年志愿服务队，从娃娃抓起，深入践行志愿者精神，影响一个家庭，带动一个社会。发挥服务型党组织的引领作用。践行全心全意为人民服务的宗旨，把村各级党组织建设成为服务型党组织，定期和不定期组织党员、入党积极分子开展志愿服务活动，发挥好党组织组织群众、宣传群众、凝聚群众、服务群众的作用，拉近党群关系，引领带动更多村民加入志愿服务活动中来。发挥干部的示范作用。党员群众怎么干，关键看干部。村"两委"和驻村工作队干部要率先示范、以身作则，带领各类村级组织，联合村妇联、共青团，开展各类志愿服务活动，拉近干群关系，以实际行动践行雷锋精神，强化群众社会责任感和奉献意识。

江苏张家港市善港村，以"善文化"引新风尚，成立"至善至美"志愿服务队，设"军歌嘹亮""青年先锋""巾帼妇女"等5支分队，现有各类志愿者539名。连续10年开展"爱满善港、情暖万家"志愿服务，在重要节日为老年人送上善港自产的瓜果大米，惠及村民11.5万人次。"我志愿、我服务，我奉献、我快乐"越来越成为"乡风潮流"。

二是抓好大数据平台建设。加强网络信息化运用管理是推进学雷锋志愿服制度化、规范化、便捷化的路径。运用大数据平台深度推进学雷锋志愿服务制度化常态化，推进市、区（县）、镇（街道）、村（社区）统一使用"全国志愿服务信息系统"，从上至下规范对各级学雷锋志愿服务组织、志愿者网络信息系统管理，实行分级负责的"五统一"管理模式，即对各级学雷锋志愿服务组织、志愿者进行统一登记、统一注册、统一编号、统一管理、统一标识，促进学雷锋志愿服务更加科学、规范、精准、快捷、简便。

搭建学雷锋志愿服务新型管理平台，进一步拓宽学雷锋志愿服务的覆盖面、参与度和影响力。第一，要推动智能移动终端建设，利用手机客户端、微信公众号等平台，实现学雷锋志愿服务活动项目发布、实施过程、人员参与、服务情况的全程信息化。第二，要加强数据库建设，实现志愿者、服务项目和服务对象的无缝对接，避免出现服务供给资源闲置、服务需求得不到满足的问题。第三，组织报刊、广播、电视等传统媒体和网络新媒体，大力普及学雷锋志愿服务知识，推介志愿服务经验，宣传志愿服务先进事迹，全方位多角度立体化推进志愿服务信息化管理格局。

三是抓好制度建设，建立健全长效机制是推进学雷锋志愿服务制度化常态化的重点。加强推进学雷锋志愿服务制度化顶层设计，形成市、区（县）、镇（街道）、村（社区）四级架构，四级书记抓志愿服务，保证乡村学雷锋志愿服务工作健康有序开展。建立健全志愿者管理办法、招募注册、志愿服务登记认证、培训管理、激励回馈、政策保障等长效工作机制，尤其是激励回馈、政策保障方面的工作机制。例如，平度市开办幸福（助老）食堂、爱心洗衣社、爱心理发店，是开展志愿服务活动的平台和载体。

四是抓好项目征集，创新活动载体是推进学雷锋志愿服务制度化的关键。开展学雷锋志愿服务活动要坚持以需求为导向，满足乡村群众需求是志愿服务的根本任务。民有所呼，志愿皆应。弘扬雷锋精神和奉献、友爱、互助、进步的志愿精神，围绕乡村重大活动、重大项目、扶贫救灾、敬老救孤、恤病助残、法律援助、文化支教、环境保护、健康指导等，广泛开展学雷锋和志愿服务活动。从工作举措上，推动以需求为导向设计志愿服务项目，加大激励志愿服务项目的创新力度，重点围绕扶贫、济困、扶老、救孤、恤病、助残、救灾、助医、助学等各方面开发服务项目，积极开发和扶持多样化、有实效的优秀项目，通过"社工+志愿者"的工作模式，吸引更多的人持续参与志愿服务，让我们身边的雷锋越来越多。围绕群众迫切需求，以工程化、项目化思维设计开发志愿服务项目，增强精准性、提高吸引力、扩大参与度，为群众解决一大批实实在在的问题。

五是抓好志愿者培训。加大政策扶持是推进学雷锋志愿服务制度化常态化的保障。采取分级负责、逐级培训办法，根据不同岗位服务需要，定期不定期组织各级志愿服务组织者、志愿者进行业务培训，提高志愿者的基本素质，增强服务意识和服务能力。加大对志愿者的培训力度，开展文化体育、医疗保健、法律援助、紧急救援、环境保护等方面的专业技能培训，提升志愿者专业服务水平。

六是加强农村志愿服务站平台建设。整合利用农村党员活动室、文化活动中心、老年人活动中心、妇女之家、青年民兵之家等阵地，积极搭建农村志愿服务工作站，使之成为承载志愿服务功能的主平台，成为志愿服务的主阵地，成为促进志愿服务供需对接的主渠道，成为展示志愿服务成果的主窗口，将志愿服务触角延伸到乡村基层，志愿服务队伍拓展到千家万户，让文明建设的种子在乡村生根发芽、开花结果，让农民在多姿多彩、健康向上的志愿服务活动中获得精神滋养、增强精神力量。

七是完善激励保障机制。在广大志愿者奉献爱心、服务社会的同时，要加大激励和保障机制建设的力度，充分调动全社会参与志愿服务的热情，提升社会参与率和影响力。在制度设计上，注重物质奖励与精神激励结合，努力让全社会形成浓厚的礼遇志愿者氛围，激励和鼓舞更多志愿者和志愿服务组织投身社会、热心公益。第一，加大表彰奖励力度。2023 年"践行雷锋精神'蜀'写时代新风"四川省首批学雷锋先进典型集中发布仪式在成都举行，现场发布四川省首批"学雷锋活动示范点""岗位学雷锋标兵"名单。30 个集体和 30 名个人来自基层一线，覆盖各行各业、各个领域、各条战线，在弘扬新风正气、推动新时代公民道德建设方面发挥了示范带动作用。凉山州也评选表彰第一批西昌市新时代文明实践中心等学雷锋活动示范点 5 个、苏波等学雷锋标兵 7 个。第二，探索建立志愿者"星级评定制度"，激发志愿者参与志愿服务的热情，提升志愿服务的积极性。成都市锦江区建立起志愿者星级评定制度，志愿服务记录时间累计达到 100 小时、300 小时、600 小时、1 000 小时、1 500 小时、2 100 小时、3 000 小时的志愿者，在对应权限单位申请评定为一星级、二星级、三星级、四星级、五星级、六星级、最高荣誉志愿者。锦江区还出台优秀志愿者和优秀志愿者组织激励回馈制度，联合各爱心单位推出志愿者礼遇，推行志愿激励回馈制度，包括出行优惠、参观旅游、体检就医、便民服务等，"星级"志愿者可免费乘公交逛景点等，呼唤正能量，引领社会向上向善。第三，探索建立优秀志愿者的生活激励制度，通过组织实施"优秀志愿者关爱行动"，借鉴其他各地诸如"时间银行""积分兑换""好人优待卡"等先进经验，建立健全我省针对志愿者的回馈、激励和社会关爱机制。探索多途径回馈办法，对志愿者的奖励和回馈，既要有精神层面的褒奖，更要有看得见摸得着的实惠，使他们真切感受到社会的关爱和温暖，并通过他们的志愿服务行动影响和带动更多身边人参与志愿服务活动。第四，提供与志愿服务行为相应的人身意外保险，为参与各类服务的志愿者解决"后顾之忧"。

八是营造服务文化氛围。让学雷锋志愿服务广泛开展起来、始终坚持下去，需要在全社会形成更加自觉的志愿服务意识。要通过多种方式，让"有困难找志愿者、有时间做志愿者"在全社会蔚然成风。进一步强化社会责任意识、规则意识、奉献意识，努力形成人人崇尚志愿精神、人人参与志愿服务的社会风尚。乡村志愿服务活动不仅要引导政府、高校、市场、社会力量走进农村、农业、农民，为其提供专业化、常态化、多样化的服务，而且也要引导农村村民传承和弘扬雷锋精神，培育和践行社会主义核心价值观，将学雷锋志愿服务活动作为村里的常态化工作，力争人人学雷锋，人人是雷锋，时时有志愿，全面提升乡村的文明程度，助力乡村振兴。

二、加强农村思想道德建设

道德力量的独特性是人对自身行为作出的符合社会秩序要求的自觉、自律、自愿的约束[61]。强化德治建设的首要任务便是巩固德治的社会环境，即让民众了解道德、认可道德，从而更好地践行道德[62]。

了解道德需要加强道德教育，让村民对何为道德、道德的内容以及道德的作用有清晰的认识。只有对道德有清晰的认识，遇到具体问题时才能以道德作为判断依据，这是德治的前提。

加强新时代公民道德建设，是推进中国特色社会主义事业的一项基础性、战略性工程。农村思想道德建设是新时代公民道德建设的重要组成部分，是我国农村社会主义精神文明建设的灵魂和核心，是发展我国农村先进文化的中心环节。加强农村思想道德建设，就是在农村思想领域进行观念更新，强化村民的道德意识，培育勤勉、诚朴的生活态度，消除小农思想、封建残余和旧风陋习，其目的就是让农民理解、掌握党的方针政策，充分发挥其在生产建设中的积极性、主动性和创造性，为建立优良民风厚植底蕴，为乡村振兴提供不懈动力。由此可见，农村思想道德建设对促进乡村振兴意义重大。

习近平总书记指出：一个没有精神力量的民族难以自立自强，一个没有共同信仰的国家只会是一盘散沙。宣传思想工作，是坚定信仰信念、培植精神家园的主阵地，是唱响主旋律、开展舆论斗争的主阵地。

实施乡村振兴，培育淳朴民风，各级党委和政府要充分认识农村思想道德建设的重要地位和作用，坚持和加强党对农村思想道德建设的领导，担负起公民道德建设的领导责任，增强"四个意识"，坚定"四个自信"，做到"两个维护"，在领导力量、管理体制、经费投入、基础设施建设及社会监控机制等方面都要予以保证，确保农村思想道德建设的正确方向。坚持农民思想道德教育与实践相结合，突出农村地区的特色，切合农村实际，从农民生产、生活细节和农民最关心的事情做起，以农民喜闻乐见的形式来开展，寓教于乐，增强农村思想道德教育的有效性、参与性、创新性，做到道德实践活动的经常化、制度化、规范化，使其成为农民广泛参与的一种自觉行为。例如，北京市通州区于家务回族乡仇庄村1999年就成立了老人节，每年为全村60岁及以上的老人发放慰问金。利用"三八"妇女节、重阳节等重大节日积极开展主题教育活动，把活动舞台转化成孝德文化的传播平台。开创道德"大讲堂"+家庭"小课堂"的村民学习模式，以学用结合为目标，组织村民开展集中学习和家庭有针对性的学习活动，让崇德之风、文明之风进村入户。2017年，该村成立仇庄书院，开办村民夜校，搭建了新的学习平台，并依托书院和夜校成立以"村贤"为主的村民宣讲团，利用多种形式，传递正能量。

未成年人是中国未来的建设者，是中国特色社会主义事业的接班人。未成年人思想道德建设是一项事关未来的基础工程、希望工程。要深入贯彻习近平总书记关于未成年人思想道德建设工作的重要指示精神，把青少年思想道德建设作为夯基固本的基础工作抓实抓好。始终把未成年人思想道德建设摆在教育工作的首要位置，坚持学校、家庭、社会"三位一体"齐抓共管，大力弘扬、培育和践行社会主义核心价值观，全力营造立德树人的浓厚氛围，全面加强未成年人思想道德建设，引导未成年人树立正确的世界观、人生观、价值观。

一是加强组织领导。各级党委和政府要充分认识加强农村未成年人思想道德建设的重要性，完善领导机制，加强统筹谋划，建立健全长效机制，形成各方面齐抓共管格局，凝聚建设合力。建立未成年人思想道德建设工作联席会议，市、县（区）、乡（镇）党委政府定期组织未成年人思想道德建设联席会议，全面统筹工作部署，细化研究工作方案，在制度上予以保障，每年专题听取工作汇报，研究解决重大事项。积极贯彻落实习近平总书记关于"双减"工作重要指示精神和中央、省市委决策部署，成立少先队工作委员会、未成年人保护工作委员会、"双减"工作领导小组，明确工作职责，建立工作制度，规划推进工作，按照"分级负责、属地管理"原则，形成市县乡村联动的工作机制。制定出台相应政策措施，促进家庭教育与学校教育和社会教育有效衔接、互融互促。构建有关部门协同联动的工作机制，宣传、教育等部门以及工会、共青团、妇联等群团组织应结合自身特点，积极开展相关活动，把新时代农村未成年人思想道德建设融入国民教育和青少年工作全过程。完善社会广泛参与的激励机制，加强宣传引导，强化社会协同育人的责任感，广泛动员企事业单位、社会组织、社会工作者、志愿者等社会各界力量参与农村未成年人思想道德建设工作，引导青少年大力弘扬社会公德、职业道德、家庭美德，培养良好个人品德，争当伟大理想的追梦人，争做伟大事业的生力军。

二是落实重点任务。做好评先选优，开展"文明校园""文明班级""文明宿舍"和"三好学生"评比活动，引导未成年人从小爱祖国、立志向、有梦想、爱学习，为未来担当民族复兴大任奠定基础。丰富活动形式，结合重大节日，开展"我们的节日""网上祭英烈""向国旗敬礼""童心向党""红色文化进校园、国防教育进校园"等系列主题宣讲，举办文体娱乐、志愿服务等活动，以"读、看、唱、讲、诵"等形式，把未成年人思想道德建设与课堂教学、社会实践相结合，引导未成年人争当新时代好少年，在潜移默化中增进其对主流价值的认同。注重心理关爱，创新开展心理健康教育讲座，密切关注未成年人心理健康，对离异家庭、特困家庭未成年人进行心理疏导，帮助他们形成健全人格。强化理想信念教育，选树时代榜样。开展"扣好人生第一粒扣子"主题教育，选树新时代好少年，让身边人讲身边事，引导青少年在深入思考和互动讨论中领会道理、启迪心灵。尊重青少年主体地位，加强体验式、融入式教育，让他们在参加志愿服务和家风主题朗诵、书画、文艺表演等实践活动中增强文化自信、增进家国情怀，引导青少年把良好家风内化于心、外化于行。

三是加强阵地建设。在乡村建立未成年人活动中心、未成年人心理健康辅导站点等阵地，加快公益性文化设施向未成年人免费开放，形成覆盖全市的未成年人活动阵地网络。结合重大纪念日，发挥爱国主义教育基地作用，积极开展未成年人思想道德建设实践，推出红色研学线路。

为深入贯彻落实习近平总书记关于未成年人思想道德建设的系列重要论述精神，进一步改进和创新农村未成年人思想道德建设，培养德智体美劳全面发展的社会主义建设者和接班人，2021年中央文明办在北京召开推进乡村"复兴少年宫"建设工作电视电话会议，部署开展乡村"复兴少年宫"建设。乡村"复兴少年宫"是面向广大农村中小学生和学龄前儿童开展道德培育、文体娱乐、劳动实践等活动的公共教育和文化服务场所，利用现有场地设施、依靠志愿服务力量，积极为他们提供快乐成长的条件、实现梦想的机会，是新形势下加强农村未成年人思想道德建设的重要阵地，也是助推乡村振兴和农村文明进步的重要抓手。四川各地按照要求积极开展乡村"复兴少年宫"建设的实践探索。截至2022年7月，全省已建成乡村"复兴少年宫"4 100余所，开设活动和项目300多类（种），组织活动累计时长超过7万个小时，辐射影响农村地区的未成年人达200多万人。

西昌市乡村"复兴少年宫"，2021年5月底被确定为乡村"复兴少年宫"全国50个建设试点县（市、区）之一。西昌市采取"整合+提升"的方式，将现有的乡村学校少年宫"提档升级"为乡村"复兴少年宫"，结合"双减""课后服务"政策，依据不同年龄段农村少年儿童的学习成长需求，精心设计和组织丰富多彩的乡村"复兴少年宫"项目课程。西昌市7个乡村"复兴少年宫"开展的活动主要涉及道德培育、文体娱乐、劳动实践三个方面的内容，重点开展家风家训朗诵、生命安全教育、心理健康辅导等主题教育实践活动，广泛开展音乐、舞蹈、美术、书法等文艺活动，大力开展种植、手工制作、厨艺活动等，在丰富的课外活动中帮助学生树立正确的人生观、价值观，推动学生德智体美劳全面发展。

四是加强家校社联动，推进未成年人思想道德建设新实践。家庭是人生的第一个课堂，父母是孩子的第一任老师。学校是青少年成长的摇篮，是立德树人的主阵地。第一，完善合作机制，形成家校合力。学校要积极完善家校合作育人机制，引导家长树立科学的教育方法，构建美好的亲子关系，营造浓厚的家庭教育氛围，让未成年人思想道德在家庭中生根、在亲情中升华。第二，疏通联系途径，巩固家校交流。学校要利用家访、家长会、家长委员会、学校开放日等多种途径密切家校联系，加强学校对家庭教育的指导，听取和采纳家长们对学校德育的意见和建议。第三，发挥平台效能，促进家校协同。学校要利用微博、微信、抖音等新媒体平台和

"微课堂""微视频""微电影"等形式，常态化发布"做智慧家长"系列课程，突出"精准""多维""融合"等特点，用"真""微""实"的案例将未成年人思想道德建设植入家庭生活中。

三、完善乡村信用体系，增强农民群众诚信意识

诚实守信是中华民族的传统美德。2014 年 2 月 24 日，习近平总书记在中共中央政治局第十三次集体学习时强调：深入挖掘和阐发中华优秀传统文化讲仁爱、重民本、守诚信、崇正义、尚和合、求大同的时代价值，使中华优秀传统文化成为涵养社会主义核心价值观的重要源泉。

良好的信用文化会形成一种社会评价趋势，通过影响社会群体的行为心理，使行为主体自觉观照这种价值观念并进行自我筛选，最终外化成社会群体趋同的行为规则。然而，传统信用文化受市场经济的冲击，加之法治环境较差、信用法规不健全、失信惩罚与失信获利失衡等，目前的乡村信用文化相对淡薄，信用环境较差。

乡村信用体系是我国社会信用体系的重要组成部分。党的十九大提出乡村振兴战略之后，国家积极推进城乡协调发展，打通城乡要素平等交换与双向流动的制度性通道，推动城市要素有机导入农村社会，引导信贷资源、市场资源和政府资源向农村领域流动，实现"以城带乡""城市反哺农村"，成为我国经济发展的重要方向，城乡关系逐渐转向城乡互动。国家在大力强化城乡流通设施建设、资源要素保障、要素自由流通等外部支撑体系的同时，就必须消除城乡体制性障碍，保障城市要素顺利下沉农村，并培植和激发乡村发展的内生动力，助力乡村振兴。然而，城市发展资源助推乡村振兴，不可回避的发展瓶颈是乡村的信用治理，因为乡村振兴的最大短板便是我国农村普遍缺少可循环的资金要素。

一是加强对农村信用体系的领导。按照 2022 年中央一号文件"强化乡村振兴金融服务""深入开展农村信用体系建设，发展农户信用贷款"工作部署，2022 年 3 月 30 日中国人民银行印发《关于做好 2022 年金融支持全面推进乡村振兴重点工作的意见》；4 月 6 日，银保监会发布《关于2022 年银行业保险业服务全面推进乡村振兴重点工作的通知》，指导金融系统优化资源配置，采取更多举措，切实加大"三农"领域金融支持力度。江苏宿迁等地相继出台《关于完善农村信用体系建设推动信用赋能乡村振兴的实施意见》，充分发挥信用在创新社会治理和激发市场活力中的

积极作用，着力扶持农村经济发展、提升基层治理效能，推动信用工作和乡村振兴事业同频共振。中国人民银行汕尾市中心支行充分发挥"几家抬"政策合力，会同汕尾市农业农村局、汕尾市金融局、汕尾银保监分局等部门连续印发《关于深入推进农村信用体系建设支持乡村振兴的指导意见》《汕尾市"推进整村授信助力乡村振兴"工作实施方案》等文件，指导金融机构通过深化银政部门协作、推进农村信用信息网络建设、优化乡村金融服务、助推乡风文明建设等多举措，持续深化农村金融改革，多管齐下助力金融服务乡村振兴能力和水平有效提升。攀西地区攀枝花市和凉山州要在制度层面形成农村信用体系建设制度全覆盖，对深化完善农村信用体系建设，强化涉农信用信息的归集、共享和应用，探索"信用+乡村治理"新模式、新路径，优化农村信用生态环境，弘扬诚信道德风尚，扶持新型农业主体、发展现代农业产业等，为乡村振兴事业注入强劲动力。

二是数字赋能乡村信用体系建设。当前，农村涉农信用信息涉及面广，资源分散在各级政府和金融机构，涉农信用信息资源尚未形成整合的格局，造成信息分割、垄断、静止、隐蔽，征信协调机制建设滞后，信息化建设滞后，涉农信用信息采集多以纸质记录为主，信息采集缺乏统一标准，信息资源共享不畅通、更新不及时。地方政府要有效整合财政、农业农村、乡村振兴等政府部门掌握的农户和新型农业经营主体信息，首先要制定统一的涉农信用信息基础目录；加强数字化发展对农村信用体系建设的支持保障，拓宽信用信息平台信息采集渠道，依托村级党群服务中心、新时代文明实践站（所）、涉农金融机构各级网点等现有阵地资源，建立起全方位、多渠道的涉农信用信息采集机制；协调整合各现有涉农数据库平台，打破平台壁垒实现信息即时传输，研发打造地方涉农信用信息服务平台，加强信息的智能化采集、上报、审核、查询、统计分析等功能，构建域内涉农信用信息共建共享机制。

例如，青岛平度市社会信用管理平台已归集各类信息数据 1 290.4 万条，其中，基础信息 249 万条、信用信息 1 041.3 万条。平台的建设全面归集 17 个镇街农村居民信用信息，将居民守信事项和失信事项作为自然人信用等级评定标准之一，促进信用数据归集共享。

三是全面开展农户信用评价。在农村和农民信贷信息和有效抵押物较为缺乏的情况下，必须有效整合涉农主体信贷信息以外的信用数据，通过对这些替代数据进行分析、整理、加工，建立农户信用评价体系，精准识别各类农村经济主体信用状况，创新信用评价结果运用。例如，江苏宿迁参照"遵纪守法、移风易俗、勤劳致富、家庭和睦、庭院整洁、资信良好"六项要求，对农户开展信用评价，按照"征信+评级+授信"模式，将信用评级结果量化为具体的授信金额和优惠利率，实现线上普惠性信用贷款授信，并向农村"四类人员"、志愿者、一线工作者、返乡创业人员等群体适当倾斜，把农户信用评价有效连接到农村领域各应用场景中，扩展信用的价值化应用。

根据《平度市农村居民社会信用积分和信用评价管理办法》，农村居民社会信用信息包括基础信息、守信信息、失信信息和其他信息。其中，守信信息和失信信息参与信用评价。守信信息规定了党建领域 39 条、乡村振兴 6 条、新时代文明实践 11 条、社会公益 9 条、村居管理 27 条、优秀学子 10 条、国防建设 6 条、社会责任 11 条、疫情防控 4 条、表彰奖励 11 条、其他 8 条，共 11 个评价分项、142 条评价指标，每条均设定具体的评价标准和赋分标准；失信信息规定了党建领域 46 条、村居管理 38 条、疫情防控 5 条、家庭责任 1 条、社会治安管理 4 条、道路交通安全管理 1 条、行政处罚信息 7 条、弄虚作假信息 3 条、刑事处罚信息 1 条、其他 1 条，共 10 个评价分项、107 条评价指标，每条均设定具体的评价标准和赋分标准。上述指标构成了对农村居民的信用信息评价指标体系，并据此做出对农村居民的信用评价结果，分为诚信模范级、诚信优秀级、诚信良好级、诚信级、诚信警示级、失信级 6 个级别，分别使用"六星、五星、四星、三星、二星、一星"予以标识。各村制订本村（居）守信激励和失信惩戒实施细则，可以通过设立村信用体系建设专项资金等方式，对不同信用积分和信用等级的居民实施分类激励和服务，让守信者得激励、失信者受限制。

四是推动创新乡村治理手段。由于经济发展相对落后，受教育水平较低和知识普及受限等因素影响，信用意识和信用行为的记录在农村地区没有得到普遍关注和重视，农村地区整体信用意识不强。一些农户为了规避信用记录的制约，不愿意参与信用信息归集，有的甚至提供虚假信息，完善的农村诚信教育体系尚未形成。

乡村治理应以信用治理为牵引，一体嵌入自治、法治、德治，实施"综合治理"，把信用建设、志愿服务活动、文明乡风结合起来，建立"基层治理+信用"的连带方式，构建以信用奖惩为导向的治理模式，围绕人居环境整治、镇街管理、垃圾分类、常态化疫情防控等基层治理难题，把信用手段嵌入日常管理工作，找准"信用+乡村治理"的切入点和联动点，推动乡村治理形式和内容创新，不断丰富治理手段，充分激发基层治理的内生动力，实现基层行政资源的最优配置和治理能力的有效提升。

例如，平度市把"信用"作为推动基层社会治理的重要抓手，全市启动农村信用体系建设村庄 1 788 个，以乡村信用为切入点，开展诚信镇街创建活动，不断拓展延伸农村信用建设场景，累计开办信用超市 911 家、幸福（助老）食堂 257 家、爱心洗衣社 73 家、爱心理发店 144 家、诚信共享屋 416 个、信义农场 24 处。其中，信用超市是村庄开展守信激励的基础配套设施，幸福（助老）食堂、爱心洗衣社、爱心理发店、诚信共享屋、信义农场等场景是开展志愿服务活动的平台和载体。"信用+X"模式深入推进，信用与村庄管理、镇村重点工作、农业生产、农业技术服务、产业发展、村民生活、环境卫生整治、养老助学、邻里互助、民事调解、防溺水、秸秆禁烧等方面 30 多项事务紧密结合，治理成效显著。

五是大力推广惠民场景应用。聚焦上学就医、生活消费、招工就业等民生热点，扩大信用信息应用范围，推动"信易+"机制在农村领域的探索和实践，运用市场化手段推广惠民应用场景，提升信用信息平台的生命力，提高信用信息的可视化、共享化、及时化水平，让农户方便直接地享受到信用的价值化成果和服务，激发群众"知信、守信、用信"的思想自觉和行为自觉。

第二节　实施乡风文明培育行动

党的十九大提出实施乡村振兴战略，明确了"产业兴旺、生态宜居、乡风文明、治理有效、生活富裕"20 字方针，对繁荣兴盛农村文化作出重点部署。习近平总书记对农村精神文明建设作出一系列重要指示，强调要坚持乡村全面振兴，大力推动乡村文化振兴，培育文明乡风、良好家风、淳朴民风，改善农民精神风貌，提高乡村社会文明程度，焕发乡村文明新气象。

乡村的建设，不仅要搞经济、产业这些能一眼看到的"面子"，也要注重"里子"，而乡村文化作为乡村发展的灵魂，就是"里子"。改革开放以来，随着经济快速发展，社会加快转型，优秀传统的价值理念受到以市场为主导的价值观念的冲击与侵蚀，乡村建设重经济发展、轻文化建设的倾向，乡风文明建设没有得到足够的重视，这些变化对传统农民的价值观产生影响，以至出现经济发展而道德滑坡的现象，农村传统的伦理道德观念受到新思潮的冲击，农民在平衡集体和个人、公共和私利上偏离传统道德标准的方向，农村社会的关系调整以道德标准作为衡量，渐渐演变为以利益杠杆作为调节的关键[63]。一些地方村落共同体解体，德孝文化和诚信文化削弱，守望相助传统消失。邻里矛盾突出、干群关系紧张，乡村出现了不和谐的因素，各种矛盾甚至成为社会不稳定因素。

乡风文明是乡村振兴的灵魂，是实现乡村全面振兴的重要保障和力量源泉，是满足基层群众日益增长的美好精神文化生活需求的必然要求，必须保护和传承农村优秀传统文化，加强农村公共文化建设，移风易俗，改善农民精神风貌，提高乡村社会文明程度。

一、弘扬中华传统美德

中华传统美德是中华民族在长期生活实践中积淀形成的，并不断完善、发展起来的具有强大生命力的优秀文化遗产，内容博大精深，包括孝慈友恭、讲信修睦的人伦规范，厚德载物、自律恕人的包容情怀，贵和持中、崇礼尚义的处事原则，刚健有为、自强不息的进取精神，天人合一、仁爱万物的生态智慧，天下兴亡、匹夫有责的责任担当，等等，涉及人与自然、人与人、人与社会的关系，蕴含着丰富的社会治理思想，反映了全体中华儿女共同的价值追求，是中华民族生生不息的内生动力。在封建社会，"皇权不下县"的传统延续千年，传统乡村社会秩序与活力正是源于伦理道德。在我国漫长的历史演进中，中华传统美德在乡村治理中一直发挥着思想教化和行为引导作用，是乡村社会稳定有序、村民之间互助友好、民风民俗淳正厚朴的重要道德支撑。

今天的中国正面临着以农业的工业技术化、农村的城镇化和农民的市民化为基本内容的乡村社会变迁，乡村社会发生了剧烈变化，传统的基于血缘、亲缘、地缘关系的封闭型"熟人社会"已经被现代的开放型"半熟人社会"替代，乡村"空心化""空壳化""老龄化"现象凸显，乡村生活共同体日渐解体，共同的道德规范逐渐弱化，乡村的经济结构与生活结构发生深刻变化，中国传统乡村社会的优良精神品质正在面临退化的风险[64]，传统美德在乡村治理中面临着困境和挑战。

然而，我们也要看到，中华传统美德，根植于乡土社会，发展于乡村社会，乡村社会所具有的人情性、熟人性特征依然明显，乡村社会的道德根基、人心向上向善的根本仍然存在。乡村仍然是国家政治、经济、文化和道德生活的根基所在[65]。中华传统美德融入乡村治理，继续发挥价值观塑造、利益调节、矛盾化解、促进乡村社会发展的功能的根基还在。因此，传统美德在乡村治理现代化进程中依然具有不可替代的作用，能够为解决纷繁复杂的社会矛盾提供宝贵的文化资源和方法借鉴，是当代乡村治理的重要资源。

习近平总书记指出："中华传统美德是中华文化精髓，蕴含着丰富的思想道德资源。""要加强对中华优秀传统文化的挖掘和阐发，努力实现中华传统美德的创造性转化、创新性发展，把跨越时空、超越国度、富有永恒魅力、具有当代价值的文化精神弘扬起来，把继承优秀传统文化又弘扬时代精神、立足本国又面向世界的当代中国文化创新成果传播出去。"

一是挖掘和保护农村中华传统美德资源。每个时代的人都是在前人所创造的文化模式下生活的，没有前人创造的文化即传统文化，个人就无法生存和发展。人们只有在继承传统文化的基础上，才有可能创造出新的文化。因此，乡村治理一方面要尊重乡村传统美德，充分认识其对乡村治理的重要价值；另一方面要全面调查摸清乡村具有历史悠久、特色鲜明、时代价值凸显的道德文化资源，挖掘整理散落在民间的传统美德资源，如古村落、古建筑、历史遗迹、传统节日、地方民俗等，加强对其资源的发掘、整理和保护，以生动具体、感性直观的形式，定期举办各种民间特色文化活动，形成具有地方特色的道德文化体系，继续发挥其价值塑造、利益调节、矛盾化解等作用，延续其对基层民众的教化作用，为当代乡村治理提供精神支持和方向引领。

广西壮族自治区梧州市蒙山县新圩镇坝头村提炼形成耕读传家、勤俭持家、廉孝立家、和善兴家的坝头"四家精神"，建成以德、廉、孝、善、勤为主题的文化园，弘扬中华传统美德。

二是宣传和弘扬农村中华传统美德。大力弘扬中华传统美德，多维度地弘扬中华崇德向善、扶危济困、扶弱助残等传统美德，促进中华传统美德的创造性转化、创新性发展，激活其生命活力，发挥道德引领作用，助力乡村治理现代化的顺利推进。

河北省石家庄市岗上村，用活"一榜一录一喇叭"，即一个好人榜、一本《功德录》、一个大喇叭，激活了乡村善治一池春水，荣获"全国文明村""全国民主法治示范村"等荣誉称号。岗上村建立好人榜后，先后涌现出 8 名见义勇为先进个人、15 名拾金不昧标兵、12 名孝老敬亲标兵和助人为乐标兵等。从 1982 年村民范振国拾金不昧的事迹记起，岗上村便开始创建《功德录》，几十年如一日记录村里涌现出的好人好事。目前，《功德录》已记录 213 本，记录好人好事 14 万余件。为最大限度带动更多群众主动融入精神文明创建活动，这些好人好事在村微信公众号发布的同时，还用大喇叭进行不间断广播，鼓励更多村民效仿。人人都是善行的实践者，又是善行的发现者、记录者。让老百姓目之所及、耳之所闻都是善行义举、道德楷模，以此发挥好先进典型的辐射、示范、引领作用。

天津市宝坻区周良街道周良庄村，号召村民崇尚孝老爱亲传统美德，对在世老人尽孝心、多关心，使他们老有所养、老有所乐。建立好人好事专栏，及时对身边人、身边事给予表彰，以此弘扬正气、鞭策后进。每年召开道德评议会，开展"三优一户一好一标兵"评选活动，充分发挥道德典型示范作用，引导广大农民群众争优争先、互学互鉴，主动参与移风易俗活动，用榜样的力量引领文明风尚，为培育文明乡风营造良好社会氛围。

山西省吕梁市石楼县龙交乡王家沟村，坚持"精神鼓励"和"物质奖励"相结合，深入开展"文明户"评选活动，以"孝、俭、勤、义、信"等传统美德为主题，每年召开村民大会，在全村推选文明户并张榜公示，同时分别落实了奖励资金，"一张榜单"激发了群众争当"文明户"的热情。

江苏张家港市善港村以"善文化"引新风尚，营造浓厚"知善、向善、行善、扬善"氛围，创编扬善立德三字经、移风易俗三字经和"九循家礼"，开办道德书场，讲述家风民风好故事。善港村积极挖掘宣传身边好人，定期开展"身边好人我来评""德行善举我来颂"活动，每季度评选一次村级身边好人并张榜公布。

二、传承优良家风

民风指的是民间教化和习俗，即社会风气。民风的核心是民间风尚，即民间共同体的价值取向和行为模式，如提倡道德自觉、理性、友爱等。

民风建设是中国古代政治和社会治理的优良传统，对数千年中国社会政治的有序运转发挥了独特作用。《管子·八观》说："入州里，观习俗，听民之所以化其上，而治乱之国可知也。"指的是通过观察地方风化，可以预测一个国家的兴衰治乱的趋势。可见，民风是社会兴衰的风向标。家是最小国，国是千万家。家庭的前途命运同国家和民族的前途命运紧密相连，家庭是社会的基本细胞，家风是社会文明的根基，家风汇成民风。

中华文明源远流长，很大程度上得益于家风家训的传承。家风家训不仅承载着祖辈对后辈的期望与鞭策，也同样体现了优良的民族之风。家风是家族成员长期恪守家训、坚守家规，通过家教而形成的具有鲜明家族特征的家庭文化，是一个家族最宝贵的财产，是每个家族成员自豪感的源泉。家风是融化在我们血液里的气质，是沉淀在我们骨髓中的品格，是我们立身做人的风范和格调。好家风是好家庭的血脉，好家风成就好家庭，好家庭培育好子女，好子女建设好社会。家风纯正，雨润万物；家风一破，污秽尽来。中华民族历来重视门楣家风的教育和传承，讲求耕读为本，忠孝传家。周公旦的《诫伯禽书》、诸葛亮的《诫子书》、颜之推的《颜氏家训》、包拯的《包拯家训》等代代相传，成为引领中国社会向善向上的标杆。

习近平总书记指出："不论时代发生多大变化，不论生活格局发生多大变化，我们都要重视家庭建设，注重家庭、注重家教、注重家风"。党的十八大以来，以习近平同志为核心的党中央高度重视家庭家教家风建设，推动社会主义核心价值观在家庭落地生根，形成社会主义家庭文明新风尚，使千千万万个家庭成为国家发展、民族进步、社会和谐的重要基点。

乡村治理要注重家庭建设，开展好家风建设，传承传播优良家训，发挥家庭家教家风在乡村社会治理中的重要作用，推动社会主义核心价值观在家庭落地生根。引导家庭树立优良家风，发扬光大中华民族传统家庭美德，用良好家教家风涵育道德品行，形成社会主义家庭文明新风尚，促进家庭和睦，促进亲人相亲相爱，促进下一代健康成长，促进老年人老有所养，使千千万万个家庭成为国家发展、民族进步、社会和谐的重要基点。

（一）传承传播优良家训

注重发挥优良家训的德育功能，以好家风支撑起全社会的好风气。通过家风家训征集等活动，引导广大家庭爱国传家、敬业兴家、诚信立家、孝善安家、勤俭持家，涵养家国情怀，弘扬清风正气。

北京市通州区于家务回族乡仇庄村深入提炼家训家规家风，以家风领村风，以孝德化民风。通州区于家务回族乡仇庄村是一个曾以穷和乱闻名的村庄，1998 年开始，在党支部书记王书信的带领下，全村弘扬孝道文化，如今成为全国文明村、孝道村、幸福村。王书信同志于 1998 年 3 月上任，1999 年就成立了老人节，每年为全村 60 岁及以上的老人发放慰问金。孝道文化慢慢在仇庄村扎根并开花结果。2014 年，仇庄村开展了追寻家训家规，呼唤良好家风系列主题活动，193 户家庭提炼制作了自己的家风、家训、家规，一封挂在自己家里，让家家户户过日子有章可循、有规可守；另一封则放在村史馆里，让家风、家训、家规代代传承下去。家家户户无论是在大门上，还是在屋里的厅堂上，都端端正正挂着家风、家训、家规。留给子孙钱财万贯，不如良言一句。2018 年，仇庄村又组织专人为 60 户模范家庭编写了家风故事，进一步深化孝德家风教育，全村呈现出"大树底下谈家道，农家院里话家风"的美好画面。

（二）深化家庭文明建设

我国以文明城市、文明村镇、文明单位、文明家庭、文明校园的创建为主要形式，以各种精神文明先进典型的创建为示范，推动形成了各地区、各部门竞相建设精神文明，人民群众以思齐迎圣贤提高道德水平，全社会尊重道德提高文明水平的生动局面。五个文明建设是社会主义精神文明建设的一项重要任务。

各地大力开展文明村镇、农村文明家庭、星级文明户、五好家庭等创建活动，广泛开展农村道德模范、最美邻里、身边好人、新时代好少年、寻找最美家庭等选树活动，开展乡风评议，弘扬道德新风。其中文明家庭创建就是社会文明创建的一个重要载体。

党的十八大以来，我国家庭家教家风建设法规政策不断建立健全，《新时代公民道德建设实施纲要》明确提出"用良好家教家风涵育道德品行"，《中华人民共和国民法典》确立了"家庭应当树立优良家风，弘扬家庭美德，重视家庭文明建设"的原则性规定，"十四五"规划纲要首次设立"加强家庭建设"专节，党的十九届四中全会提出"注重发挥家庭家教家风在基层社会治理中的重要作用"，党的十九届六中全会将"注重家庭家教家风建设"写入《中共中央关于党的百年奋斗重大成就和历史经验的决议》，还有《中国妇女发展纲要（2021—2030 年）》和《中国儿童发展纲要（2021—2030 年)》《全国家庭教育指导大纲》《家长家庭教育基本行为规范》《中华人民共和国家庭教育促进法》等，一系列相关家庭建设的政策法规密集出台，为形成社会主义家庭文明新风尚奠定了坚实基础。

文明家庭创建，是群众性精神文明创建活动的重要内容，是营造良好社会风气的重要支撑，在提高国民素质和社会文明程度方面发挥着重要作用。开展文明家庭评选表彰，抓的是社会的根本，谋的是子孙后代的未来，对于深入推进社会主义核心价值观建设、营造良好社会风气、推动国家发展民族进步社会和谐具有重要意义。

党的十八大以来，各地各有关部门立足家庭实际，广泛开展五好家庭、星级文明农户、寻找最美家庭、好公婆好媳妇好子女评选。中央文明委 2016 年召开的第一届全国文明家庭表彰大会上，习近平总书记亲切会见全国文明家庭代表，并发表重要讲话。目前，中央文明委已组织评选两届共 781 户全国文明家庭。全国妇联常态化开展寻找"最美家庭"、五好家庭创建等活动。党的十九大以来，中央文明办同团中央、全国妇联、教育部等一起开展"新时代好少年"学习宣传活动。好家风支撑好社风，一系列以好家风为元素的评比表彰活动，无不是对"家力量"的有力凝聚，推动形成社会主义文明新风尚。

凉山州实施"树新风促振兴"暨妇女儿童关爱提升三年行动。2021 年 10 月 9 日，全国妇联及四川省委、省政府在凉山州召开"树新风促振兴"暨妇女儿童关爱提升三年行动动员大会。"三年行动"是全国妇联及四川省委、省政府支持凉山州进一步提升此前两年的"树新风助脱贫"巾帼行动计划成效，帮助凉山州巩固拓展脱贫攻坚成果，促进凉山州乡村振兴和家庭文明建设的又一举措。"三年行动"聚焦聚力"家庭家教家风建设提升"行动，广泛开展评选"最美母亲"、创建"洁美家庭"、寻找"最美家庭"等活动，开展"好妈妈"培训 700 余人，全州寻找"最美家庭"494 户，创建"洁美家庭"49 万余户，建设新风超市 86 个、家庭工作示范点 12 个、家庭教育家教中心 7 个、凉山州州级家风家教馆 1 个，团结带领广大妇女和家庭争做伟大事业的建设者、文明新风的倡导者和敢于追梦的奋斗者，以昂扬奋发的姿态推进我州家庭家教家风建设迈上新台阶。凉山州家风家教馆紧紧围绕"家和万事兴"主题，以和合家风文化为核心，以家训、家书为载体，展示中国传统家训、红色家风及当代文明家庭故事三个部分的内容。

攀枝花市开展"好家规、好家训、好家风"征集和展播。2022年为深入学习宣传贯彻党的二十大精神，落实习近平总书记关于"注重家庭、注重家教、注重家风"的要求，攀枝花市文明办开展了"好家规、好家训、好家风"征集，从不同角度反映家庭的精神信仰、道德风貌、价值信念、行为准则，展现攀枝花这座英雄城市独具的精神气质；通过线上形式，分批对系列优秀作品进行集中展示，引导广大家庭形成重家教、树家风、传家训的良好风尚，厚植文明家风，在全社会积极宣传倡导家庭文明新风尚。

三、开展移风易俗

乡村振兴，乡风文明是保障；文明乡风，移风易俗是关键。推进移风易俗、建设文明乡风，是实施乡村振兴战略的重要内容，是培育和践行社会主义核心价值观的必然要求，也是当前农民群众最为关心关注的现实问题。

陈规陋习是乡村振兴路上的"绊脚石"。陈规陋习损害农民利益，败坏乡村风气。农村是熟人社会，事事、时时都逃不过一个人情，"君子之交淡如水""礼尚往来"本无可厚非。比如，彩礼源于西周时期所确定的"六礼"中的"纳征"，是一项传统婚姻习俗，寄托了人们对美好未来的期许。但凡事有个"度"，过犹不及，过分攀比，往往就超越了朴素的人情往来、礼尚往来，演绎成为人情"债务"、人情"闹剧"，你攀我比，大操大办，深陷其中。

这些社会不良风气的蔓延，加重了农民群众的经济与精神负担，扭曲了社会的价值观。高价彩礼、人情攀比、厚葬薄养等突出问题，群众反映十分强烈，社会舆论普遍关注，表面看似小事，但长期积累可能会带来严重后果。如果让陈规陋习蔓延势头，听之任之，长以此往，就会形成互相攀比、铺张浪费等不良风气，农民背上沉重的"人情债"，可能会因婚、因丧等返贫。

近年来，在以习近平同志为核心的党中央坚强领导下，各地各部门把深入推进移风易俗作为乡村振兴的重要内容，坚持守正创新、弘扬良好风尚。中央宣传部、中央文明办、农业农村部等相关部门，先后印发《关于进一步推进移风易俗建设文明乡风的指导意见》，对移风易俗工作进行全面安排、专门部署。连续多年召开全国农村精神文明建设工作经验交流会，推动各地综合运用教育引导、规范约束、典型示范等举措，倡导科学文明健康的现代生活方式。一个个有力举措破除陈规陋习，一项项重大部署厚植新风正气，少了人情负担，多了文明新风。淳朴清朗、向上向善的文明新风激荡在神州大地广袤的田野间，获得感、满足感洋溢在亿万农民幸福的笑脸上。

陈规陋习具有反复性。传统观念具有一定的滞后性，根除陈规陋习不可能一蹴而就。现实中，一些地方陈规陋习抓一抓好一阵，放一放又反弹回潮甚至愈演愈烈。直至今日，天价彩礼"娶不起"、豪华丧葬"死不起"、名目繁多的人情礼金"还不起"，以及孝道式微等问题依然存在。大操大办、高额彩礼、厚葬薄养、铺张浪费的"面子工程"等问题在个别地区依然存在。这些都反映出移风易俗必须长期抓、持续抓，在思想上形成自觉、在制度上形成规范、在风气上形成氛围，坚持不懈、落细落小，真正以新风易旧俗。

乡村移风易俗的重点领域。2022年中央一号文件提出，要推进农村婚俗改革试点和殡葬习俗改革，开展高额彩礼、大操大办等移风易俗重点领域突出问题专项治理。农业农村部、中央组织部等八部委联合印发《开展高价彩礼、大操大办等农村移风易俗重点领域突出问题专项治理工作方案》，四川农业农村厅等七部门联合下发《关于印发〈四川省开展高价彩礼、大操大办等农村移风易俗重点领域突出问题专项治理实施方案〉的通知》，自上而下加大治理农村高价彩礼、大操大办等陈规陋习的力度，推进移风易俗工作。治理的重点包括四个方面：

（1）高价彩礼。宣扬低俗婚恋观，索要、炫耀高价彩礼，媒婆、婚介等怂恿抬高彩礼金额，彩礼金额普遍过高等问题。

（2）人情攀比。人情礼金名目繁多、数额过高，甚至为了敛财举办"无事酒"，农民群众"人情债"负担沉重等问题。

（3）厚葬薄养。不履行孝道义务，丧事时间过长、丧礼中宣扬封建迷信思想和开展低俗活动，"活人墓"、豪华墓等问题。

（4）铺张浪费。婚丧喜庆举办宴席时间过长、规模过大，盲目攀比追求档次，造成严重浪费等问题。

攀西地区移风易俗势在必行。凉山州是全国最大的彝族聚居区，也是从奴隶社会"一步跨千年"进入社会主义社会的地区。随着脱贫攻坚任务的如期完成，广大贫困群众的生产生活条件发生了翻天覆地的变化，高额彩礼、婚丧大操大办、薄养厚葬、铺张浪费等陋习影响广泛、根深蒂固、难以去除。比如一些地方，一笔彩礼就是一个农村家庭几年甚至十几年的全部收入，高额彩礼明显加重了家庭负担，为日后返贫埋下了隐患。子女结婚原本是一件喜事，但在凉山的不少地方，一路飙升的彩礼，不仅让喜事变"难事"，一些家庭甚至因此负债累累、因婚致贫、因婚返贫。按照彝族旧习俗，贵客临门必杀牛招待，"无事酒"问题也让群众苦不堪言。这样的陋习已经成为巩固拓展脱贫攻坚成果、实现乡村全面振兴的"拦路虎"，成为社会文明、民族进步的"绊脚石"。

移风易俗受益的是农民群众。乡村要多些人情味，少背人情债。正常的礼尚往来无可非议，但陈规陋习要不得，不少群众被所谓的人情世故裹挟，心有不愿却身不由己。这些陈规陋习已成为乡村振兴路上的"绊脚石"，必须旗帜鲜明地反对。推动农村移风易俗，说到底是维护农民群众自身的利益。四川省巴中市一份《关于开展治理农村大操大办推进移风易俗问卷调查的公告》受到人们关注，近15万名群众填报问卷、建言献策，67%的群众认为除婚丧以外一律不办，85%的群众认为大操大办之风必须治理。该调查问卷火爆的背后，反映出大操大办问题严重损害群众利益，移风易俗顺应民意。移风易俗一方面有利于减轻包括农民工在内的农民群众在婚丧嫁娶中的人情、宴席、彩礼等的支出负担，巩固脱贫攻坚和乡村振兴成果；另一方面有助于化解农村矛盾，使得婚事新办、丧事简办、孝老爱幼、勤俭节约等文明风尚更加浓厚，乡村焕发文明新气象，让农民群众更有获得感、幸福感、安全感。

破除陈规陋习、推进移风易俗要久久为功。乡村政府应全面摸清各地各村陈规陋习的实际情况，从农民群众愿接受、易实施、能见效的问题入手，先易后难、循序渐进、常抓不懈，从陋习背后的客观因素入手，消除陋习存在的环境土壤，为乡村新风筑好经济基础，既不"缺位"也不"越位"，引导群众远离陈规陋习。

一是摸清实情。要进村入户摸排高价彩礼、人情攀比、厚葬薄养、铺张浪费等陋习的实际情况，了解村民普遍反映最突出的问题，分析产生问题的原因和症结，明确治理的问题和重点乡（镇）、村，明确各村治理的重点问题和难点。

二是专项整治。制定推进移风易俗重点领域突出问题专项治理的实施方案，明确治理目标、重点和责任分工，提出切合实际、标本兼治的工作措施，建立专项治理推进机制。

三是制定规章。凉山州运用法治手段为红白喜事"立规矩"。2022 年 3 月 31 日，四川省第十三届人民代表大会常务委员会第三十四次会议审议通过《凉山彝族自治州移风易俗条例》（以下简称《条例》）。凉山州首次将移风易俗工作上升到法规层面，在全省尚属首例。《条例》如同一把利刃，直指各种陋习。《条例》明确规定，要自觉抵制高额彩礼、退（毁）婚高价赔偿，禁止利用宗教、家族势力或者其他形式干涉婚姻自由，不得为未成年人订立婚约。倡导丧事简办，自觉抵制在丧事活动中攀比、浪费，以晾晒、损毁等方式违法使用人民币，违规燃放烟花爆竹。举行祭祖送灵等民间习俗或者祭祀仪式应当从简办理。刮骨疗伤、剜疮疗毒，破陈规、除陋习、树新风，让移风易俗在群众心中生根发芽，让乡风文明之花盛开在凉山的广袤大地。

完善村规民约（居民公约）。各地要因地制宜、合法合规充实完善村规民约（居民公约），把抵制高价彩礼、提倡喜事新办、丧事简办、弘扬孝道、尊老爱幼等移风易俗内容纳入村规民约（居民公约），充实婚事新办、丧事简办、孝老爱亲等移风易俗内容，出台约束性措施，明确告诉农民群众提倡什么、反对什么，红白喜事等应该怎么操作、不该做什么。通过明确彩礼上限、宴席规模、招待范围、随礼金额等，约定婚丧嫁娶从简办理的具体标准，在村内醒目位置公布，实现群众自我管理、自我监督、自我约束。建立健全村规民约（居民公约）监督机制，注重运用舆论和道德力量促进村规民约（居民公约）有效实施。

四是积极开展婚丧礼俗改革。截至 2021 年年底，民政部门确认 32 个国家级、近 300 个省市级婚俗改革实验区，各个实验区的高价彩礼、大操大办等陋习得到有力遏制。农民群众在婚丧嫁娶中的支出负担明显减轻。"两情若是久长时，又岂在彩礼聘金。"山西省襄垣县付村村民王科和王靖对这句话有深刻体会。他们是村里第一对"零彩礼"夫妻。摒弃繁杂仪式，回归婚姻本质，移风易俗让农民不再"谈婚色变"。贵州省贵阳市南明区永乐乡水塘村村民张兴勇女儿出嫁，只请家里亲戚简单地吃了一顿饭，街坊邻居送礼都被他拒绝了。他说："少请客人，不收礼金，这一次婚礼办下来，不仅少花了精力，省下了不少酒席钱，更减轻了以后街坊邻居往来之间的'人情债'，省心、省事、省钱！"

按照"县级申报、市级推荐、省级确认"的方式，统筹考虑经济基础、社会文化、民族风俗等，选取部分县（市、区）为第二批省级婚俗改革实验区。各市（州）确立相应的市级婚俗改革实验区，指导婚俗改革实验区积极推出遏制高价彩礼、大操大办、铺张浪费等不良习俗的措施，积极宣传新时代婚恋观，引导青年婚事新办，推动树立文明嫁娶新风；鼓励基层妇联主席担任"义务红娘"，利用国庆春节返乡等时间节点举办集体婚礼，倡导家庭婚礼、旅行婚礼等形式；在春节、清明节等传统祭祀节日，大力开展绿色殡葬、文明祭祀宣传活动，倡导厚养薄葬、文明治丧理念，加强农村公益性殡葬设施建设，积极引导文明节俭治丧和集中规范安葬；鼓励因地制宜采取节地生态方式安葬骨灰，加强公墓、殡仪馆等殡葬服务机构规范管理，严格落实殡葬服务项目、服务内容、服务程序、收费标准和监督方式公开制度，加强殡葬服务机构行风建设，及时纠正不正之风。

五是建立完善移风易俗落实机制。县、乡要加强移风易俗日常监督，指导村级组织认真落实移风易俗相关措施，督促婚庆、殡葬等机构规范服务行为；充分发挥村民自治作用，加强对红白理事会、村民议事会、妇女议事会、道德评议会等群众组织的指导，通过教育、规劝、批评、奖惩等方式推动婚丧礼俗倡导性标准的执行；充分调动群众积极性，推动好做法成风化俗。在四川省峨边彝族自治县，全县 49 个村（社区）全部成立红白理事会，由村民推荐德高望重的"德古"（民间调解员）担任会长。

六是统筹开展常态化宣传和集中宣传。组织各级各类媒体积极稳妥报道移风易俗典型事例和专项治理工作的做法成效，组织媒体开展专题采访报道活动，营造浓厚舆论氛围。充分利用村广播、文化墙、宣传栏等农民群众身边的各类阵地，宣传移风易俗先进典型，用身边事教育身边人。组织县级融媒体中心通过消息报道、案例分析、文明新风公益广告等多种方式，推动移风易俗观念深入人心。广泛开展"我们的中国梦"——文化进万家、文化科技卫生"三下乡"、全省群众广场舞展演等活动，丰富农民群众的文化生活，倡导移风易俗新风尚。采用戏曲曲艺展演、非遗展示等农民喜闻乐见的形式，宣讲移风易俗政策和举措，营造移风易俗良好社会氛围。广泛挖掘选树移风易俗先进典型，常态化开展道德模范、身边好人等评选宣传活动。集中开展"农村移风易俗主题宣传月"活动，各地各部门一起行动，线上线下协同发力，多渠道、多形式宣传中央移风易俗精神和政策，形成舆论声势。指导各地用好新时代文明实践中心、县级融媒体中心、村广播、村宣传栏等农民群众身边的各类阵地加强正面宣传，积极选树、宣传农民群众身边的移风易俗先进典型，深入基层贴近农民开展宣讲、培训、巡演等活动，在乡村公共空间广泛使用宣传标语、横幅、宣传画等，推动移风易俗观念深入人心。鼓励采用传统曲艺等农民喜闻乐见的形式，宣讲移风易俗政策和举措，加强推介展演，营造移风易俗良好社会氛围。利用农闲季节、节假日和庙会、集市等，聚焦农村移风易俗开展农民便于参与、乐于参与的各类文明创建和主题实践活动，整合文化惠民活动资源，增强公共文化服务供给，发挥文化浸润作用，倡导文明乡风。线上线下结合策划推出农村移风易俗专题报道，强化正面宣传引导，持续保持舆论热度，凝聚全社会对抵制陈规陋习的价值认同。

四、制定村规民约

源远流长的乡规民约，发轫自春秋战国时期，成型于秦汉时期，历久不衰，至今依然在乡村治理中发挥着独到的规范作用。乡规民约是由乡民自主自发地制订出来，用以处理和规范众人生产生活中的各种关系，为解决民事纠纷提供简单易行的处理方式和大众机制，本质上属于村民族人合意的行为规范，旨在实现人与人之间"德业相劝，过失相规，礼俗相交，患难相恤"的社会理想。《中华人民共和国村民委员会组织法》明确规定："村民会议可以制定和修改村民自治章程、村规民约。"习近平总书记强调，很多风俗习惯、村规民约等具有深厚的优秀传统文化基因，至今仍然发挥着重要作用。我们要完善包括乡规民约在内的社会规范体系，为全面推进依法治国提供基本遵循。

党的十九大以来，习近平总书记多次就发挥村规民约作用，教育和引导贫困群众改变陈规陋习、树立文明新风等作出重要指示。为贯彻落实习近平总书记指示精神和党中央决策部署，2018 年民政部、中共中央组织部、全国妇联等 7 部门联合出台《关于做好村规民约和居民公约工作的指导意见》（以下简称《指导意见》），对规范、加强村规民约和居民公约工作作出了全面部署，是首次以中央和国家机关有关部门名义联合出台的关于村规民约和居民公约工作的全国性指导性文件。《指导意见》从总体要求、主要内容、制定程序、监督落实和组织领导五个方面对村规民约和居民公约工作提出规范要求，并提出"到 2020 年全国所有村、社区普遍制定或修订形成务实管用的村规民约、居民公约，推动健全党组织领导下自治、法治、德治相结合的现代基层社会治理机制"的工作目标。

村规民约是中华优秀传统文化蕴含的思想观念、人文精神、道德规范本土化、具体化、生活化的表现形式，推进乡村治理体系和治理能力现代化，必须向包括乡规民约在内的制度建设和乡村治理要效益，挖掘村规民约中的大众规范价值，激发乡规民约的自治效能，维护好乡村的公序良俗。

新时代的村规民约是村民依据党的方针政策和国家法律法规，结合本村实际，为维护本村的社会秩序、社会公共道德、村风民俗、精神文明建设等方面制定的约束规范村民行为的一种规章制度。

村规民约要坚持党的领导。村规民约的制定或修订工作应坚持和加强党的全面领导，在制定、组织实施、执行监督村规民约的全过程强化县、乡、村各级党组织的领导和把关作用，确保村规民约、居民公约体现党的意志主张，保证基层群众自治的正确政治方向，实现村规民约行政村全覆盖。

村规民约要合法合规。一方面，村规民约要充分发扬民主，在制订程序上坚持村民会议的法定形式，发扬基层民主，深化群众自治，引导村民广泛参与，达成共识；另一方面，坚持依法办事，村规民约、居民公约在制订程序上要以法律法规为依据，内容、程序都要符合法律法规要求，符合村民委员会组织法有关规定，在内容不得违背宪法和法律精神，确保制定过程、条文内容合法合规，不得妨碍和侵犯个人、集体合法权益和国家利益，防止一部分人侵害另一部分人的权益；在执行监督上厘清村规民约与法律、道德的关系，防止以村规民约、居民公约代替法律。

村规民约应坚持价值引领。要让道德规范的内在作用逐步融入乡规民约，真正做到让乡规民约内化于心、外化于行，不断增强村民的责任感、认同感、归属感和荣誉感，塑造与时代要求相适应的乡村德治秩序，健全和完善道德标准的评价体系，重拾乡土文化自信，正民心、树新风，大力加强乡村德治宣传，不断营造乡村德治良好氛围。紧扣社会主义核心价值观的价值导向，把平等、公正、友善、诚信等价值理念作为乡村居民解决利益冲突和观念冲突的价值标尺，使乡规民约的具体内容更加贴近民情、贴近民意、贴近民心，同时克服形式主义带来的诘难。

村规民约重在执行遵守。制度规范的执行，最怕的就是破窗效应。建立完善移风易俗落实机制，县、乡要加强移风易俗日常监督，指导村级组织认真落实移风易俗相关措施，督促婚庆、殡葬等机构规范服务行为，及时纠正不正之风。充分发挥村民自治作用，村务监督委员会要将执行情况纳入监督内容，加强对红白理事会、村民议事会、妇女议事会、道德评议会等群众组织的指导，通过教育、规劝、批评、奖惩等方式推动婚丧礼俗倡导性标准的执行。健全完善奖惩机制，出台约束性措施，明确告诉农民群众红白喜事等应该怎么操作，不该做什么，针对违反的情形，提出相应的惩戒措施。"自己定的村规民约，自己就要不折不扣地执行到位。"村里明确不许大操大办，但有人大操大办了却没有受到惩戒，规范就会形同虚设、变成摆设。村规民约，对于正面的、向上的要引导倡导，对于负面的、禁止的也得有细化可操作的细则和罚则。比如河北省邯郸市肥乡区出台了红白喜事指导标准，由村委会或村民红白理事会参照指导标准，制订本村细则，明确待客范围、礼金数量、席面规模、办理天数、仪式程序等具体标准。宁夏还将建立抵制高价彩礼诚信机制，民政部门按照属地管理原则，指导各乡镇把治理高价彩礼推动移风易俗、遵守村规民约纳入个人诚信体系，设立"履约失信人员名单"。对违反村规民约收受高价彩礼的人员，由乡镇人民政府责令改正并记入个人信用记录，在公益岗位安排等方面视情节进行必要的限制，涉及党员干部的依法依规进行查处。

五、建立党员干部重要事项报备制度

办好中国的事情，关键在党，关键在党要管党、从严治党。党要管党，首先是管好干部；从严治党，关键是从严治吏。移风易俗绝非一朝一夕之事，必须久久为功。在农村，村看村、户看户，群众看干部，管好了党员干部，群众工作就好做了。因此，各地在推进移风易俗过程中，首先应要求党员干部带头执行，对于违反者要依据党规党纪予以惩戒。

移旧风与树新风有机统一，"移"是"树"的前提和基础，"树"是"移"的巩固和深化。从倡导简约适度的婚俗礼仪，到传承良好家风家教，再到推动移掉"歪风"、易掉"低俗"，让新风正气不断充盈。

第一，坚持从党员干部抓起，发挥党员干部的引领作用。严格执行农村党员干部婚丧事宜报备制度，充分发挥好农村党员干部的模范带头作用。依据党内有关法规和制度，完善农村党员、干部带头移风易俗的规定，严格落实农村党员、干部操办婚丧喜庆等事宜报备制度。督促党员、干部自觉抵制超标准、超规模的婚丧宴席和人情往来，为农民群众作表

率，对违反移风易俗规定的党员、干部进行相应处理。专项治理期间，将党员践行移风易俗情况纳入农村基层党组织年度组织生活会对照检查内容，专项治理开展情况列入县、乡党委书记抓基层党建工作述职评议考核内容。

凉山州开展党政机关公务接待重点问题治理，从明确公务接待"不杀牛"逐步延伸到不杀猪、羊等大牲口，全面宣传引导情真尚俭的待客之道。宁夏石嘴山市惠农区礼和乡银河村党支部副书记马学仁以身作则移风易俗。在他的影响和带动下，"酒席减负、喜事新办、丧事简办"被写进村规民约，成为乡亲们的共识。江苏省东台市开发区双新村党总支书记臧志琴在儿子婚事操办前，主动向区纪工委报备。经纪工委建议他邀请村里婚俗倡导会的同志一起拜访亲家，双方达成简办婚礼的共识。老臧带头简办儿子婚礼，在当地群众中传为佳话。

第二，要加大典型案例查处力度。纪检监察部门要把移风易俗纳入日常监督的重要内容，一个节点一个节点的坚守。2021 年 12 月，四川省凉山彝族自治州纪委监委公开曝光会东县农业农村局草原工作站工作人员严显明、黄家春和淌塘镇畜牧员罗文富，在检查验收淌塘镇中坪子村 4 组新修建牛圈时，违规接受养殖户杀羊宴请等问题。2020 年 12 月，严显明受到党内严重警告处分；2021 年 6 月，黄家春受到书面诫勉处理；2021 年 7 月，罗文富受到党内严重警告处分。

第三节　建立道德激励约束机制

道德是人们共同的生活行为的准则和规范，道德建设既要靠教育倡导，也要靠有效治理。激励约束是现代经济学和管理学的重要内容，一般包括五个基本要素，即激励约束主体、客体、方法、目标和环境条件，是解决谁去激励约束、对谁激励约束、怎样激励约束、向什么方向激励约束以及在什么条件下进行激励约束的问题。激励与约束有着不同的功能，两者相辅相成、缺一不可。

乡村在制定村规民约道德标准后，关键就在于执行与监督，建立道德激励约束机制，引导农民自我管理、自我教育、自我服务、自我提高，做到家庭和睦、邻里和谐、干群融洽，实现乡村社会充满活力、安定有序，为乡村振兴提供和谐稳定的社会环境。通过道德激励机制，引导村民遵守村规民约，弘扬社会主义核心价值观，传承优良乡风家风。通过道德约束机制，对违背村规民约的村民，在符合法律法规的前提下运用自治组织的方式进行合情合理的规劝、约束。

一、建立公众评判道德的机制

现阶段我国正处于社会转型的关键时期，传统社会的人情、道德和习俗并未发生根本性变化，对村民的行为规范与道德评价依然发挥着十分重要的作用。道德评判能有效约束人们行为、维持社会秩序。那么，谁来评判村民的道德是否失范呢？

这就需要建立评判道德的权威力量。乡贤参与乡村治理在中国具有悠久的历史，乡贤精英作为传统社会中传承知识、教化乡里和提高社会道德水准的重要角色，品德和才学广为基层民众推崇和敬仰，具有良好的社会声望和较高的社会影响力。

浙江桐乡最早探索成立道德评判团，强化道德引领社会评议，发挥道德评判的监督协调作用。在桐乡，以道德评判遏制矛盾激化已蔚然成风。

桐乡建立由社会贤达、德高望重老人、口碑良好的企业家等人士组成的市、镇、村三级道德评议团，以法律法规、社会公德和村规民约为准则，积极参与村级矛盾纠纷调处，有效发挥道德评议作用，快速化解矛盾纠纷。桐乡"一约两会三团"治理载体，着力形成"大事一起干、好坏大家判、事事有人管"的基层社会治理格局，迅速在全国推广，并被写进党的十九大报告中。

"道德评判团"的成功运作，表明通过发挥乡贤精英参与社会治理是切实可行的，其能够在法治和自治之外形成德治的第三方约束力量，这对于弥补社会治理中情感缺失亦具现实意义。桐乡的实践表明，在完善乡镇社会治理模式中，着力壮大乡贤文化，发挥乡贤精英的积极作用不可或缺。

道德评判团坚持在党的领导下，积极吸纳老党员、村干部、道德模范、红包理事会成员、社会贤达、企业家、新型农业经营主体等新乡贤，架起了一座村干部与村民的"连心桥"，树立了一根群众行动上的道德标杆，增添了一把道德评判的"公正尺"，形成好坏大家判、事事有人管的良好局面。作为沟通乡镇政府和民众的纽带，道德评判团通过特有的典型示范和道德压力，可以对规范社会参与主体的行为和化解社会纠纷起到软约束和软治理的效用，凸显了乡贤精英以德治为手段的引导作用，确保了社会治理模式在社会生活各领域的有效嵌入。

河北正定县三里屯街道广泛推行"道德评判团"制度，道德评判团由村党组织成员担任团长，团员按照"为人正直公道、群众威信高、说理能力强"标准，从离任村干部、老党员、道德模范、调解组织成员、红白理事会成员、优秀退役军人或村民代表中推选产生，旨在健全完善以村规民约为主要内容的道德评判体系，全面推进社会公德、职业道德、家庭美德、个人品德建设，达到倡树文明新风、涵养道德文化、促进安定团结的效果。将矛盾纠纷真正化解在基层的同时，也将文明风尚的种子播撒在居民心中。

二、实施道德奖励惩治机制

桐乡还积极探索建立正向激励和反向约束机制，通过道德评议团，开展道德模范、"最美桐乡人"、星级文明家庭等先进典型培树。各地探索出了文明积分、道德超市、红黑榜等做法，发挥文明家庭、五好家庭、最美家庭等示范带动作用，加强正向引导，对农民群众的文明行为给予相应的物质和精神奖励。河北正定县三里屯街道通过道德评议团，累计开展活动57次，评选出"孝老爱亲""爱岗敬业""乐于助人"等三个类别共18名道德模范，对其进行了隆重表彰。

一些地方运用"道德积分制"推进乡村治理，将村级事务与村民利益联系起来，把乡村治理由"任务命令"转为"激励引导"，既节约了管理成本，又激发了乡村善治活力。

浙江余姚市临山镇邵家丘村："道德积分超市"让村民做好事成习惯。5分换一袋冰糖、15分换一瓶洗衣液、30分换一个保温杯、35分换一箱八宝粥……在浙江余姚市临山镇邵家丘村，有这样一个"不一样"的超市，该超市把遵纪守法、孝敬老人、家庭和睦、义务劳动等作为评分标准，村民可凭各自获得的"道德积分"来此兑换生活用品。邵家丘村通过道德积分兑换生活用品的方式，激励村民崇德向善、多做好事，倡导文明新风，完善基层治理，让村庄更加和谐、美丽。

道德积分登记台账由专人负责记录，村民们做的每件好事都会被记录在册，并实行月通报公示制度，每半年由积分评定委员会评定积分，积分评定委员会成员由村班子成员、党员代表、村民代表、前哨支部书记等组成，通过层层把关审核，为兑换活动提供依据。村民可以随时到村委会来查询道德积分，也可以在手机微信小程序"道德银行"上自主查询道德积分。道德积分超市不仅带动了村民们争当好人、争做好事，积极参与村里的各项志愿服务活动，还大大增强了党组织的凝聚力，为实现乡村振兴、走向共同富裕注入了强劲动力。

广西都安县下坳镇红星社区："道德积分"积出乡村治理新面貌。红星社区制定专门的"道德积分"登记细则，内容涵盖社会主义核心价值观，围绕遵纪守法、行为文明、爱护公共区域环境、热心公益、诚实守信、劳动致富、家庭和睦、邻里和谐团结共8个方面16项标准，不同项目有不同对应分值。社区实行道德积分制后，带动了居民积极参与新时代文明实践活动，用小积分为移风易俗注入了大活力，社区也变得越来越美了。

设立红黑榜、曝光台。以道德评议和社会舆论的力量，革除陋习，改进民风，推动形成崇德向善的良好村风民风。例如在涉及要求承包土地的信访事项中，有关部门通过道德评判、民间听证、社会评议机制，让村民来评一评当事人的要求到底有无道理，在其所在村形成舆论压力，有效促进疑难信访事项的化解。"这就是一面会说话的墙。谁做得好、谁做得差，群众心里都有数。"陕西省富平县村民纷纷点赞当地推出的"道德红黑榜"，对先进典型大力宣传，对不孝敬父母、乱倒垃圾的村民进行曝光，广大群众深受教育、引以为戒。

第四节　加强农村文化引领

"求木之长者，必固其根本；欲流之远者，必浚其泉源"。中华优秀传统文化是中华民族的精神命脉，是涵养社会主义核心价值观的重要源泉。农耕文化是中华优秀传统文化的重要组成部分，乡村德治文化延续着我们国家和民族的精神血脉，既需要薪火相传、代代守护，也需要与时俱进、推陈出新。

中华民族能够在几千年的历史长河中生生不息、薪火相传、顽强发展，很重要的一个原因就是中华民族有一脉相承的精神追求、精神特质、精神脉络。文化是民族的血脉和灵魂，是国家繁荣振兴取之不尽、用之不竭的力量源泉。习近平总书记指出："实施乡村振兴战略要物质文明和精神文明一起抓，特别要注重提升农民精神风貌。"文化是乡村各项事业发展的根基，根基牢固了才会枝繁叶茂。

加强农村文化引领要牢牢把握社会主义先进文化前进方向，推动农村社会主义文化大发展大繁荣，促进乡村文化振兴，充分发展文化引领风尚、教育人民、服务社会、推动发展的作用。

一、加强农村文化阵地建设

文化阵地是开展文化活动不可或缺的重要阵地，也是为乡村赋予精神文化内涵、提升群众精神文化风貌的关键平台。新时代农村文化阵地建设的内涵不仅包括场地和设施建设，还包括政治导向、思想引领、文化传承、场地设施、实际效果、作用及影响力等方面在内的系统性建设工程。文化阵地是文化传播的主战场，是连接着抽象的概念与现实表现的一个桥梁，是一种人人可参与、村村可建成的文化传播长效机制。

农村地区文化发展滞后，"好山好水好无聊""千家万户搓麻声"，无疑是对部分农村文化生活跟不上时代节奏的生动反映。如果长期缺乏健康向上的精神文化生活，农民群众就容易被封建迷信、拜金主义、个人主义等侵染，影响其对村集体的归属感、认同感，侵蚀党在农村的思想基础。这些年，村级文化服务中心基本实现行政村全覆盖，农家书屋、文化活动广场等设施也更加健全，但一些地方存在有设施没人用、有场所没活动等问题，有些村民沉迷于打牌赌博、刷手机、玩游戏。

因此，乡村文化建设不仅是乡村振兴的重要内容和基本手段，而且是全面建设社会主义现代化国家的基础及先导。为了更好地满足农村日益增长的文化消费需求，必须加强农村文化阵地建设，让传统文化延续下去、把绿水青山保护下来，夯实乡村文化振兴基础，使文化阵地建设成为乡村文化振兴的"精神高地"，为全面推进乡村振兴战略和全面建设社会主义现代化国家提供强大精神动力。

（一）强化文化阵地建设

振兴乡村文化需要建设文化阵地。文化阵地是文化发展的载体，是开展群众文化活动的场所。文化场所是乡村文化发展的根基，是文化活动开展的依托。

加强政府引导，统筹做好规划。政府积极落实《乡村建设行动实施方案》，建设乡村公共文化设施支持体系，推动文化建设的配套设施建设。在县域的范围内，整合乡村文化资源，优化城乡文化资源配置，在盘活存量、做大增量、提升质量上统筹布局，突破传统公共文化设施建设囿于文化馆、图书馆和基层文化中心的局限，采取新建、改建、扩建等方式，建立完善县、乡、村三级文化设施和文化场所，形成以政府为主导、以村镇为主体的农村公共文化基础设施网络，建设综合性文化服务中心、文化礼堂、文化广场、乡村戏台、非遗传习场所等公共文化设施。坚持农文旅融合，乡村文化设施和文化场所应与旅游景点等当地特色人文景观融合建设，挖掘文化内涵，培育乡村特色文化产业，助推乡村旅游高质量发展。

一是乡村书院。2021 年 4 月，岳池县卓崛·乡村书院在朝阳街道办柏树山村 10 组挂牌成立，成了四川首个为农村少年儿童提供传统文化学习和传播的场所。"岳池县民俗文化体验中心""岳池义工文化艺术培训基地"也在书院扎根，开展公益性文化艺术培训及民俗交流活动。2022 年 9 月，孔子诞辰纪念日，四川第一家村级民间书院——童龄书院在阆中市思依镇杨家河村复建落成。学文习武，要从儿童抓起，故名"童龄书院"。

二是非遗传习场所。非遗文化是民族文化的历史积淀，也是传统文化源远流长的精髓。盐边县红果彝族乡三滩村是以傈僳族为主的村寨，傈僳文化在这里得到了很好的保护与传承。盐边县傈僳族非物质遗产文化传习中心位于红果彝族乡三滩村，2020 年 8 月被评选为第一批四川省非物质文化遗产优秀传承发展基地；2022 年入选"全国非遗与旅游融合发展选项目名录"。三滩村干部按照见人、见物、见生活的理念，带领村里的傈僳族手工艺人，做傈僳族服饰、刺绣等手工艺品，持续开展非遗静态文物展、活态文化传承体验等活动，形成了一个集非遗展示、传习、体验一体的文化景点，让更多游客近距离感受到傈僳族非遗的魅力，不断提升传习所知名度，每年接待市内外参观者 5 000 人次左右。

三是乡村文化礼堂。单纯的送文化下乡无法构建起百姓的文化乐园，只有最大限度地调动群众参与和创作热情，才能让农村文化充实起来。2013 年，浙江省启动农村文化礼堂建设，截至 2021 年年底，累计建成19 911 家农村文化礼堂。浙江省杭州市临安区板桥镇上田村，建成了浙江第一家农村文化礼堂。从曾经的环境脏乱差、打架斗殴多的小乡村，到如今文明知礼的新农村，村民们都说，该给文化礼堂记一功！

自从杭州市临安区板桥镇上田村建起乡村文化礼堂，变化在悄然发生。整理村史、唤醒记忆，村庄有了固定文化场所。不足 2 000 人的村子，武术、戏曲、舞蹈、锣鼓、太极……村里十几支文艺团队特别活跃，轻轻松松就能演出一台"村晚"。现在，上田村的文化礼堂已不局限于一座礼堂，而是形成了"文化聚落"：村文化广场居中，演出厅、乡治馆、剧场、文昌阁、议事廊、天目学堂一应俱全。

丰富多彩的文化活动充实了居民生活，一些陈年陋习自然消弭。一家家文化礼堂深挖本土文化根脉，日益成为当地农村的"文化地标"、农民的精神家园，更成为助力乡村振兴、凝聚美好愿景的载体。建设浙江农村文化礼堂连续多年被列入浙江省十件民生实事之一。

四是攀枝花迤沙拉村史馆。2019 年 7 月，攀枝花市仁和区平地镇迤沙拉村史馆建成，占地 60 平方米，由历史文化展厅、乡贤文化展厅、非遗文化展厅和农事体验广场组成，收藏民族服饰、农耕器具、乐器、族谱等展品 200 余件，记录了迤沙拉村的人物风采、马帮文化、宗教文化、民俗文化等内容。迤沙拉村是我国最大的彝族自然村，素有"天下彝家第一村"之称，至今有 600 多年历史，先后被评为"中国历史文化名村"、"全国民族团结示范村"、"中国最美古村落"、"十大四川最具保护价值村落"、首批"天府旅游名村"。村史馆承载着迤沙拉村的历史与文化，安放着村民们的乡愁记忆，展现了村民们的精神风貌。迤沙拉村史馆已成为迤沙拉对外宣传的窗口，年接待游客量达 2 万余人次。

（二）举办丰富多彩的文化活动

在乡村，如何让老百姓脱贫攻坚、奔上共同富裕道路后，享受到与市民一样的公共文化服务，是值得思考的问题。现在乡村里的很多公共文化设施都建起来了，形式很丰富，硬件好了，软件也要跟上。振兴乡村文化需要开展文化活动，培育浓厚的乡村文化氛围。发挥文化阵地作为文化传播主战场的作用，通过举办文化活动，汇聚文化力量，在潜移默化中激发群众对文化的认同，推动乡村文化振兴。

乡村文化建设的立足点在于村民的文化需求。只有立足老百姓需求，提供形式多样、内容丰富的基层文化活动服务，才能让乡村文化真正活起来、火起来。

在推进文化建设时要加强立体的文化网络建设，不是集中于单一的文化项目，而是推进乡村文化信息和文化服务网络等多层次的建设，形成覆盖城乡的公共文化服务网络，促进优质公共文化服务向基层延伸，创新实施文化惠民工程，强化公共文化体育产品供给的精准性、时效性，将工作重心逐渐从"有没有"转移到"美不美"与"好不好"上，不断提高老百姓的获得感、幸福感。

（三）广东博罗——村歌唱响新时代

2019年以来，博罗县创新实施"村歌唱响新时代"一村一歌乡村文化建设工程，以村歌创作、传唱、展演的形式，探索为基层提供优质公共文化服务。

博罗县成立了"村歌唱响新时代"乡村文化建设工程组织，统筹机关单位文艺人才、音乐家协会等社会团体的艺术人才，组成"一村一歌"精品工程建设文艺志愿服务队，利用业余时间深入乡村采风，挖掘风土人情和历史文化底蕴，努力实现歌与景融合、歌与情交汇，让村歌更贴近生活、贴近乡村。

博罗县坚持创作村歌、传唱村歌"两步走"思路。每个村在完成村歌创作后，文艺志愿者便开展教唱活动，经过三年多努力，创作了近200首"沾泥土、带露珠、接地气"的村歌。博罗县开展"一村一晚"文化惠民巡演，用村歌浸润乡村，宣传新农村的变化。通过巡演，村歌成了博罗县培育文明乡风的生动载体，迸发出蓬勃的乡土文化力量。

全县以村歌传乡风、记乡愁、颂党恩，不断推动农民增进友谊、农村新风建设、农业升级发展。博罗县"村歌唱响新时代"一村一歌乡村文化建设工程也成为新时代博罗公共文化服务高质量发展的一个特色品牌，2023年入选基层公共文化服务高质量发展典型案例。

二、打造乡村文化品牌

中国地域辽阔，不同区域内的乡村文化存在差异，各地都具有不同的资源禀赋和历史文化，北方农村与南方农村、发达地区和欠发达地区的农村之间都会呈现出不同的文化特征。各地要充分挖掘本地历史文化、民族文化的内涵，采取多种方式，利用基层文化阵地，结合传统节日、民间特色节庆、农民丰收节等，因地制宜广泛开展乡村文化体育活动，培育本地的文化品牌，逐步实现从"送文化"到"种文化"的转变，推出一批具有乡土特色、贴近农民生活、积极向上的文化品牌，重建乡村文化自信，发挥文化品牌的社会价值和经济价值，用优秀的文化滋养身心、凝聚人心，丰富广大农民群众的精神文化生活需求，把文化资源优势转化为经济发展优势，对农村经济社会发展起到拉动作用，助力乡村文化振兴。

（一）"滋味盐边"文化名片

盐边县红果彝族乡，这片神奇、古韵悠长的土地孕育了异彩纷呈的民族文化，也保存了丰厚的非物质文化遗产资源。盐边县深度挖掘、传承、保护、利用、普及"非物质文化遗产"，倾力宣传"盐边滋味"，全力打造"滋味盐边"文化名片。四川省民间文化艺术之乡、盐边县傈僳族非物质文化传习中心、傈僳族火草麻布制作技艺、阿木诗依傈僳族服饰制作技艺，一个个富有民族文化气息的名称展现着"滋味盐边"的独特魅力。

红果彝族乡全民的"非遗"保护意识、群众"非遗"认知度不断增强，文化品牌建设成效显著。传习中心按照见人、见物、见生活的非遗生态保护理念，把"非遗"代表性项目和人文环境一起保护，将静态的文物展示与活态的文化传承相结合。

（二）贵州"盘州春韵"品牌文化

盘州市是一个多民族地区，当地群众爱唱爱跳，但在基层缺乏展示的舞台。盘州市就顺水推舟，来给群众搭建平台。20年来，"盘州春韵"通过政府搭桥，群众唱戏的方式，以政府提供措施保障、资金支持、技艺培训等，通过舞龙、民族歌舞等活动，让传统文化创造性转化成经济效益和社会效益，助力乡村振兴，也成为盘州规模最大的公益性群众文化活动，让群众富了精神，也鼓了腰包。

"盘州春韵"活动的核心是全民共建共享，通过"千人培训计划""乡土人才培养计划"等项目的实施，充分发掘利用艺术专业毕业生、学校艺术专业教师、非物质文化传承人等文化能人，以城镇带动农村，形成联动效应，帮助群众完成'盘州春韵'文艺作品的辅导工作，近年来培训5 000余人次，开展活动上千场，服务人群上百万人次，满足了群众想表演，能表演，还要演得好，把文化种在心坎里，以此激发群众的共建共享热情。2023年"盘州春韵"入选基层公共文化服务高质量发展典型案例。

三、建立健全乡村文化建设的保障体系

文化建设不是短期项目，是在乡村建设中需要不断深入推进的事业，在乡村文化建设中建立健全乡村文化建设的保障体系是十分必要的一件事。如果乡村文化没有自发向前发展的保障机制，一旦某一环节出现问

题，已经推进的乡村文化项目和实践都会成为无根之萍，慢慢陷入衰落，从而引发乡村的衰落。建立健全乡村文化建设的保障体系，实际上是推动乡村文化建设的法制化、规范化和制度化，使得乡村文化有着长远发展和自我纠正的机制，使得文化建设和经济建设相互促进。

加强政府引导，坚持农业农村优先发展，把乡村建设摆在社会主义现代化建设的重要位置，顺应农民群众对美好生活的向往，强化规划引领，统筹资源要素，动员各方力量，加强对城乡公共文化的设施布局、服务提供、队伍建设和资金保障，加强农村公共文化设施建设和公共文化体系建设。

建立健全农村公共文化服务管理体系，不断提高农村公共文化设施建设、管理和服务水平，坚持先建机制、后建工程，统筹推进农村公共文化设施建设与管护、公共文化服务供给与监管。加强农村公共文化服务管理队伍建设，为村级综合文化服务中心配备专门的文化管理员，解决农村公共文化"阵地有人管、活动有人办、队伍有人带"的问题，打通公共文化服务的"最后一公里"。

湖南率先发布地方标准规范村（社区）综合文化服务中心建设与服务。2022年，湖南省文化和旅游厅在全国率先发布了《村（社区）综合文化服务中心建设与服务规范》，对村（社区）综合文化服务中心的场地建设要求、服务内容、人员保障、安全管理及服务评价与改进等进行了规范，为乡村公共文化服务阵地的建设、服务、管理提供了保障。

第九章 乡村法治建设

法治与德治从来都是相辅相成、相互促进的[66]，"礼法合治"是中华民族治国理政智慧的一个宝贵结晶[67]。

德治作为一种更具柔和性的内部治理规则，并不能完全限制治理主体的行为。因此，乡村治理还需要一套具有强制执行特征的外部规则——法治，来处理自治与德治无法处理的事务，并对村庄治理主体的越界行为进行约束和惩治。

法治是国家意志的体现，是由上而下的"硬治理"，无论是城市治理，还是乡村治理，无论是自治，还是德治，都必须在法律的框架内进行，不能超越法律的边界，只有严格执行法治，才能从根本上保障乡村社会公平正义的实现，为构建良好的乡村治理格局奠定基础。

因此，乡村有效治理，法治是前提，法治是基础，法治是保障。"三治合一"乡村治理体系建设必须以法治为基础，村民自治是法治基础上的自治，德治也不能与法治相违背，这是对法治精神的有效践行。法治是"三治合一"乡村治理体系建设的保障底线，必须把政府各项涉农工作纳入法治化轨道，加强农村法治宣传教育，弘扬法治精神，完善农村法律服务，引导干部群众尊法、学法、守法、用法，依法表达诉求、解决纠纷、维护权益，推动乡村逐步形成依法办事、遇事找法和依法维护合法权益的良好社会氛围。

第一节 深入开展法治宣传教育

2014 年党的十八届四中全会通过了《中共中央关于全面推进依法治国

若干重大问题的决定》。2018 年，中央全面依法治国委员会成立，成为党中央决策议事协调机构，负责全面依法治国顶层设计、总体布局、统筹协调、整体推进、督促落实。经过多年努力，中国特色社会主义法律体系更加科学完备、统一权威，法律体系的系统性、完整性、协同性不断增强。

当前，我国乡村治理基本上能做到有法可依，取得了不少进步，但农村是法治建设相对薄弱的领域，农村法治建设整体情形并不乐观。受乡村熟人社会的传统影响，农民思想观念中一直有"诉讼等同于告状，而告状等同于撕破脸"这一观念，相当一部分村民并不习惯也很少采用法治手段解决矛盾纠纷。有些村民"官本位"思想和习惯性思维根深蒂固，"遇事找关系、办事讲人情、信官不信法、信权不信法"的现象依然存在。

在乡村治理中，人起根本性、决定性的作用。在实现乡村法治这一进程中，强化法治建设须加强法治宣传教育，持续提升农村干部群众法治意识和法治素养，提升干部群众办事依法、遇事找法、解决问题用法、化解矛盾靠法的能力。只有帮助农村干部群众树立法治意识，让干部群众尊法学法守法用法的思想意识成为一种行为自觉，树立法律维权观念，增强村民法治意识，才能引导村民依法行使自治权利，尝试运用法律解决现实问题，真正营造出一种自觉守法、遇事找法、办事依法、化解矛盾靠法、解决问题用法的法治氛围，引导群众依法行使权利、表达诉求、解决纠纷[68]的行为习惯。

我国已开启了全面推进乡村振兴、加快农业农村现代化的新征程，迫切需要发挥法治的引领保障作用，新形势下做好农业农村法治宣传教育工作具有特殊重要意义。

一、农业农村系统法治宣传教育第八个五年规划

为深入学习宣传贯彻习近平法治思想，贯彻落实《全国人民代表大会常务委员会关于开展第八个五年法治宣传教育的决议》《中央宣传部、司法部关于开展法治宣传教育的第八个五年规划（2021—2025 年）》，扎实推进农业农村法治宣传教育，增强针对性和实效性，农业农村部制定了《农业农村系统法治宣传教育第八个五年规划（2021—2025 年）》，以持续提升干部群众法治意识和法治素养为核心，以提高普法针对性和实效性为根本，以构建农业农村普法工作长效机制为重点，着力推动法治理念、法治方法、法治服务进村入户，到 2025 年，农业农村普法工作长效机制更加完

善、工作体系更加健全、普法力量配置更加合理，"谁执法谁普法"的普法责任制全面落实，农业农村系统干部职工的法治思维、法治能力明显增强，农民群众对法律法规的知晓度、法治精神的认同度、法治实践的参与度显著提高，乡村治理法治化水平不断提升，自觉尊法学法守法用法的乡村法治氛围和法治习惯逐渐形成。

凉山州和攀枝花市根据《关于印发〈四川省农业农村法治宣传教育第八个五年规划（2021—2025年）〉的通知》，分别制定了《凉山州农业农村法治宣传教育第八个五年规划（2021—2025年）》《攀枝花市农业农村法治宣传教育第八个五年规划（2021—2025年）》，明确了2021年至2025年农业农村法治宣传教育的指导思想、工作目标、基本原则、重点内容、重点对象和工作措施，为做好农业农村法制宣传教育工作指明了方向。

二、明确农业农村法治宣传教育重点内容

法治宣传教育突出学习宣传党内法规、习近平法治思想、《中华人民共和国宪法》、《中华人民共和国民法典》，以及《中华人民共和国乡村振兴促进法》《四川省乡村振兴促进条例》等与促进乡村振兴相关的法律法规，着力做好与农村人居环境整治提升、村庄规划建设、传统村落保护、乡村人才振兴等相关的法律法规宣传。

突出学习宣传与推动农业农村高质量发展密切相关的法律法规，包括：适应立足新发展阶段、贯彻新发展理念、构建新发展格局的需要，大力宣传有关平等保护、公平竞争、激发市场主体活力、防范风险、知识产权保护、科技成果转化等方面的法律法规；围绕保障国家粮食安全，大力宣传土地管理法、土壤污染防治法、固体废物污染环境防治法、反食品浪费法和基本农田保护条例、农作物病虫害防治条例等法律法规；围绕促进农业产业发展，大力宣传农业法、种子法、畜牧法、渔业法、长江保护法、野生植物保护条例、植物新品种保护条例、农业转基因生物安全管理条例等法律法规；围绕确保农业产业安全，大力宣传安全生产法、农产品质量安全法、动物防疫法和农药、肥料、兽药、饲料等农业投入品方面法律法规；围绕强化农业支持保护，大力宣传农业技术推广法、农业机械化促进法和与农业科技教育、农业金融保险等相关的法律法规，为促进农业质量效益提升营造良好法治环境。

突出学习宣传与乡村治理现代化密切相关的法律法规，包括：围绕国

家安全利益，大力宣传总体国家安全观和国家安全法、反分裂国家法、国防法、反恐怖主义法、生物安全法、网络安全法等，组织开展全民国家安全教育日普法宣传活动；围绕平安建设、生态文明建设、食品药品安全、扫黑除恶、毒品预防等领域开展法治宣传教育，推动干部群众自觉尊崇信仰法治和遵守法律法规；围绕"两项改革""后半篇"文章推进农村领域改革，大力宣传农村土地承包、宅基地管理、农民专业合作社、基层党组织提升等法律法规，不断筑牢乡村社会稳定基础；围绕法治乡村建设，着力做好行政复议、行政诉讼、调解仲裁、信访等方面的法律法规宣传，引导农民群众依法表达诉求、维护权益和化解纠纷，有效调动农民群众参与乡村治理的主动性和创造性。

深入宣传地方性法规。加强对新制定和修改的地方性法规宣传教育，加强《凉山彝族自治州民族团结进步条例》《凉山彝族自治州禁毒条例》《凉山彝族自治州艾滋病防治条例》《凉山彝族自治州森林草原防灭火条例》《凉山彝族自治州移风易俗条例》等地方性法规的宣传教育，促进地方性法规更好地转化为地方治理效能。

三、提高执法能力和水平

推进法治乡村建设，需要加强执法队伍建设，规范农村基层行政执法程序，加强乡镇行政执法人员业务培训，严格按照法定职责和权限执法，将政府涉农事项纳入法治化轨道。

第一，坚持抓住领导干部这个"关键少数"，推动领导干部做尊法学法守法用法的模范。落实农业农村部门主要负责同志履行推进法治建设第一责任人制度，将主要负责同志推进法治建设情况列入年度述职重要内容。建立农业农村系统领导干部学法清单，明确领导干部履职应知应会法律和党内法规。坚持领导班子带头集体学法、定期学法、重大决策前专题学法，每年至少举办两次法治专题讲座，推动领导干部牢固树立守法律、重程序、受监督的法治理念，提高依法决策、依法执政、依法行政水平。

第二，引导农业农村系统工作人员牢固树立法治观念，提高依法办事的能力和水平。落实国家工作人员学法用法制度，把法治教育纳入农业农村系统干部教育培训总体规划和各类干部培训的必修内容，有针对性地加强与履职相关法律知识的学习培训，保证法治培训课时数量和培训质量。采取网上观看或者现场旁听等形式，落实国家工作人员旁听庭审相关制度。把法治素养和依法履职情况纳入考核评价干部的重要内容，让尊法学法守法用法成为干部职工自觉行为和必备素质。

第三，提升农业综合行政执法人员的法治能力，打造专业化、职业化、现代化的农业综合行政执法队伍。实施农业综合行政执法人员能力提升行动，制订执法人员培训规划和年度培训计划，通过集中培训与网络培训相结合，确保在编在岗执法人员每年法律培训时间不少于30学时，新进执法人员每年培训时间不少于60学时，提高农业综合行政执法人员法治意识和专业素养。制订农业综合行政执法人员执法培训大纲和考试大纲，建设农业综合行政执法培训师资库，编写培训教材。组织开展执法技能竞赛、执法大练兵、执法大比武等活动，培养执法能手。

四、创新农业农村法治宣传教育方式举措

第一，把普法融入立法执法全过程。在农业农村法律法规规章和规范性文件制定、修改过程中，对社会关注度高、涉及公众切身利益的重大事项，通过公开征求意见、听证会、论证会、立法调研等多种形式广泛听取公众意见。结合法律法规规章和规范性文件颁布实施日等重要时间节点，对新法新规进行宣传解读，方便社会公众理解掌握。把向行政相对人、社会公众普法融入监督检查、案件受理、调查取证、告知听证、处罚决定和处罚执行程序中，实现执法办案的全员普法、全程普法。在落实行政处罚法和行政执法公示、执法全过程记录、重大执法决定法制审核制度中，加强法治宣传教育。

第二，把普法融入日常服务管理。在办公场所或者本部门网站主动公开与本部门承担的行政许可和政务服务事项有关的法律法规规章、规范性文件、办事指南等。在办理行政许可和政务服务事项时，使用群众听得懂、听得进的语言普及法律知识。在农业技术推广、动植物疫病防控、农村实用人才培训、高素质农民培育、新型农业经营主体培育、农产品质量安全监测检测等公共服务过程中，向农业生产经营者宣传普及相关法律法规知识，指导其合法生产经营。在办理行政复议、行政应诉案件和调处农村土地承包经营纠纷时，积极向当事人普及相关法律法规，将处理问题与宣讲法律规定、分析案件事实有机结合，引导当事人和社会公众依法维护自身合法权益。

第三，加大以案普法力度。利用线上线下平台及时推送关系群众生产

生活、推进乡村全面振兴、维护社会大局稳定的典型案例。大力宣传农业行政执法、行业监督检查、农村土地承包经营纠纷调处、行政复议、行政应诉中的典型案例，围绕案件事实、证据程序和法律适用等问题进行释法析理，使典型案例依法解决的过程成为普法的公开课。健全以案普法长效机制，针对干部群众关心关注的具体法律问题，编写普法案例、录制普法微视频，利用典型案例对相关重点人群进行法律法规政策解读宣传。

第四，重视法治文化培育。充分利用新时代文明实践中心（所、站）、爱国主义教育基地和公共文化机构等法治文化阵地，传播法治文化，弘扬法治精神。积极创作具有乡土文化特色、农民群众喜闻乐见的法治文化作品，因地制宜开展丰富多彩的农业农村法治文化活动，推动法治文化与民俗文化、乡土文化融合发展，扩大法治文化的覆盖面和影响力，引导群众自觉履行法定义务、社会责任、家庭责任，形成遵规守则的良好风尚。2022 年攀枝花市东区获第一批省级民主法治村（社区）命名 1 个，已建成法治主题文化公园 4 个、青少年法治教育基地 1 个、法治主题小广场 14 个、法治宣传长廊 16 个、法治文化景点 3 个。

第五，充分运用先进技术。在继续利用传统有效的普法方式基础上，加大对云计算、大数据、人工智能等新技术新手段的运用力度，开展精准普法、智慧普法。利用网站、移动客户端、微信公众号、直播平台等新媒体，特别是"智慧普法"平台和"中国普法"两微一端等普法资源，进行全方位、多层次、立体式普法宣传，打造"报、网、端、微、屏"一体化推进的农业农村法治宣传教育网络体系。加大互动式、服务式、场景式普法方式应用，增强普法的吸引力和感染力。

第六，加强典型示范引领。注重培育、选树、宣传农业农村普法工作的好做法好经验，加强普法工作成果交流，开阔工作视野、拓展工作思路。积极争创全国普法工作先进单位、先进个人和全国年度法治人物，组织开展农村学法用法故事征集评选活动，通过各类媒体广泛宣传推广崇法向善、坚守法治的模范人物和典型事迹，营造学习先进、争当先进的良好氛围。

五、深入开展农业农村法治宣传教育专项行动

第一，培育农村学法用法示范户。构建推动农民群众学法用法的工作机制，形成部门协同、上下对接、各环节联结的工作格局。组织认定农村学法用法示范户，组织有针对性的学法用法培训，开展农业综合行政执法机构与农村学法用法示范户"结对子"活动，探索推广一批可复制可操作的学法用法模式，为乡村振兴培养一批农村法律人才。

第二，开展中国农民丰收节普法活动。2021 年 6 月 1 日施行的乡村振兴促进法首次以法律的形式确定每年农历秋分日为中国农民丰收节。在中国农民丰收节期间，以乡村振兴促进法为重点，大力宣传纳入本部门普法责任清单的法律法规、与农民群众生产生活密切相关的法律法规，组织特色主题普法活动，推动法律法规进基层、进乡村。

第三，开展"宪法进农村"主题活动。在"12·4"国家宪法日和"宪法宣传周"期间，深入开展既有地方特色又具良好社会影响的"宪法进农村"活动。针对农民群众法治需求和关注的热点问题，通过灵活多样的组织形式、高效快捷的传播手段，深入宣传贯彻习近平法治思想，大力宣传宪法及涉农法律法规，推动宪法法律走入日常生活、走入农民群众，增强农民群众对宪法法律的情感认同和守法用法意识。

第四，发布"三农"领域法治案例。围绕社会公众关心关注的"三农"领域法律问题，每年征集发布有影响力、有震慑力的典型案例，通过报纸、杂志等传统媒体和网站、移动客户端、微信公众号、直播平台等新媒体，广泛开展宣传报道，充分发挥法治案例的引导、规范、预防与教育功能。

第五，讲述农村学法用法故事。围绕关系农民群众切身利益的重要法律问题，鼓励采用快板、相声、小品、戏剧、演讲等各种形式，讲述发生在农民群众身边的学法用法故事，通过网络投票、专家评审等方式评选优秀故事，编印农村学法用法故事汇编，推广农村学法用法故事短视频，提高农民群众学法用法积极性。

第六，建设农村法治教育基地。利用农村文化礼堂、法治文化长廊、农家书屋等基层综合性文化服务中心和职业院校等具备法治普及功能的单位机构，以及全国农业科教云平台、崇农云讲堂、各地农业农村法律网络培训平台等线上学法用法平台，依托农业企业、农民专业合作社、家庭农场等新型农业经营主体，建设农村法治教育基地，不断提高利用率和群众参与度，提升基地建设质量，更好地服务农民群众学法用法。

六、培育农村学法用法示范户

习近平总书记在中央全面依法治国工作会议上指出，普法工作要在针对性和实效性上下功夫，不断提升全体公民法治意识和法治素养。培育农村学法用法示范户是落实习近平总书记关于提高普法针对性和实效性要求的重要举措，是构建新发展时期农业农村法治宣传教育机制、畅通普法进村入户"最后一公里"的创新方式，是提升农民群众法治素养、增强乡村依法治理能力的重要途径，是助力全面推进乡村振兴、加快农业农村现代化的必然要求。

培育农村学法用法示范户是一项全新工作。2021年，为深入贯彻习近平法治思想，加强法治乡村建设，经中央批准，全国评比达标表彰工作协调小组同意开展农村学法用法示范户创建示范活动。按照《中共中央、国务院关于全面推进乡村振兴加快农业农村现代化的意见》和《中共中央、国务院转发〈中央宣传部、司法部关于开展法治宣传教育的第八个五年规划（2021—2025年）〉的通知》关于培育农村学法用法示范户工作的部署要求，农业农村部会同司法部制定了《培育农村学法用法示范户实施方案》。

2021年四川省农业农村厅、司法厅联合印发《四川省培育农村学法用法示范户实施方案》，启动全省农村学法用法示范户培育工作，以破解农村普法进村入户"最后一公里"问题。攀枝花市、凉山州分别制定了培育农村学法用法示范户实施方案。

（一）准确把握培育工作目标

培育农村学法用法示范户工作自2021年起组织实施，力争实现农村学法用法示范户覆盖全市每个行政村，基本形成机制规范、结构合理、作用明显的培养学法用法示范户工作体系。

第一阶段：到2022年年底，实现50%的行政村至少有1户学法用法示范户。第二阶段：到2025年年底，实现所有行政村100%全覆盖。第三阶段：到2035年，每个行政村形成一支素质高、结构优、用得上的农村学法用法示范户队伍，学法用法示范户数量持续提升、工作成效显著。

（二）准备把握培育标准

1. 认定标准

为确保政治素质高、法治观念牢、法律事理明、法治能力强，学法用法示范户培育对象应以家庭主要成员有下列人员的家庭为重点。

（1）村（社区）干部、村民小组长；

（2）法律明白人；

（3）乡村人民调解员；

（4）文明示范户；

（5）党员及发展对象、网格员；

（6）"五老"（老干部、老战士、老专家、老教师、老模范）人员；

（7）新型农业经营主体负责人、致富能手；

（8）返乡入乡大学生、农民工；

（9）红白理事会成员；

（10）其他热心法治宣传教育和公益事业的村（社区）民。

2. 应具备下列基本条件

（1）拥护党的领导，热爱祖国，拥护社会主义制度，维护宪法法律权威，自觉践行社会主义核心价值观；

（2）具有良好社会公德、职业道德、家庭美德等中华民族优良道德传统；

（3）积极响应党和政府号召，支持各项政策要求和相关规定，没有违反国家法律法规行为；

（4）家庭成员自觉崇尚法律、敬畏法律，具备较强法治意识，具有较强责任心和奉献精神，能主动带动身边群众尊法学法守法用法；

（5）家庭主要成员具有一定的文化水平和法律素养，具备较强的学习知识、语言表达和沟通协调的能力；

（6）家庭主要成员了解公民的基本权利、义务，熟悉与农民生产生活密切相关的宪法、民法典等公共法律知识；

（7）家庭主要成员能够主动学习并熟悉乡村振兴促进法、农业法、农村土地承包法、农民专业合作社法、农产品质量安全法、种子法和农业产业、村集体经济、乡村治理、生态环保等主要农业农村法律法规和政策；

（8）自觉运用法治的方式参与社会经济活动，依法维护合法权益；

（9）带动本村及周边农民群众提高法治意识，帮助指导解决法律问题；

（10）积极协助并主动参与矛盾纠纷劝导、化解工作，防止矛盾激化、纠纷升级，维护基层社会和谐稳定。

（三）切实加强示范户培育工作的领导

各县（区）农业农村部门、司法行政部门要高度重视培育农村学法用法示范户工作，将其纳入本地"八五"普法规划，作为建设法治乡村、全面推进乡村振兴的重要内容，采取有力措施，确保取得实效。各县（区）农业农村部门会同司法行政部门结合实际制定培育农村学法用法示范户具体实施方案，明确工作责任、目标任务、工作方法和推进措施，拟定时间表、路线图。建立市县农业农村和司法行政部门联动的工作机制，形成上下联动、部门协同、各环节联结、合力推进的工作格局。要将培育农村学法用法示范户工作与创建民主法治示范村、培养法律明白人、法治带头人等工作结合起来，组织广大基层法律服务工作者、普法志愿者对示范户开展服务对接，合力推进培育工作。

（四）建立结对帮扶工作机制

各县（区）将农村学法用法示范户培育工作作为落实"谁执法谁普法"普法责任制的具体举措，农业法制机构和综合行政执法人员采取包区包片等方式，深入农村全覆盖与学法用法示范户"结对子"，开展以案释法、以案说法，提供有针对性的培育指导和跟踪服务。同时，充分发挥镇村法律顾问、法务助理、人民调解员、法治带头人、法律明白人和新一轮驻村帮扶干部作用，探索建立培育农村学法用法示范户联系对接机制，同向发力、同频共振。

（五）加强示范户跟踪管理

县（区）农业农村、司法行政部门牵头，加强对农村学法用法示范户培育工作的调研监测和动态管理。

加强日常管理。由县（区）农业农村局建立农村学法用法示范户档案，倡导通过信息化等便捷方式，对接受法治教育培训、带领学习宣传、帮助解决法律问题和参与法治实践等情况实行"一户一档"台账管理。

强化评价激励。实行农村学法用法示范户年度考核评价制度，重点考核评价其遵纪守法、普法宣传、学习培训、发挥示范带头作用等方面情况。将工作表现优秀、成效突出的学法用法示范户，按照相关规定列入普法、乡村振兴和乡村治理等工作表彰范畴；在发展和培养党员、村（社区）干部（含村民小组长），聘用网格信息员、人民调解员、人民陪审员和法治公益性岗位时作为重要参考。

实施动态清退。加强对农村学法用法示范户的动态管理，对有下列情形之一的，撤销示范户的称号：示范户家庭成员违反国家法律法规和政策；侵犯公民、法人和其他组织合法权益；不认真作为；违反公序良俗；违反村规民约；煽动、教唆他人违法犯罪；其他造成不良社会影响的情形。对应当撤销示范户称号的，由所在村（社区）公开公告后，以乡镇为单位，由各县（区）农业农村、司法行政部门初审后，报市农业农村局核定并报农业农村厅审核后，及时予以撤销并收回标志牌，并报市农业农村局、司法局备案。

第二节　健全农村公共法律服务体系

法治意识是强化乡村法治建设的起点，公共法律服务是强化法治建设的重要抓手。只有使村民增强法治意识，深入开展农村法治宣传教育，大力开展"民主法治示范村"创建，深入开展"法律进乡村"活动，树立法治信仰，办事依法、遇事找法才有望实现。只有完善乡村法律服务体系，加强农村法律服务供给，发挥人民法庭在乡村治理中的作用，加强农村法律顾问工作，使公共法律服务真正地深入基层，让每位村民触手可及，解决问题用法、化解矛盾靠法才指日可待。实施农村法律明白人培养工程，培育一批以村干部、人民调解员为重点的法治带头人。规范农村基层行政执法程序，严格按照法定职责和权限执法，将政府涉农事项纳入法治化轨道。

一、加强乡村法治队伍建设

法治乡村建设的一项系统工程、基础工程。法治乡村建设，也需要法治带头人。法律明白人是新时代乡村法治建设中的法治带头人，为广大村民起示范引领作用的人，引导和促进群众自觉尊法学法守法用法的人。推动乡村法治建设，需要将农村部分优秀人才、乡村精英率先培养成法律明白人，逐步树立一批"看得懂法律、讲得出政策、用得通法规"的农民学法用法典型代表，壮大了基层法治力量，为群众宣讲法律、解疑释惑、调解纠纷、化解矛盾、息访息诉。让法律明白人成为乡村法治的弘扬者、乡村秩序的守护者，通过典型引领、示范引领、"传帮带"，带动全村人尊法学法用法守法，让身边村民影响村民，让身边事感染身边人，让法律走村入户、飞入寻常百姓家，成为社会稳定器。

（一）法律明白人

法律明白人是具有坚定法治信仰，具备一定法律知识和较好法治素养，受群众信赖，能够主动参与法治实践并能发挥示范带头作用的村民。法律明白人的遴选工作以村为单位，按照村民自荐或村"两委"推荐、组织选拔、考核上岗等程序进行遴选，实现培育一人、带动一片的目标。

1. 法律明白人的基本条件

法律明白人应拥护中国共产党的领导，拥护《中华人民共和国宪法》；坚定不移走中国特色社会主义法治道路，自觉崇尚法治、敬畏法律，具备较强的法治意识，具有较好的法治素养；积极践行社会主义核心价值观，有良好道德品质和个人修养；具有一定文化程度、语言表达能力和接受教育能力；有较强的责任心和奉献精神，热心社会公益事业，能引领带动身边群众尊法学法守法用法。

2. 法律明白人的职责

法律明白人不仅是一种个人或家庭荣誉，还承担着具体的社会责任，在乡村法治建设与和谐稳定发展中担负着重要职责。

（1）学习宣传习近平法治思想；

（2）学习宣传宪法、民法典以及与基层群众生产生活密切相关的法律法规；

（3）学习宣传党的路线方针政策和惠民富民政策；

（4）参与乡村法治文化建设，弘扬社会主义核心价值观；

（5）及时收集和反映群众法律需求，引导群众用好公共法律服务资源，积极带动周边群众增强法律意识；

（6）参与矛盾纠纷预防、排查、化解工作，引导群众理性表达利益诉求，依法维护合法权益，防止矛盾激化升级；

（7）依托村"法律之家""百姓说事""屋场会议""圆桌会议"等民主协商途径，推进基层自治法治德治融合；

（8）适合当地法律明白人承担的其他职责。

3. 法律明白人的遴选条件和建设目标

按照中央宣传部、司法部、民政部、农业农村部、国家乡村振兴局、全国普法办公室联合印发的《乡村"法律明白人"培养工作规范（试行）》，到 2025 年每个行政村至少培养 3 名法律明白人，基本形成培养机制规范、队伍结构合理、作用发挥明显的法律明白人工作体系，形成一支素质高、结构优、用得上的乡村法律明白人队伍。各地可根据本地乡村分布、农村人口数量等实际情况确立法律明白人培养数量目标，逐步实现村民小组法律明白人全覆盖。

四川省委依法治省办、省委宣传部、民政厅、司法厅、人力资源和社会保障厅、农业农村厅、省乡村振兴局七部门联合印发《四川省"法律明白人"培养工作实施办法（试行）》，明确 2022 年建立全省统一的法律明白人培养工作体系，实现全省每个村（社区）有 3 名以上法律明白人；到 2025 年，形成制度完备、结构合理、评价科学、责任落实、作用明显的法律明白人培养工作机制，全省每个村（社区）有 5 名以上法律明白人，逐步实现村（居）民小组或居民楼栋法律明白人全覆盖。

法律明白人的主体是村民。攀西地区法律明白人的遴选、推荐，要严格按照法律明白人的基本条件，要优先从村干部，村妇联执委、儿童主任，人民调解员，驻村辅警，网格员，村民小组长，中共党员，老干部、老战士、老专家、老教师、老模范等"五老"人员，致富能手等各类人才，以及其他热心公益事业的村民中推荐、遴选，特别要发挥彝族地区专司解决彝人间纠纷的"德古"作用，注重遴选一批德高望重、遵纪守法、示范带动作用突出、热心公益事业的"德古"作为当地法律明白人，将相关法律法规和当地民族习惯有机结合，发挥他们在开展普法和人民调解中起到了重要作用。

法律明白人遴选推荐后，要在村中广泛宣传，为他们授牌挂牌，增强他们的荣誉感、责任感、使命感。同时，作为法律明白人，要求其他村民做到的、遵守的，首先自己要做"明白人""精通人""守夜人"，要学法知法懂法守法，还要讲法用法。各级党委政府要通过网络学习、观摩教学、法治实践，加强法律明白人的系统培训辅导，强化法律明白人年度考核、正向激励和动态调整，不断加强法律明白人日常管理。

（二）乡村法律顾问

乡村法律顾问是乡村公共法律服务体系建设的重要组成部分，是司法行政工作向基层延伸、增加乡村法律服务供给、便利乡村老百姓的重要载体。深入推进乡村法律顾问工作，是贯彻落实全面依法治国和乡村振兴战略部署，推进国家治理体系和治理能力现代化的重要举措，是贯彻落实"以人民为中心"发展思想，满足人民群众日益增长法律服务需求的重要实践，对于推动基层依法治理、服务和保障民生、维护社会和谐稳定具有重要意义。

2018 年 6 月，司法部印发《关于进一步加强和规范村（居）法律顾问工作的意见》，指导各地积极推行乡村法律顾问制度，组织动员律师、基层法律服务工作者等担任乡村法律顾问，加强农村法律服务供给，促进村（居）组织民主决策、依法办事，引导群众通过合法途径表达利益诉求，解决矛盾纠纷，推动乡村治理体系和治理能力现代化。2020 年 10 月，司法部会同财政部印发《关于建立健全政府购买法律服务机制的意见》，明确将村法律顾问服务纳入政府购买服务指导性目录，为加强乡村法律顾问工作经费保障提供了重要依据。

1. 法律顾问的工作职责

（1）参与矛盾纠纷化解。积极参与村级人民调解委员会主导的矛盾纠纷调处工作，做好释法析理，引导当事人依法依程序表达诉求，理性维护自身合法权益。及时向所在地司法行政机关报告涉及群众重大利益、可能引发群体性事件或大规模上访事件的矛盾纠纷信息，协助当地党委、政府处理所在村疑难复杂上访事项，提出法律意见或者建议，促进息访止纷。

（2）服务村依法治理。协助村委员会起草、审核、修订村规民约和其他管理规定。为招商引资、土地征用补偿安置、基础设施建设、城市建设拆迁、环境治理保护等重大项目谈判，签订涉农重要经济合同和其他重大决策提供法律意见。协助处理换届选举中的法律问题，发挥专业监督作用。

（3）为村民提供法律咨询和法律服务。及时解答村民日常生产生活中遇到的法律问题，提供专业法律意见；协助符合法律援助条件的困难群众依法申请法律援助；为刑满释放人员、解除强制隔离戒毒人员和社区服刑人员提供必要法律帮助。

（4）开展宪法法律学习宣传工作。开展宪法学习宣传活动，发放宪法读物；定期举办法治讲座，发放法治宣传资料，开展以案释法活动；围绕征地拆迁、土地权属、婚姻家庭、入学就医、社会保障、环境保护等村（居）治理重点环节，普及法律知识，积极培养村法律明白人，增强基层群众法治意识。

2. 规范法律顾问服务行为

各级司法行政机关要进一步规范村法律顾问的服务方式和服务标准，切实提高法律服务质量。

（1）规范服务方式。村法律顾问应当以方便群众为原则，每月提供不少于一次、四小时的现场法律服务；每季度至少举办一次法治讲座，重点宣传解读涉农最新法律法规和当地党委政府政策措施等。法律顾问所在律师事务所、基层法律服务所每年至少组织一次法律服务进村活动。村设置公示栏，对外公布本村法律顾问姓名、联系方式等信息，确保村民能够第一时间联系到法律顾问。

（2）建立工作台账。省级司法行政机关统一印制村法律顾问工作台账。法律顾问应通过工作台账等如实记录提供法律服务的时间、对象、内容和结果，实行一次一记、一事一记、一村一卷，通过工作日志台账管理，落实工作责任，做到服务留痕、问题解决、群众满意。

（3）完善服务标准。省级司法行政机关统一制定村法律顾问服务标准，提高法律服务的规范性和标准化。村法律顾问在提供法律服务过程中，应当诚实守信，勤勉尽责，自觉接受村所在地司法行政机关和乡镇（街道）司法所的指导监督，听取村委员会和群众意见建议，切实发挥自身职能作用。

攀枝花市东区优化"村（社区）法律顾问"制度，开展法律顾问服务乡村（社区）治理活动，通过审核村规民约、合同协议，参与矛盾纠纷调解，为群众提供法律咨询等，有效降低法律风险。2022年，通过定期驻点值班、上门"问诊"等提供法律咨询4 000余人次，宣讲政策法规128次，协助村、社区调解矛盾纠纷500余起。

3. 建立村法律顾问工作制度机制

（1）建立培训制度。各级司法行政机关应当建立健全村法律顾问培训制度，制定专项培训计划，并纳入本系统年度培训工作计划，通过集中培训、分散培训、网络培训等形式，增强村法律顾问对国家政策、社情民意及相关法律业务的了解程度及与群众的沟通能力，切实提高开展工作能力和水平。

（2）建立考核评估制度。省级司法行政机关制定考核评估办法，组织县级司法行政机关对村法律顾问工作定期进行考核评估。考核评估应当充分听取村委员会和群众意见，重点考查法律顾问在服务群众和村治理等方面职能作用发挥情况。考核评估结果经市级司法行政机关审查后，报省级司法行政机关备案。各级司法行政机关应当将考核评估结果作为法律顾问是否续聘的重要依据，在评优评先、"两代表一委员"推荐等工作中予以参考。各地要积极推动将村法律顾问工作纳入本地区综治工作考评。

（3）建立督查通报机制。各级司法行政机关要建立督导检查制度，定期组织对村法律顾问工作进行专项督查，并通过随机检查、暗访、交叉检查等方式适时开展实地检查；建立督导检查问卷调查制度，通过随机向村民发放调查问卷等方式，掌握法律顾问实际服务情况；建立通报制度，定期对村（居）法律顾问推进情况进行通报，对工作开展好的予以表扬，对工作开展不力的通报批评，督促各地抓好落实。

4. 创新服务方式

各级司法行政机关要结合本地区公共法律服务平台，充分运用电话、微博、微信、手机 APP 等新载体，提供在线咨询、普法信息线上推送和其他远程服务，推动实现微信群在村级全覆盖，确保法律顾问在日常工作中能够随时提供法律咨询等服务，确保群众足不出户即可享受法律服务。

乡村法治文化大院让村民"有结能解、有难能帮"。四川省巴中市平昌县驷马镇陇山村是司法部精准扶贫定点帮扶村，2017 年建成陇山村法治文化大院。这座大院成了陇山村人学习法律知识的窗口，村民们在这里可以反映问题，进行法律咨询，解决矛盾纠纷，参加法治文化宣传活动。每月的 2 日、22 日上午，驷马法律服务所主任鲜忠明都会来到法治文化大院公共法律服务工作室值班，为来访村民普法、答疑解惑。"我们实行'一村一法律顾问'制度。通过政府购买服务方式，我所在的法律服务所承接了镇内各行政村的法律服务工作，除了现场咨询，还在微信群里为村民和外出务工人员提供咨询，也参加村里的法治宣传、调解矛盾纠纷等工作。"鲜忠明说。小小一座院落，却蕴含着法治乡村的大能量。近年来，陇山村以法治文化大院为阵地，积极构建村级公共法律服务、创新基层治理、开展法治宣传教育，取得了积极成效。陇山村的违法犯罪率、刑满释放人员和社区矫正对象逐年下降，并荣获了"全国民主法治示范村""安全社区示范村"等称号。

二、人民法庭

人民法庭作为基层法院的派出机构，是人民法院的最基层单位。人民法庭制度源于土地革命时期，既处在践行司法为民的最前沿，也处在化解矛盾纠纷的第一线。人民法庭立足基层、贴近群众，在创新社会治理、服务乡村振兴中承担着重要职责。

党的十八届三中全会提出，建设法治中国，必须深化司法体制改革。2014 年 7 月，第三次全国人民法庭工作会议召开，会议强调要以改革为动力，以便民为目的，坚持因地制宜，加强监督指导，全面加强人民法庭建设。2019 年 6 月，中共中央办公厅、国务院办公厅印发的《关于加强和改进乡村治理的指导意见》指出，人民法庭作为基层人民法院派驻在乡村社会的审判组织，承担着化解社会矛盾、维护社会稳定、服务乡村振兴、推进基层治理等重要职能。2019 年 11 月 8 日，最高人民法院"人民法庭工作平台"和"人民法庭信息平台"正式上线运行。人民法庭工作平台通过信息化手段，将基层法院、人民法庭的基本情况、人员情况、案件质效等信息深度整合，实现了对基层法院、人民法庭"人、案、事"的实时、动态、智能管理。截至 2021 年 8 月，全国有乡村法庭 6 201 个、城乡结合法庭 2 710 个，全部乡村实现人民法庭司法服务有效覆盖。作为中国庞大审判体系的"神经末梢"，"草原法庭""马背法庭""海上法庭""田间法庭"等人民法庭身处基层一线，深入农村及交通不便、人口稀少的偏远地区开展巡回审判，方便群众就近参加诉讼，已经成为人民法庭审判工作的常态。

2021 年 9 月，最高人民法院发布《关于推动新时代人民法庭工作高质量发展的意见》，这是继 1999 年最高人民法院制定印发《关于人民法庭若干问题的规定》、2005 年制定出台《关于全面加强人民法庭工作的决定》、2014 年制定印发《关于进一步加强新形势下人民法庭工作的若干意见》之后，根据新形势新任务，结合人民法院审判工作实际，对人民法庭制度作出的一次里程碑式的改革和完善。

（一）准确把握新时代人民法庭工作原则

一是坚持"三个便于"。紧紧围绕"努力让人民群众在每一个司法案件中感受到公平正义"的目标，主动回应人民对美好生活的向往和公平正义的期待，坚持便于当事人诉讼，便于人民法院依法独立公正高效行使审判权，便于人民群众及时感受到公平正义的工作原则，不断弘扬人民司法的优良传统和时代价值。

二是坚持"三个服务"。紧扣"三农"工作重心历史性转移，发挥面向农村优势，积极服务全面推进乡村振兴；紧扣推进国家治理体系和治理能力现代化，发挥面向基层优势，积极服务基层社会治理；紧扣新时代社会主要矛盾新变化，发挥面向群众优势，积极服务人民群众高品质生活需要。

三是坚持"三个优化"。综合考虑城乡差异，一要优化法庭布局。区分城区法庭、城乡结合法庭、乡村法庭，不断优化人民法庭区域布局。二要优化队伍结构。结合案件数量、区域面积、人口数量、交通条件、信息化发展状况、参与乡村振兴和社会治理任务等因素，建立并实行人员编制动态调整机制。三要优化专业化建设。坚持综合性与专业化建设相结合，实现人民法庭专业化建设更好服务乡村振兴和辖区基层治理需要。农村地区要继续加强和完善综合性人民法庭建设；城市近郊或者城区，可以由相关人民法庭专门或者集中负责审理道路交通、劳动、物业、旅游、少年、家事、金融商事、环境资源等案件；产业特色明显地区，可以由专业化人民法庭专门负责审理涉及特定区域或者特定产业的案件。

（二）服务乡村治理

一是推动健全基层社会治理体系。坚持和发展新时代"枫桥经验"，积极融入党委领导的基层治理体系，充分利用辖区党委组织优势，与城乡基层党组织广泛开展联建共建，推进基层党建创新与基层治理创新相结合，强化党建引领基层治理作用，促进完善中国特色基层治理制度。推广"群众说事、法官说法""寻乌经验"等做法，推动司法资源向乡村下沉。充分运用平安建设考核和创建"无讼"乡村社区等政策制度，服务基层党委政府，以更大力度加强矛盾纠纷多元化解机制建设。

二是明确参与乡村治理途径。立足人民法庭法定职责，依法有序参与乡村社会治理。对没有形成纠纷但具有潜在风险的社会问题，可以向乡镇、社区有关单位提出法律风险防控预案；对已经发生矛盾纠纷的社会问题，可以提出可能适用的法律依据以及相应裁判尺度，但是不宜在诉讼外对已经立案的纠纷提出处理意见；对审判、执行、信访等工作中发现普遍存在的社会问题，应当通过司法建议、白皮书、大数据研究报告等方式，及时向党委、政府反馈，服务科学决策。

三是加强源头预防化解矛盾。加强辖区多发常见类型化纠纷的源头治理，形成源头预防、非诉挺前、多元化解的分层递进前端治理路径。强化与当地乡镇街道的衔接、与综治中心的协同，充分利用网格化管理机制平台，及时掌握和研判综治矛盾纠纷信息，发挥网格员、特邀调解员作用，促进基层纠纷源头化解。充分运用人民法院调解平台等工作平台，推动人民法庭进乡村、进网格，广泛对接乡、村解纷力量，形成基层多元解纷网络，在线开展化解、调解、司法确认等工作。推动人民调解员进人民法庭、法官进基层全覆盖，加强委托调解、委派调解的实践应用，充分释明调解优势特点，引导人民群众通过非诉讼方式解决矛盾纠纷。

四是加强基层法治宣传。推动建立以人民法庭为重要支点的基层社会法治体系，充分利用专业优势，加强对特邀调解员、人民调解员等在诉前或者诉中开展调解工作的指导，引导支持社会力量参与乡村治理。通过巡回审判、公开审理、以案说法、送法下乡等活动，增强基层干部群众法治观念和依法办事能力。发挥司法裁判示范引领功能，推动裁判文书网、人民法庭信息平台与普法宣传平台对接，加强法治宣传教育，推动社会主义核心价值观和法治精神深入人心。

五是完善相关纠纷审理规则。人民法庭在案件审理过程中，遇到审理依据和裁判标准不明确等类型化问题，可以及时按程序报告。高级人民法院应当依照民法典、乡村振兴促进法等法律规定，对辖区内反映强烈、处理经验成熟的问题以纪要、审判指南、参考性案例等方式及时明确裁判指引。最高人民法院应当适时就重点法律适用问题出台司法解释或者其他规范性文件。

第三节　创建民主法治示范村

"民主法治示范村"创建活动是 2003 年民政部、司法部贯彻落实党的十六大关于扩大基层民主，推进农村基层民主法治建设，努力提高农村法治化管理水平的一项重要举措。截至 2023 年年底，全国共命名了九批"全国民主法治示范村"。其目的是以"民主法治示范村"建设为载体，通过典型示范，引领带动法治乡村建设，夯实全面依法治国的根基，对促进农村基层民主法治建设发挥了积极作用。

一、全国"民主法治示范村"建设指导标准

为突出示范建设质量，中央全面依法治国委员会建立和完善"民主法治示范村"建设指导标准，推进"民主法治示范村"建设科学化、规范化。标准从村级组织健全完善、基层民主规范有序、法治建设扎实推进、经济社会和谐发展、组织保障坚强有力五个方面、20 项具体内容对"民主法治示范村"的建设标准进行了明确。

攀西地区市（州）、县（区）要加强工作统筹，切实加强组织领导，做好工作统筹谋划，指导各乡镇、村对照"民主法治示范村"建设指导标准，分层分类开展省级和国家级"民主法治示范村"创建工作。发挥省级和国家级"民主法治示范村"的典型示范作用，做好经验总结、交流和推广工作，带动全域乡村法治建设工作。

二、全国"民主法治示范村"复核

为加强动态管理，切实提升"全国民主法治示范村（社区）"创建质量，深化法治乡村建设，助力全面推进乡村振兴，根据中央全面依法治国委员会《关于加强法治乡村建设的意见》要求，司法部、民政部决定今后每两年对"全国民主法治示范村（社区）"进行一次复核，对已获得"民主法治示范村（社区）"称号的村定期进行复核，对复核不合格的取消"民主法治示范村（社区）"称号，并启动2021年度复核工作。

在2021年度复核中，各级司法行政、民政部门坚持客观公正、公开透明、实事求是，坚持严格程序、规范操作，精心组织，周密部署，复核工作规范有序开展。各省（区、市）司法厅（局）、民政厅（局）在村（社区）自查和县、市司法局、民政局组织初核的基础上，按照要求的比例进行了实地核查并在媒体公示。司法部、民政部对各地报送的初核建议名单进行了严格审核，并实地进行了抽查，将名单在司法部网站进行了为期10天的公示，对反映的问题逐一进行了核查。经过认真审核，决定保留北京市昌平区北七家镇郑各庄村等3 802个村（社区）的"全国民主法治示范村（社区）"称号；注销14个因区划调整、移民搬迁等原因已经撤销村（社区）的"全国民主法治示范村（社区）"称号；撤销126个不符合"全国民主法治示范村（社区）"标准村（社区）的"全国民主法治示范村（社区）"称号。其中，四川省233个"全国民主法治示范村（社区）"中复核保留230个，攀枝花市"全国民主法治示范村（社区）"中复核保留8个、凉山州"全国民主法治示范村（社区）"中复核保留10个。

（一）攀枝花市第一至八批全国"民主法治示范村"复核名单
四川省攀枝花市米易县撒莲镇回箐村
四川省攀枝花市盐边县桐子林镇清源社区
四川省攀枝花市东区炳草岗街道湖光社区

四川省攀枝花市西区玉泉街道巴关河社区

四川省攀枝花市东区东华街道新源路社区

四川省攀枝花市盐边县红格镇阳光社区

四川省攀枝花市仁和区平地镇迤沙拉村

四川省攀枝花市盐边县新九镇安宁村

（二）凉山州第一至八批全国"民主法治示范村"复核名单

四川省凉山州宁南县六铁镇树基村

四川省凉山州会理市鹿厂镇凤营村

四川省凉山州会理市城南街道南阁村

四川省凉山州宁南县宁远镇梓油村

四川省凉山州西昌市东城街道春城社区

四川省凉山州雷波县锦城镇第一社区

四川省凉山州德昌县德州街道彩虹社区

四川省凉山州甘洛县团结乡瓦姑录村

四川省凉山州冕宁县高阳街道长征社区

四川省凉山州昭觉县解放沟镇火普村

三、攀西地区第九批"全国民主法治示范村（社区）"

2023 年司法部、民政部印发《关于命名第九批"全国民主法治示范村（社区）"的决定》，决定命名 1 136 个村（社区）为第九批"全国民主法治示范村（社区）"。其中，四川共有 70 个村（社区）入选，攀枝花市入选 2 个、凉山州入选 4 个。

（一）凉山州第九批全国"民主法治示范村"

四川省凉山州会东县鱼城街道鱼山社区

四川省凉山州普格县螺髻山镇甲甲沟村

四川省凉山州越西县越城镇城北感恩社区

四川省凉山州喜德县光明镇彝欣社区

（二）攀枝花市第九批全国"民主法治示范村"

四川省攀枝花市米易县撒莲镇禹王宫村

四川省攀枝花市仁和区仁和镇老街社区

四、四川省首批省级"民主法治示范村（社区）"

2022 年，为深入学习贯彻习近平法治思想，贯彻落实中央全面依法治国委员会印发的《关于加强法治乡村建设的意见》和省委全面依法治省委员会印发的《四川省乡村振兴法治工作规划》，按照"全国民主法治示范村（社区）"推荐工作要求，四川省司法厅、民政厅印发《第一批省级"民主法治示范村（社区）"创建工作方案》，组织开展了第一批省级"民主法治示范村（社区）"创建工作。

（一）攀枝花市首批省级"民主法治示范村（社区）"

攀枝花市米易县撒莲镇禹王宫村

攀枝花市仁和区仁和镇老街社区

攀枝花市东区银江镇阿署达村

攀枝花市西区清香坪街道杨家坪社区

攀枝花市米易县草场镇龙华村

攀枝花市盐边县桐子林镇城南社区

（二）凉山州首批省级"民主法治示范村（社区）"

四川省凉山州会东县鱼城街道鱼山社区

四川省凉山州普格县螺髻山镇甲甲沟村

四川省凉山州越西县越城镇城北感恩社区

四川省凉山州喜德县光明镇彝欣社区

四川省凉山州甘洛县田坝镇斯补勒拖村

四川省凉山州盐源县盐井街道水草坝社区

四川省凉山州美姑县洒库乡乐美社区

四川省凉山州金阳县天地坝镇东山社区

四川省凉山州布拖县特木里镇依撒社区

四川省凉山州木里县乔瓦镇锄头湾村

第四节　规范农业综合行政执法工作

农业农村法治建设是全面依法治国的重要组成部分，农业行政执法是否有成效直接关系到农业农村法律法规能否全面实施、农民群众合法权益能否得到维护、国家粮食安全和农产品质量安全能否有效保障。党中央、国务院高度重视农业综合行政执法改革，党的十九届三中全会审议通过的《深化党和国家机构改革方案》明确提出整合组建五支综合执法队伍，农业综合执法队伍是其中一支，整合农业系统内兽医兽药、生猪屠宰、种子、化肥、农药、农机、农产品质量等执法队伍，实行统一执法，由农业农村部负责指导，充分体现了党中央对农业农村法治工作的高度重视和中央推进农业综合行政执法改革的坚定决心。

一、农业综合行政执法队伍

农业农村部门是国家重要行政执法部门。农业领域执法监管一直都是农业部门的职责任务。改革开放初期，随着社会主义市场经济的发展，农业部门职能加快转变，执法监管任务不断增加。农业农村部门负责执行的法律和行政法规有 43 部，执法职责覆盖种子、农药、兽药、饲料、农机、渔政、农产品质量安全等十多个领域。

长期以来，农业执法尤其是县级农业部门内部，各自为政、多头分散的问题没有得到根本解决，执法队伍素质参差不齐、职能界定不科学、机构性质和人员身份不合理、保障不到位、着装不统一等问题仍然突出。随着农村经济社会结构深刻变化，农民的思想观念、价值取向、利益诉求趋于多元，部分基层干部群众法治意识还不强，有法不依、执法不严等问题不同程度的存在，因土地征占用、土地流转、资源开发、环境污染等引发的矛盾冲突时有发生。特别是一些地方制假售假、套牌侵权、违法添加、私屠滥宰、非法捕捞等违法行为时有发生，农业执法能力和水平亟待提升。

法治是乡村治理的前提和保障。农业法律法规是否严格公正实施，不仅代表农业农村部门的形象，还直接体现国家治理能力和法治政府建设的水平，这就要求我们必须全面整合农业行政执法队伍，深化农业综合行政执法改革，加快建设坚强有力的农业综合行政执法体系和执法队伍，努力实现依法护农、法治兴农，把政府各项涉农工作纳入法治化轨道。

党的十八大以来，党中央、国务院高度重视依法行政，党的十八届四中全会明确提出推进综合执法。党的十九届三中全会明确要求整合组建农业、生态环境保护、交通运输、文化市场、市场监管五支综合行政执法队伍。为适应农业农村经济社会新形势新变化，更好履行农业农村部门职责，维护公平竞争的市场秩序，保障农民和消费者权益，2018 年 11 月，中共中央办公厅、国务院办公厅印发《关于深化农业综合行政执法改革的指导意见》，这是中央深化党和国家机构改革的一项重大决策，是指导新时期农业农村法治建设、全面推进农业依法行政的纲领性文件。

实践证明，实行农业综合行政执法，提高了农业执法的整体实力和效率，增强了农业执法的公正性和权威性，提升了农业执法人员的素质和水平，推动了农业执法人员专职化，从源头上解决了多头执法、重复执法和执法缺位等问题。

四川认真贯彻党中央、国务院关于农业综合行政执法改革的决策部署，按照一个部门原则上一支执法队伍的要求，将原分散在地方农业农村部门内设机构和所属单位的行政执法职能整合起来，组建农业综合行政执法队伍，以农业农村部门的名义统一执法。截至 2022 年年底，攀西地区市县两级农业综合行政执法机构已按要求组建完成，下一步，要加快构建权责明晰、上下贯通、指挥顺畅、运行高效、保障有力的农业综合行政执法体系。

二、农业综合执法队伍主要工作内容

农业综合行政执法队伍有明确的执法边界。为落实统一实行农业执法要求，明确农业综合行政执法职责和边界，加强对农业领域行政处罚和行政强制事项的源头治理，2020 年 5 月，农业农村部印发《农业综合行政执法事项指导目录（2020 年版）》（以下简称《指导目录》），对执法事项实行清单管理，要求"法无授权不可为"。

《指导目录》的最大特点是动态的。农业农村部根据国家农业农村领域立法情况按程序进行动态调整，各地也结合实际制定了相应的目录，对指导目录进行补充和细化，以适当形式向社会公开，并建立动态调整和长效管理机制。地方各级农业农村部门应当依法梳理本部门行政执法依据，编制农业行政执法权责清单，将行政执法职责分解落实到农业综合行政执法机构及执法岗位。

《指导目录》梳理了目前正在实施的农业领域法律、行政法规设定的行政处罚和行政强制事项，以及部门规章设定的警告、罚款的行政处罚事项共 251 项，包括行政处罚事项 230 项，行政强制事项 21 项。

一是明确了执法事项名称和实施依据。执法名称原则上根据设定该事项的法律、行政法规和部门规章条款内容进行概括提炼。实施依据按照完整、清晰、准确的原则，列出了设定该事项的法律、行政法规和部门规章的具体条款内容。

二是明确了法定实施主体。根据《深化党和国家机构改革方案》和《关于深化农业综合行政执法改革的指导意见》，列入《指导目录》行政执法事项的实施主体统一规范为"农业农村主管部门"，即以农业农村部门名义统一执法。

三是明确了第一责任层级。按照有权必有责、有责要担当、失责必追究的原则，把查处违法行为的第一管辖和第一责任压实，但不排斥上级农业农村部门对违法行为的管辖权和处罚权。

这就明确了农业综合行政执法队伍的法定职责。按照法定职责，各级执法队伍紧盯春耕备耕、三夏生产、秋冬种等重点时点，围绕品种权保护、农资质量、农产品质量安全、动植物检疫等重点领域、重点专项加大执法力度，查处了一批大案要案。据统计，2020—2022 年，全国各级农业综合执法机构累计查办各类违法案件 30.47 万件，调处纠纷 1.89 万件，挽回经济损失 14.96 亿元。2022 年 6 月，农业农村部网站选取了 10 个典型案例予以公布，以有效维护农业生产经营秩序，保护农民合法权益，充分发挥农业综合行政执法护农保障作用，充分发挥了执法的护农促振兴作用。

三、加强农业综合行政执法队伍管理

农业执法事关农民切身利益，需要建好管好执法队伍，确保规范执法。因此，在全面深化机构改革的基础上，大力推进农业综合行政执法规范化建设，要求执法队伍及人员牢固树立法治意识、程序意识，遵循职权法定、权责一致、过责相当、约束与激励并重、惩戒与教育相结合的原则，做到尽职免责、失职问责。执法队伍及人员应当在法定权限范围内依照法定程序行使职权，做到严格规范公正文明执法，不得玩忽职守、超越职权、滥用职权，实现依法护农、依法兴农。

2019 年，农业农村部为贯彻落实《国务院关于加强和规范事中事后监管的指导意见》，规范农业综合行政执法人员履职管理，出台了《农业综合行政执法人员依法履职管理规定》。2022 年 11 月，农业农村部发布《农业综合行政执法管理办法》，并于 2023 年 1 月 1 日起施行。农业综合行政

执法队伍管理包括：

一是严格执法机构和人员管理。农业农村部规定了省市县三级农业综合行政执法机构的主要职责，对各级农业农村部门开展办案指导、统筹使用执法力量、管理执法人员资格、开展执法培训和练兵比武等工作作出具体规定。

二是规范执法程序。农业农村部制定农业行政执法"三项制度"实施方案、农业行政处罚程序、执法装备配备指导标准、农业行政执法文书制作规范及基本文书格式，细化了农业行政处罚从立案、调查取证、查封扣押到送达执行的程序规则，明确了农业行政执法文书在内容和形式上的制作要求，切实提升执法规范化水平。农业农村部制定印发《规范农业行政处罚自由裁量权办法》，各地也结合实际进一步细化完善行政处罚自由裁量基准，切实做到严格规范公正文明执法。

三是约束执法行为。农业农村部全面加强农业行政执法行为规范管理，细化了执法公示、全过程记录、重大执法决定法制审核、执法文书制作、自由裁量、着装亮证等重点环节的程序规则，明确了农业综合行政执法机构及其执法人员"六不准"规定和执法人员的依法履职要求。

四是强化执法服务。农业行政执法既要有力度，也要有温度。对于农民群众关心关注、反映强烈、利益攸关的严重违法行为，我们必须重拳出击；对于小农户、农民合作社、涉农小微企业等主体的轻微违法行为，要本着包容审慎的原则，更多采取劝导、警示、纠正等柔性执法方式；对首次轻微违法的，要探索建立免罚清单。对于农民利益受损的，不能只对违法行为人处罚了事，要主动搞好损害赔偿调解，尽可能帮助他们挽回损失。

五是抓执法能力建设。农业综合行政执法队伍组建后，大量新进执法人员过去没有从事过执法工作，不敢办案、不会办案、不愿办案的问题存在。为此，农业农村部要开展执法能力提升行动，同时将加大网络培训力度，推动各省组建执法指导小组强化办案指导，不断提升执法人员的能力素质，打造一支政治信念坚定、业务技能娴熟、执法行为规范、人民群众满意的农业综合行政执法队伍。

六是保障执法条件。农业农村部明确要求地方各级农业农村部门落实农业行政执法经费财政保障要求，加强执法信息化建设，根据农业行政执法工作实际需要配置执法执勤用房和执法装备，对制式服装、标识标志的规范管理作出具体规定。

七是强化执法监督。农业农村部健全了执法监督机制，规定上级农业农村部门应对下级农业农村部门及其执法机构执法工作情况进行监督，完善了案件督办、案卷评查、考核评议、统计报送等内部监督措施，明确要求各级农业农村部门建立领导干部违法干预执法责任追究和应急处置机制。

第五节　完善村级权力监督机制

乡村小微权力是指村级组织及村干部依法依规享有的村级重大决策、重大活动、重大项目以及资金、资产、资源管理等村务管理服务权力。随着巩固拓展脱贫攻坚成果同乡村振兴有效衔接、深入推进，大量惠民政策、项目资金向基层倾斜，加强基层小微权力监督制约任务十分重要。

农村小微权力运行目前还存在行权不规范、监督不及时、机制不健全等问题，存在腐败风险，一定程度上制约了乡村治理水平的提升。个别农村党组织建设存在软弱虚化问题，村两委决策"一言堂""一刀切"现象仍然存在，民主集中制原则执行不到位。基层监督力量偏弱，乡镇纪委、村务监督委员会配备的干部业务能力有待提高，村务监督委员会职能发挥不充分，存在不敢、不会、不想监督的现象。村级小微权力看似微小，却连着民生，关系人心向背，管不好、用不好，就会损害群众利益、带坏地方风气。

一、规范乡村小微权力运行

过去小微权力运行的规范性不够，村干部权力很大，村里的一些小工程、小项目想给谁干就给谁干。有的地方村务管理家长化作风严重，习惯用个人意志代替政策法规，加之群众主动参与村务管理意识不强，导致部分村干部的权力得不到有效制约。

规范村级小微权力运行是夯实乡村治理根基的关键。以往，村级事务、村干部权力散落在各类文件中，干部不清楚、群众不明白。对村干部来说，办事凭经验、靠记忆，走什么流程、如何办，有些政策给群众说不清、道不明，自己心里都发虚。对村民来说，办事经常找熟人打听怎么办，不但很麻烦，也办不好。村干部、村民对村上具体有多少项职权，什么事村上能办、什么事村上办不了不够清楚。

建立规范科学的涉农小微权力运行体系是提高乡村治理效能、全面推进乡村振兴的重要保障。如何通过规范化、标准化的制度安排，让村干部明白自己的权力"边界"在哪里，如何让群众在不同以往的办事流程中感到心里敞亮，这就需要推行村级小微权力清单制度，进一步厘清村级组织和村干部的职责权限，让权力事项更透明，在"阳光"下运作。

建立小微权力清单。例如，2020年，陕西省民政厅、省委组织部联合印发《关于推行村级"小微权力"清单制度的意见》，决定在全省推行村级小微权力清单制度，建立小微权力事项清单和主体责任清单。各地开始相继建立村级小微权力事项清单和村级班子主要负责人责任清单，对村级重大事项、日常性事务和公共教育、劳动就业、社会保障、脱贫攻坚等与群众生产生活密切相关的权力事项进行全面梳理，进一步厘清村级组织和村干部的职责权限，让村里的大小事务都在"阳光"下运作，避免了群众对村干部的猜疑和误解，真正实现了"让群众明白，还干部清白"。

推行村级小微权力清单标准化规范化建设。一方面，村级事务工作流程，大到村级重大决策、财务事项，小到计划生育服务、印章管理，都要制定严格的管理制度，推动村干部"看图履职"，群众"看图办事"，上级党委"依图监督"，做到村级事务操作标准化、村级权力监督可视化，明确每项权力行使的法规依据、运行范围、执行主体、程序步骤，进一步厘清权力边界，规范操作流程，建立起切合基层特点、简明高效、操作性强、常态长效的小微权力运行机制，构建权力事项明晰、运作流程规范、过程监督有力的权力运行体系，构建决策科学、执行坚决、监督有力、群众明白的权力运行机制。例如，成都市建立风险防范机制，防止"一肩挑"变"一言堂"，全面推行规范行权用权三张清单，聚焦人、财、物三个重点，建立村党组织书记风险、权责、负面清单，着力破解"一肩挑"后权力更加集中、权责界限不清、履职能力和内生动力不足等难题。"小微权力"清单标准化规范化建设，既是广大村干部行使权力的"指路书"，也是规范用权的"紧箍咒"。确保村干部成为用权"明白人"，做到用权"照单操作"，加强对村干部自身约束，规范权力，约束用权，让广大村干部手中的小微权力有了明确的边界，防止村级"微腐败"，保护基层政权不被侵蚀，群众利益不被侵害。另一方面，也让村民明明白白、直观了解和清楚每项具体业务的办事流程。过去，村里办低保申请、宅基地审批等，应该怎么办、如何办，心里不是很明白。现在不同了，一份村干部小微权力清单让老百姓一目了然，办啥事情都有规定的程序，公开透明，办事也比以前顺利多了。

二、建立健全小微权力监督制度

一些地方对小微权力运行的监督制约不够到位，尤其是针对非党员监督对象，县级监督不能、乡级监督不强、村级监督不实等现象仍然存在。因此，必须建立健全小微权力监督制度，完善基层监督体系，这是完善党和国家监督体系的重要环节，也是促进基层社会治理提质增效的有力抓手。

（一）强化制度支撑，构建监督体系

建立密不透风的监督网，才能管住"微官"、规范"微权"。建立健全专人挂钩联系、定期分析总结、问题线索移送、跟踪督查督办等制度机制，推动县、乡、村三级监督力量拧成紧绳，形成群众监督、村务监督委员会监督、上级部门监督和会计核算监督、审计监督等全程实时、多方联网的监督体系，发挥叠加效应。要进一步完善监督检查、巡察整改督促机制，探索成果共用、信息共享的途径，推动监督、整改、治理形成闭环，由点及面推动综合治理、源头治理，不断提升基层治理效能。

成都市建立多维监督机制，串联"多条线"，形成"一张网"。一是坚持日常监督与专项监督结合。全市 261 个镇（街道）和 1 292 个村全覆盖设置纪检监察组织，推动村务监督委员会对产业发展、资产管理、民生落实等重点工作实行全流程监管评估，让情况在一线掌握、监督在一线发力。二是坚持组织监督与群众监督结合。建立信息直报制度，利用信息化平台对重大工程项目等实行线上纪实管理，群众可一键直通镇（街道）纪（工）委，县镇两级纪检监察组织接到群众或村务监督委员会成员、监察工作信息员等问题反映后，及时流转分办。三是坚持纵向监督与横向监督结合。建立由县级组织、纪检监察、农业农村等 10 余个部门和镇街共同参与的村级权力运行监督联席会议机制，创新片区协作交叉检查监督模式，定期研判村级权力运行情况，共同研究解决重大问题，提升监督实效。

攀枝花市着力完善村监督链条。针对村（社区）书记、主任"一肩挑"后权力变大、监督更难的实际情况，攀枝花市在完善监督体系上发

力，着力构建上级重点监督、同级常态监督、群众广泛监督的全链条监督体系，让"一肩挑"制度优势充分发挥。一是强化上级监督。全面落实县级领导班子成员包乡走村入户、乡镇领导班子成员包村联户制度，加强县乡对村级事务监督指导。建立"一肩挑"村（社区）党组织书记述职和报告工作制度，村级重大事项须及时向上级党组织报告，确保方向正确。实行"村财乡管"制度，村级财务由乡镇统一管理，经费使用须经村"两委"、村民代表集体研究，由乡镇党委审核把关。二是完善同级监督。健全村级监督组织，全市 336 个村（社区）全覆盖建立纪检组织和村（居）务监督委员会，委员会主任由村（社区）纪检委员（纪委书记）担任，制定《村（居）务监督委员会履职手册》，细化完善工作职责、监督对象、监督内容、监督方法等。完善村级党组织运行规则、村（居）民自治章程，坚持村（居）民代表大会、村（居）民大会制度，逐步推行村级小微权力清单制度，梳理村级小微权力 60 余项，把权力关进制度笼子。三是畅通群众监督。制定《贯彻〈中国共产党党务公开条例（试行）〉实施方案》等文件，规范党务、财务、村（居）务公开工作，明确公开内容、程序、形式等，保障村（居）民知情权、参与权、决策权、监督权。制定《村（社区）廉政监督志愿者制度》，吸纳党员、老干部、乡贤、群众等作为廉政监督志愿者或担任廉政监测员、监察信息员，拓宽监督渠道。完善"来信、来访、网络、电话"四位一体信访举报受理体系，让群众监督更加有力有效。

（二）立足基层实际，创新监督方式方法

按照"一个权力清单、一张运行流程图、一套监督清单"要求，开列监督工作清单，制定小微权力监督工作流程图，指导村干部"看图做事"、村民"按图监督"，打通监督"最后一公里"，让监督延伸到"神经末梢"，全方位扫描微权力，剑指微腐败，不留监督空隙，切实把权力关进制度的笼子里，真正实现"小微权力进清单，监督之下无盲区"的格局，让各级纪委、干部和群众对"督什么、怎么督"心中有数，有效避免"胡子眉毛一把抓"。

因地制宜，找准适应基层、护航发展的监督方式，突出线上线下融合，深入开展"嵌入式""联合式""跟进式"监督，提高监督的精准性。要主动适应互联网、大数据快速发展趋势，探索"互联网+监督"模式，依托村级小微权力监督信息平台，让基层监督插上科技翅膀。要发挥村级纪检工作室、社区网格等近距离辐射功能优势，督促纪检监察干部走基层、进邻里，在一线解决问题、化解矛盾，实现监督与治理同题共答、同向共为、同频共振。

（三）依托群众力量，形成内外联动、高效聚力的监督格局

坚持系统推进，整合基层监督力量，鼓励群众参与监督、建言献策，提升群众参与监督的积极性。坚持从群众中来、到群众中去，拓宽收集社情民意渠道，聚焦群众身边的不正之风和腐败问题，深入开展"点题整治"，用心用情用力解决群众急难愁盼问题，努力让群众获得感更足、幸福感更可持续、安全感更有保障。加大党务、村务、财务公开力度，厘清权力边界，坚持常态监督、全程监督，推动基层小微权力在阳光下运行。

三、开展农村基层微腐败整治

深入开展基层微腐败及涉农领域职务违法犯罪专项治理工作，紧盯村集体"三资"管理、征地拆迁、惠农补贴等领域深挖彻查，以铁腕反腐规范约束公权力运行，以正风肃纪保障民生改善，严肃查处侵害农民利益的腐败行为。

（一）紧盯乡村微腐败重点

开展乡村微腐败整治，重点围绕农村基层相关政策制度规定及惠民惠农政策执行落实方面、农村集体"三资"管理方面、农村基层干部作风问题开展整治。

农村基层相关政策制度规定及惠民惠农政策执行落实方面的问题包括：农村干部卸任后不执行相关政策规定、不服从组织管理，拒不移交集体账务等问题；党员干部在惠民补贴、扶贫救灾、低保社保、临时救助、公共服务等资金管理使用和涉农项目建设等方面以权谋私、优亲厚友、虚报冒领、贪污侵占、收受贿赂等问题；虚列项目、资料造假，违规套取骗取国家救济款、扶贫款及其他政策性扶持和产业补贴类资金等问题；违规套取、虚报冒领苹果政策性保险资金赔付问题；惠民惠农财政补贴资金"一卡通"管理整改落实方面存在的问题。

农村集体"三资"管理方面的问题包括：坐收坐支、私设"小金库"及贪污侵占、截留私分等问题；违规违法征占农村土地、长期侵占农村机动地、违法调整收回承包地以及强迫流转承包土地等损害农民利益行为问题；壮大农村集体经济方面存在截留、挤占、挪用集体资金或者资金运营

管理潜藏风险隐患、农民入股分红不及时不到位问题；农村基层财务管理方面存在虚列开支、虚假做账、违规报销等问题。

农村基层干部作风问题包括：农村基层集体事务、重大事项方面不能严格执行相关政策规定，存在飞扬跋扈、独断专行以及政务、财务不公开等问题；落实相关政策规定上有政策、下有对策，工作履职中存在形式主义、官僚主义等问题；党员干部在对待群众反映的具体问题上，推诿扯皮、推三阻四，或者有意刁难群众、向群众吃拿卡要等不作为、慢作为、乱作为等问题；违反中央八项规定精神及群众反映举报的其他作风问题。

（二）抓好整治前后两篇文章

基层微腐败，党员干部违纪违法只是表象，根子问题出在基层政治生态上。必须把不敢腐、不能腐、不想腐一体推进的理念贯穿惩治群众身边腐败和作风问题的全过程，聚焦违纪违法问题的发现、查处、整改等关键环节持续发力。紧盯小微权力，严防小官大贪，严肃查处侵害群众利益不正之风和腐败问题，形成惩治基层"微腐败"的高压态势。

解决问题既要着力治标又要注重治本。探索建立"巡察村居发现线索、查办案件形成震慑、以案促改贯穿始终、建章立制注重长效"的基层治理模式。既突出惩，严查违规违纪违法行为，更注重治和防，清矛盾隐患、解遗留难题、选贤能班子、建长效机制，从根源上净化和改善农村基层政治生态。

做好案件查办"前半篇文章"，紧盯村集体"三资"管理、征地拆迁、惠农补贴等领域深挖彻查，大力整治农村基层微腐败，让查办案件成为最好的监督，推动查处一案、警示一片、治理一域。

抓好查办案件"后半篇文章"，坚持系统施治，把以案促改工作贯穿始终，深入探究农村基层及涉农领域腐败问题成因，摸准吃透涉农领域腐败问题产生的盲点、漏点、失控点，用好纪检监察建议书，提出"带刺见血"的纪检监察建议，直击问题要害，推动涉农领域相关单位及农村基层组织完善制度、整改问题，让整改和规范成果"看得见、摸得着、管长远"。强化警示教育，前移教育阵地，加强农村廉洁文化建设，推动基层政治生态持续向好。

第十章 乡村干部人才队伍建设

乡村治理作为国家治理的一部分，其包括乡村治理体系和乡村治理能力两方面的现代化，前者主要指乡村治理的制度安排，后者主要指制度的执行能力，即执行这些政策和规则的人是否具备相应的能力和素质[69]。影响乡村治理能力的一个极其重要的因素，即治理主体的素质，既包括官员的素质，也包括普通公民的素质。

乡村人力资源大量流失，造成乡村治理主体的缺失。乡村青壮年劳动力和乡村精英等契合乡村治理需要的本土人才大量流失，进而导致乡村治理主体缺失。这是乡村治理面临的核心困境，一方面，表现为部分高素质和强能力的乡村精英人才外流，漂泊于他乡的乡村精英人才回流农村困难，导致村庄治理人才严重短缺。乡村精英和乡村其他人口的大量流失，已经给乡村社会发展带来了诸多负面影响，如"三留守"问题、村庄"空心化"和产业"虚弱化"等，这使乡村陷入了无人治理的窘境；另一方面，本应该成为治理主体的乡村留守人员，却因为参与能力有限或参与意愿不足等，导致村庄公共事务无人问津，村民自治成为空谈，甚至异化为村干部自治[70]。这种现象在欠发达的农村地区，尤其是在攀西地区的偏远农村较为普遍。作为村民自治主体的村民，自治能力较弱和参与意愿不足，为乡镇行政权力干预村民自治提供了空间，过度行政化对村民在自治中的主体地位造成了不良影响，治理主体缺位和外部力量的过度干预严重影响了村民自治的效果。

传统农村以留守老人和留守儿童为主，年轻人普遍外出务工，多数农村都出现不同程度的"空心化"问题。林善浪等学者通过对9省区115个地级市农村"空心化"的实证研究发现，多数农村人口净流出率超过50%[71]。这便意味着多数农村地区户籍一半以上的人口都不常住在户籍所在地，而让留守老人和留守儿童将精力投入"三治合一"乡村治理体系建设上显然不具有现实可行性。

充实基层治理力量。"三治合一"乡村治理体系建设需要强而有力的建设能力作为保障，而人力资源是确保建设能力的重要条件之一。桐乡实践取得成功的经验总结中也提及"地方精英扮演关键性角色"[72]，农村人力资源队伍在"三治合一"乡村治理体系建设中的重要性不言而喻。

乡村发展离不开人才支撑。乡村振兴，关键在人、关键在干，必须建设一支政治过硬、本领过硬、作风过硬的乡村干部队伍。2021年中共中央办公厅、国务院办公厅印发的《关于加快推进乡村人才振兴的意见》明确提出，到2025年，乡村人才振兴制度框架和政策体系基本形成，乡村振兴各领域人才规模不断壮大、素质稳步提升、结构持续优化，各类人才支持服务乡村格局基本形成，乡村人才初步满足实施乡村振兴战略基本需要。

这里的人才不仅指乡村治理人才，而是包括乡村振兴各方面、全领域的人才。治理人才是乡村人才的一部分，治理人才在乡村人才队伍中占有绝对重要的位置。加强乡村人才队伍建设，必须坚持和加强党对乡村人才工作的全面领导，坚持农业农村优先发展，坚持把乡村人力资本开发放在首要位置，大力培养本土人才，引导城市人才下乡，推动专业人才服务乡村，吸引各类人才在乡村振兴中建功立业，健全乡村人才工作体制机制，强化人才振兴保障措施，培养造就一支懂农业、爱农村、爱农民的"三农"工作队伍，为全面推进乡村振兴、加快农业农村现代化提供有力人才支撑。

第一节　乡村振兴的人才地位

发展是第一要务，人才是第一资源。人、地、财是乡村振兴的基本要素。其中，人是最关键、最积极、最核心的要素，也是实施乡村振兴战略的最大瓶颈。没有人，乡村振兴就是一句空话。没有人才、人力、人气，再好的政策也难以实施，再好的房屋也会被废弃，再好的资源也无法被利用，再好的产业也难以发展。实施乡村全面振兴，要充分认识和把握人才在乡村振兴战略中的基础地位和关键作用。事实上，乡村振兴的产业兴旺、生态宜居、乡风文明、治理有效、生活富裕五个具体路径都离不开人才。

一、农业高质高效需要人才

推动乡村振兴，农业要强，产业强是基础。实现农业高质高效，推动农业从传统农业转向现代化农业，从增产导向转向提质导向，让农业成为有奔头的产业，必须解决谁来发展农村产业，谁来提高农业质量和效益，谁来提升农业创新力和竞争力的问题。

一是科学技术是推动农业高质高效的第一生产力。"十三五"期间，我国农业科技进步贡献率突破60%，2020年达到60.7%，科技成为农业农村经济社会发展最重要的驱动力。然而，我国农业科技进步贡献率与西方发达国家还存在较大差距，这一差距主要体现为农民科技素养较低、科技实用人才缺乏。乡村振兴，农民是主体。农业科技支撑从"资源消耗型"向"内涵式发展"转变，从"靠天吃饭""听天由命"向"藏粮于地""藏粮于技"转变，离不开科技的研发、推广和应用，不仅需要一大批科学家、专家学者扎根中国广袤的土地、植根田间地头躬身科学研究、推广科学技术，还需要一大批有技能、有技术、懂技术、用技术的农业农村科技领军人才、科技创新人才、科技推广人才和实用人才，为农业注满"科技基因"，插上"科技翅膀"。二是现代农业体系是农业高质高效的重要标志。农业高质高效不再是过去传统的"种、养、加"，而是第一产业"接二连三"，实现一、二、三产业深度融合发展；不再是单纯的产业体系，而是集产业体系、生产体系和经营体系于一体的全产业全链条复合系统，实现农业农村农民资源的全要素配置、利用和供给。构建现代农业体系，推动农业供给侧结构性改革，改变土地零散化、碎片化和生产效率低的现状，需要创新引领，深入挖掘农业农村多元价值，创新农业农村要素投入方式，推动农业由单一经济价值向经济、社会、生态、文化、生活多元价值转变，将农村的社会价值、生态价值、文化价值、旅游价值、康养价值与经济价值相结合，把农业与农业相关的工业、服务业、商业、物流、运输、包装、加工、制造、大数据等部门结合起来，培育发展新产业、新业态、新模式和农场主、农业合作社等新型农业经营主体，实现土地规模化、集约化、专业化生产管理经营，推动品种培优、品质提升、品牌打造和标准化生产，提升农业质量、效益和竞争力，需要一批善经营、会管理、勇创新、敢创业的一、二、三产业发展人才，包括创业创新带头人、电商人才、乡村手工业者、传统艺人、职业经理人、旅游人才等。

二、农村宜居宜业需要人才

推动乡村振兴，农村要美，生产生活绿色生态是底色。全面建成小康社会，历史性解决农村绝对贫困问题后，广大农民对美好生活的向往比以往任何时候都更加强烈，已经从"有没有"向"好不好"转变，其中就包括对宜居宜业的生态环境和生活条件的需求。打造农民安居乐业的美丽家园，推动农村现代化和农业现代化一体设计、一体推进，必须解决谁来贯彻绿色发展理念，谁来担负起保护农村生态屏障的历史性任务，谁来推广普及低碳绿色的生产方式和生活方式的问题。

一是农村承担着"生态屏障"的历史性任务。我国农村地域广袤，地形地貌复杂多样，承担着维护生态安全的重要职责，是我国重要的生态屏障。长期以来，受工业化、城市化影响，农业粗放式发展，毁林造地、围湖造田、过度放牧、过度砍伐、过度取水、滥用农药、滥用化肥，造成农业面源污染，乡村生态环境破坏，土地承载力下降，影响了农村生态环境。2021年颁布实施的《中华人民共和国乡村振兴促进法》，将保护好农村生态屏障安全载入法律条文。推动农村现代化，承担好生态屏障历史性任务，需要一大批爱农村、懂生态、会算生态长远账的生态、土壤、环保、治理和管理方面的人才，推动农业农村绿色革命。一方面要完整、全面、准确贯彻绿色发展理念，贯彻习近平生态文明思想，践行绿水青山就是金山银山的发展理念，开展生态系统保护和修复，让乡村成为生态涵养的主体区，让生态成为乡村最大的发展优势，再现山清水秀、天蓝地绿的美丽画卷；另一方面，要推动农业转型升级，以绿色低碳发展为引领，实施农业生产低碳绿色，采用节水、节肥、节药、节能等技术，推进农业投入品减量化、生产清洁化、秸秆废弃物资源化、产业模式生态化，充分发挥农业特有的生态功能，让农业成为生态产品的重要供给者，再现河里游泳、溪里捉鱼的昔日画卷。

二是实施乡村建设行动的重大部署需要人才。长期以来倾向城市化、工业化的发展模式，造成农村水、电、天然气、道路、桥梁、网络等公共基础设施建设滞后，教育、医疗、卫生、环保、通信、物流、运输等公共服务设施欠账多，污水、垃圾、畜禽粪便处理跟不上甚至缺乏，影响和破坏了农村人居环境。党的十九届五中全会作出实施乡村建设行动的部署安排。实施乡村建设行动，开展农村人居环境整治提升，补齐农村基础设施和服务设施短板，打造看得见山、望得见水、记得住乡愁的美丽乡村，需要一大批乡村规划师、建筑师、设计师、工匠等规划建设人才队伍，还需要一大批教育、医疗、卫生、养老、健康等公共服务人才。一方面，要立足农村现有基础，保持农村原有发展肌理，加快县域城镇和村庄规划建设工作，做好村庄建筑风貌引导，保护历史村庄、历史民居，注重保留乡土味道；另一方面，要加快农村人居环境整治，加强乡村公共基础设施建设，实施农村人居环境整治提升五年行动，提升农村基本公共服务水平，推进农村"厕所革命"，促进乡村绿化美化文化亮化，推广绿色生态的生活方式，再现村美人美、景美家美的现代家园。

三、农民富裕富足需要人才引领

推动乡村振兴，农民要富，生活富裕精神富足是目标。乡村振兴的关键是增加农民收入，提高农民生活水平，不仅包括物质生活的富裕，还包括精神生活的富足。脱贫攻坚路上一个农民没有落下，乡村振兴光明大道上更不能拉下一个农民，让亿万农民同步赶上、不掉队，让农民成为有吸引力的职业，必须解决谁来带领农民发家致富、共同富裕，谁来传承好农村优秀文化和优良传统的问题。

一是乡村不仅要外部输血，更要内部造血。全面建成小康社会后，农民收入持续较快增长，城乡居民收入差距不断缩小。但是城乡、区域发展不平衡，农村发展不充分导致农业农村仍是薄弱环节。脱贫县、脱贫农民虽然已经实现脱贫但仍处于社会发展的"锅底"。脱贫摘帽不是终点，而是新生活、新奋斗的起点。未来中国仍有几亿农民生活在乡村。乡村振兴，亿万农民是主体；共同富裕，亿万农民是关键。实施乡村振兴，不仅要靠党和政府、社会等外部力量的"输血"，更要激活亿万农民的"造血"功能，以人力资本开发为抓手增强乡村自我发展能力。增加亿万农民收入，提高亿万农民生活水平，拓展亿万农民收入渠道，提高亿万农民的获得感、幸福感和安全感，让亿万农民共享改革发展成果，需要一大批讲政治、思维新、视野广、敢担当、善作为、顾大家、守小家的干部队伍、发家致富能手、家庭农场经营者、农民合作社带头人。二是乡村不仅要塑性强基，更要培根铸魂。全面建成小康社会，实施乡村振兴，推动共同富裕，不仅要富裕农民"口袋"，还要富足农民的"脑袋"，需要物质文明和精神文明两手抓、两手都要硬，"硬条件"和"软条件"统筹推进。

《中华人民共和国乡村振兴促进法》将"传承中华农村优秀文化"列入法律条款。加强农民精神文明建设，挖掘传承中华几千年农村优秀文化，丰富农民文化体育生活，倡导科学健康的生活方式，培育文明乡风、良好家风、淳朴民风，唱响主旋律，传播正能量，需要一批政治强、懂文化、会媒体、有影响的文化能人。

第二节　培育壮大乡村人才队伍

党的二十大报告提出：实施科教兴国战略，强化现代化建设人才支撑。人才是全面建设社会主义现代化国家的基础性、战略性支撑，必须坚持人才是第一资源，深入实施人才强国战略，开辟发展新领域新赛道，不断塑造发展新动能新优势。这是以习近平同志为核心的党中央从统筹中华民族伟大复兴战略全局和世界百年未有之大变局的战略高度，对加快建设人才强国作出的战略谋划，对于全面建设社会主义现代化国家、推进乡村治理能力现代化、实现乡村振兴，具有重大的现实意义。

功以才成，业由才广。古往今来，人才都是富国之本、兴邦大计。党和人民事业要不断发展，就要聚天下英才而用之。基层乡村治理是基础性工程，人才越来越成为推动农村经济社会发展的战略性资源，人力资源作为乡村经济社会发展和乡村治理第一资源的特征和作用更加明显。必须面向乡村振兴战略主战场，坚持农业农村优先发展，把人才资源开发放在最优先位置，加大人才工作投入，在创新实践中发现人才、在创新活动中培养人才、在创新事业中凝聚人才，全方位培养、引进、使用人才，要充实乡村治理队伍，不断为乡村振兴造新血，着力夯实乡村治理人才基础。

全面推进乡村振兴，把党的政治优势、组织优势转化为乡村治理效能是关键，聚焦乡村人才队伍建设是突破口，重点在引导更多人才在乡村汇聚、在乡村成长、在乡村成才并充分发挥积极作用，切实提升乡村治理效能。

解决乡村人才供需失衡，并不是阻止农村人口离开农村，阻止城市化进程，而是破除体制机制弊端，围绕农村人才这个短板，抓住农村人才这个关键，激活农村人才"存量"，做大人才引进"增量"，释放人才"能量"，打破人才从农村单向流向城市的不对等流动，使人才在城乡之间双向流动、合理配置，不断扩大乡村振兴各领域人才队伍规模、提升人才队伍素质、优化人才队伍结构，让乡村人才投身乡村振兴，使现代农业农村接班人为农业现代化提供源头活水、不竭动力。

一、健全乡村人才振兴的体制机制

坚持党管人才原则，加强党对乡村人才工作的领导，像抓城市人才队伍建设一样，建立乡村人才振兴的领导体系，健全中央统筹乡村人才振兴、省委对乡村人才振兴负总责、市县乡抓乡村人才振兴落实的工作机制。明晰各级党委农村工作领导小组工作职责，成立党委农村人才工作机构，建立定期联席会议制度，确保乡村人才振兴有人管、有人抓、有人干。

落实党委主体责任和党组织书记第一责任人职责，推动五级书记抓乡村人才振兴，形成全党全社会抓乡村人才振兴的工作合力。把乡村人才工作放在首要位置，纳入党委人才工作总体部署，摆在党委重要议事日程，列入党政工作要点，配套出台了一系列人才培养、引进和培训政策体系、规划体系、考核体系，纳入乡村振兴督查考核。

二、营造尊才重才的良好氛围

树立新时代乡村人才观，利用乡村广播、横幅、宣传栏、网络、新媒体等各类媒体，在农村广泛宣传习近平总书记关于乡村振兴和人才工作的重要论述，大力宣传人才对农业高质高效、农村宜居宜业、农民富裕富足的贡献和作用。深入挖掘各地大学生、农民工、乡贤、新型职业农民、村"两委"干部返乡下乡创业就业的先进典型，宣传依靠人才构建现代产业体系、生产体系和经营体系、带领农民发家致富、走上共同富裕的先进事迹。在农村营造建设农业强、农村美、农民富需要人才、依靠人才、依靠科技、依靠知识的良好氛围，形成人人尊重劳动、尊重知识、尊重人才、尊重创造的广泛共识。

在大中小学中开展耕读教育，在农村建立耕读教育实践基地，普及农业知识，体验农业劳动，增强农村情怀和农村认同，引导中国特色社会主义的接班人和建设者到祖国最需要的地方去，到农村创业就业。鼓励本土在外读书的大学生返乡创业就业，破除老旧、不合时宜的思想观念，营造返乡下乡创业就业大有可为、服务乡村振兴光荣的氛围。为本土大学生和外来大学生、乡贤、干部、农民工、企业家下乡就业创业、服务乡村振兴营造有利环境。

三、构建多层次教育培训体系

全面推进乡村振兴、推动共同富裕，需要举全党全国全社会之力，需要城市、工业反哺农村、农业，外部输血，更需要激活农业农村农民内生动力，发挥农民主体的积极性、主动性和创造性，内部造血，广泛依靠农民、教育引导农民、组织带动农民、文化文明农民，促进农业农村现代化。乡村振兴归根结底是农民的振兴，要通过提高农民的素质，培养一代又一代新型职业农民，依靠知识、依靠科技、依靠人才提高农业综合生产能力，提升农业质量、效益和竞争力。

内部选才引领。要从彝区乡村内部着手，注重发挥优秀党员和村干部、劳务经纪人以及"家支"领头人等群体在乡村治理中的引领示范作用。他们拥有名望、知识和技术，如果可以动员他们回归农村、参与乡村治理，势必会对当地农村贡献较大的力量、产生较大的影响，从而形成示范效应，带动一方民众。

日韩政府尤为重视农村教育和农业人才培养，通过正规教育、职业培训、讲习班和开办乡村学堂等多种方式综合培育乡村人才，同时发动城市的优质教育资源支援农村人才的培养，逐步形成多层次的、综合性的、覆盖广阔的教育培训体系，培养出大批能够全心投入乡村治理和农村建设的人才队伍，为以后的发展和成功奠定坚实的基础。我们要总结国外培养人才的有益经验，加强乡村人才教育培训顶层设计和统筹谋划，制定农村人才教育培训规划，建立周期性、全覆盖、系统化培训制度，构建权责明晰的农村人才培训教育体系，以提供进行乡村治理的人才供给。

实施乡村振兴特岗生制度和订单式培养制度，为乡村人才振兴源源不断提供源头活水。建立新型职业农业资格证书制度和等级认定制度，细分新型职业农业的职业类别，制定新型职业农民任职资格条件。开展新型职业农民实用技能竞赛和农业农村创新创意大赛，定期举办乡村振兴职业技能大赛、乡土人才技艺技能大赛和乡土人才建设成果展，提高新型职业农民的身份认同、社会认同、价值认同，增强新型职业农民的自豪感、荣誉感。

四、加大招才引智力度

坚持培养与引进相结合、引才与引智相结合、短期引才与长期扎根相结合，打好招才引才组合拳，扩展乡村人才来源，引导人才和智力从城市流向乡村。

加大涉农一、二、三产业人才、乡村公共服务人才、乡村治理人才、农业科技人才、农业生态环保人才的引进力度，补充到县乡村管理、技术人员队伍。以平台、项目、产业吸引人，种下农业高新技术产业示范区、农业科技园区、农村创业创新孵化实训基地、现代农业产业科技创新中心等"梧桐树"，储备农业产业、经营、生产、科技攻关、技术研发、电商项目等"金蛋蛋"，面向海内外实施引才引智、招商招才"双引""双招"计划，吸引企业家、科学家、大学生、农民工返乡创办企业、领办企业、创新创业、就业发展。鼓励企业家、专家学者、规划师、离退休人员等以投资兴业、援建项目等多种方式投入乡村振兴。

乡村应加强与大中专院校、科研院所产学研合作，将科学研究、项目攻关、技术研发、成果转化建在农村广袤大地、农业生产一线、农民田间庭院中，通过产学研合作引导专家、教授、大学生到农村服务农业发展，推动专业技术人才服务农业农村。

实施"一村一名大学生"培育计划、高校毕业生基层成长计划，持续推进"三支一扶"计划，加大大学生定期志愿服务乡村制度，引导高校毕业生服务基层。

支持退休干部、乡贤、社会组织下乡服务乡村发展，引导人才在城乡、区域、校地之间双向流动，支持各类人才通过多种方式服务乡村振兴。鼓励临退休干部通过担任乡村振兴指导员等方式到乡村干事创业。健全退休人员返聘制度，支持符合条件的退休人员下乡继续服务。鼓励基层医疗卫生机构柔性引进高层次在职、上级医院退休卫生技术人员。

五、加强保障服务工作

当前，人才下乡返乡面临着政策和条件的双重约束。只要农业的弱质性还在，农业农村优秀人才外流趋势就不会改变。乡村振兴吸引人才、引进人才、留住人才，要不断改善公共基础设施"硬条件"，优化政策环境、生活环境、生态环境、创业环境和服务环境"软条件"，实现生产、生活和生态有机融合，为乡村人才振兴提供有力保障，解决人才后顾之忧。

依据《中华人民共和国乡村振兴促进法》，加快构建农民教育法律体系和政策体系，明确国家、地方支持乡村人才培养的职责，加大对乡村人才培养的财政支持。

实施好乡村建设行动，统筹城镇和乡村发展，加快县域城镇和村庄布局规划建设，优化乡村公共基础设施和服务设施布局，推进城乡基本公共服务均等化、可及化，优化布局农村生态、生产、生活等功能，不断满足人才下乡返乡生产和生活需求。

打造人才返乡下乡干事创业环境，为人才返乡下乡创业就业提供政策支持、要素保障和服务支撑，包括工商注册、财政支持、金融服务、贷款贴息、税收减免、奖励补贴、配偶安排、子女读书等方面的政策支持，农村水、电、气、路、网和教育、医疗、卫生、邮电、物流、快递等要素保障，搭建创业孵化基地、农业园区等平台，以及政策咨询、经营扶持、土地流转、技术指导、创业培训、融资服务、风险控制、跟踪服务等"一站式"服务，"一网式"打通和"最多跑一次"绿色通道，让更多人才愿意、放心、扎根在农村创业就业。

第三节　派出最精锐的作战部队

习近平总书记强调："深度贫困是坚中之坚，打这样的仗，就要派最能打的人"。党的二十大报告指出，锻造堪当民族复兴重任的高素质干部队伍。全面实施乡村振兴战略，提高乡村治理能力，干部是决定性因素。无论是脱贫攻坚，还是乡村振兴，乡镇和村最紧缺、最宝贵的资源都是干部。政治路线确定之后，干部就是决定的因素。

一、派强用好驻村第一书记和工作队是重要手段

在打赢脱贫攻坚战中，全国累计选派驻村第一书记51.8万人、工作队员249.2万人。凉山州喜德县阿吼村驻村第一书记王小兵在驻村的四年多时间里，把群众当亲人，带领全村百姓种植川贝母、百合、青刺果等中药材，成立阿吼村合作社，组织村民开展劳动技能竞赛，创新举办村级农产品交易会——"阿交会"，实现人均年收入由 2016 年的 1 500 元增长到

2019 年的 8 979 元，73 户贫困户全部脱贫，谱写了一曲"战天斗地阿吼人，乱石滩上建新村"的奋斗赞歌。

事业总是在接续中发展的，年轻干部是国家的宝贵财富。年轻干部作为党和国家事业发展的希望就必须面对新时代赋予的新使命。为深入贯彻落实党中央有关决策部署，总结运用打赢脱贫攻坚战选派驻村第一书记和工作队的重要经验，在全面建设社会主义现代化国家新征程中全面推进乡村振兴，巩固拓展脱贫攻坚成果，把乡村振兴作为培养锻炼干部的广阔舞台，2021 年，中央办公厅印发《关于向重点乡村持续选派驻村第一书记和工作队的意见》，各地完善持续选派驻村第一书记和工作队制度。

接续从省市县机关优秀干部、年轻干部，国有企业、事业单位优秀人员和以往因年龄原因从领导岗位上调整下来、尚未退休的干部中选派驻村工作组、驻村"第一书记"，有农村工作经验或涉农方面专业技术特长的优先。完善城市、工业反哺农村、农业长效机制。深化区域、产业、就业、科技、干部帮扶制度，深入推广实施东部经济相对发达省市对口帮扶中西部经济相对欠发达地区，以及城市对口帮扶乡镇、农村制度，开展"万企帮万村"活动，健全机关年轻干部、第一书记、驻村工作队在农村基层培养锻炼机制，加大科技特派员、医生、教师、文化等各类人才定期服务乡村制度。

严格把关人选，选派政治素质好、坚决贯彻执行党的理论和路线方针政策、热爱农村工作，工作能力强、敢于担当、善于做群众工作、具有开拓创新精神，事业心和责任感强、作风扎实、不怕吃苦、甘于奉献，具备正常履职的身体条件的优秀干部，到乡村振兴最前沿，乡村治理主战场上，选优配齐村"两委"班子，发挥他们不可替代的中坚力量作用，让年轻干部到乡村振兴、乡村治理最前线，从基层开始"蹲苗""育苗"，让年轻干部在"一线练兵场"经风雨、壮筋骨、长才干，让年轻干部在基层一线成长和事业发展中相互促进、相得益彰。

二、明确主要职责任务

根据全面推进乡村振兴、巩固拓展脱贫攻坚成果任务需要，第一书记和工作队主要做好以下工作。

（1）建强村党组织。重点围绕增强政治功能、提升组织力，推动村干部、党员深入学习和忠实践行习近平新时代中国特色社会主义思想，学习贯彻党章党规党纪和党的路线方针政策；推动加强村"两委"班子建设、促进担当作为，帮助培育后备力量，发展年轻党员，吸引各类人才；推动加强党支部标准化规范化建设，严格党的组织生活，加强党员教育管理监督，充分发挥党组织和党员作用。

（2）推进强村富民。重点围绕加快农业农村现代化、扎实推进共同富裕，推动巩固拓展脱贫攻坚成果，做好常态化监测和精准帮扶；推动加快发展乡村产业，发展壮大新型农村集体经济，促进农民增收致富；推动农村精神文明建设、生态文明建设、深化农村改革、乡村建设行动等重大任务落地见效，促进农业农村高质量发展。

（3）提升治理水平。重点围绕推进乡村治理体系和治理能力现代化、提升乡村善治水平，推动健全党组织领导的自治、法治、德治相结合的乡村治理体系，加强村党组织对村各类组织和各项工作的全面领导，形成治理合力；推动规范村务运行，完善村民自治、村级议事决策、民主管理监督、民主协商等制度机制；推动化解各类矛盾问题，实行网格化管理和精细化服务，促进农村社会和谐稳定。

（4）为民办事服务。重点围绕保障和改善农村民生、密切党群干群关系，推动落实党的惠民政策，经常联系走访群众，参与便民利民服务，帮助群众解决"急难愁盼"问题；推动加强对困难人群的关爱服务，经常嘘寒问暖，协调做好帮扶工作；推动各类资源向基层下沉、以党组织为主渠道落实，不断增强人民群众获得感、幸福感、安全感。

第一书记和工作队要从派驻村实际出发，抓住主要矛盾，细化任务清单，认真抓好落实。找准职责定位，充分发挥支持和帮助作用，与村"两委"共同做好各项工作，切实做到遇事共商、问题共解、责任共担，特别是面对矛盾问题不回避、不退缩，主动上前、担当作为，同时注意调动村"两委"的积极性、主动性、创造性，做到帮办不代替、到位不越位。

三、鲜明选人用人导向

始终鲜明"重实绩、重实干、重一线"用人导向。鲜明树立新时代选人用人导向，大力选拔德才兼备、忠诚干净担当的优秀干部。研究完善鼓励乡镇机关和事业单位干部任村党组织第一书记的政策措施，加强管理考核，严格落实考勤、请销假、工作报告、纪律约束等制度，深入听取村干部、党员、群众意见，全面了解现实表现情况。考核结果作为评先评优、提拔使用、晋升职级、评定职称的重要依据，推动干部在乡村振兴一线岗位锻炼成长，接地气、转作风、增感情。任职期满考核优秀的，同等条件下优先晋升职务职级，对工作不认真不负责的进行批评教育，对不胜任或造成不良后果的及时调整处理。

提拔重用乡村振兴一线干部，从驻村第一书记、驻村工作队员、乡镇事业等人员中，选拔干部进入乡镇领导班子，让有为者有位，畅通干部上升通道，重用扎根乡村、熟悉基层的干部，让他们在乡村振兴中有为有位，安心静心留在乡村振兴一线，服务农业农村现代化。原昭觉县谷莫村驻村第一书记罗雅宏，在实践中走出了一条大小凉山集中连片特困地区"加减乘除"四类举措并举、多维融合发展的脱贫攻坚新路径，2017年就使谷莫村年人均纯收入达到8 700元，2018年10月荣获"全国脱贫攻坚奖创新奖"，同年12月被破格提拔为金阳县人民政府副县长。他说，"功成不必在我，但功成必定有我。作为一名党员，只有把初心和使命融入点点滴滴的日常工作中，才能为家乡日新月异的发展作出应有的贡献。"

参考文献

[1] 余军华, 袁文艺. 公共治理: 概念与内涵 [J]. 中国行政管理, 2013 (12): 52-55, 115.

[2] 张凤玲, 辛刚国. 治理概念解析 [J]. 广东省社会主义学院学报, 2017 (4): 94-99.

[3] 俞可平. 衡量国家治理体系现代化的基本标准: 关于推进"国家治理体系和治理能力的现代化"的思考 [J]. 党政干部参与, 2014 (1): 14-16.

[4] 袁金辉. 中国乡村治理 60 年: 回顾与展望 [J]. 国家行政学院学报, 2009 (5): 69-73.

[5] 党国英. 我国乡村治理改革回顾与展望 [J]. 社会科学战线, 2008 (12): 1-17.

[6] 蔺雪春. 当代中国村民自治以来的乡村治理模式问题 [J]. 当代世界社会主义问题, 2007 (3): 90-99.

[7] 赵声馗. 多中心治理视角下凉山彝族家支治理经验研究 [J]. 前沿, 2009 (12): 106-110.

[8] 王康. 乡村振兴视阈下凉山彝区乡村治理问题及治理路径选择研究 [D]. 成都: 四川省社会科学院, 2019.

[9] 赵声馗. "家支"观念对凉山彝族村级治理的影响研究 [D]. 重庆: 重庆大学, 2009.

[10] 毛呷呷. 四川彝区农村基层治理存在的问题与对策研究 [J]. 西南民族大学学报 (人文社科版), 2017, 38 (6): 60-64.

[11] 李金锴, 苏青松, 高鸣. 乡村治理何以有效: 国外典型实践模式及启示 [J]. 山西农业大学学报 (社会科学版), 2022, 21 (1): 44-54.

［12］凉山彝区农村基层治理存在的问题及对策研究［J］.决策咨询，2021（2）：15-18.

［13］毛呷呷，毛燕.四川彝区劳务输出与乡村治理路径研究：以凉山彝族自治州为例［J］.西南民族大学学报（人文社科版），2018，39（8）：7-12.

［14］胡红霞，包雯娟.乡村振兴战略中的治理有效［J］.重庆社会科学，2018（10）：24-32.

［15］马志翔.提升乡村治理能力现代化的路径研究［J］.云南社会科学，2020（3）：116-121.

［16］卡尔·马克思.马克思恩格斯选集：第二卷［M］.中共中央马克思恩格斯列宁斯大林著作编译局，译.北京：人民出版社，1972.

［17］俞可平.治理与善治［M］.北京：社会科学文献出版社，2000.

［18］詹姆斯·罗西瑙.没有政府的治理［M］.南昌：江西人民出版社，2001.

［19］格里·斯托克，华夏风.作为理论的治理：五个论点［J］.国际社会科学杂志（中文版），2019，36（3）：23-32.

［20］徐勇.GOVERNANCE：治理的阐释［J］.政治学研究，1997（1）：63-67.

［21］俞可平.走向中国特色的治理和善治［N］.文汇报，2002-8-9.

［22］俞可平.推进国家治理体系和治理能力现代化［J］.前线，2014（1）：5-8，13.

［23］何增科.国家治理及其现代化探微［J］.国家行政学院学报，2014（4）：11-14.

［24］沈费伟，刘祖云.发达国家乡村治理的典型模式与经验借鉴［J］.农业经济问题，2016，37（9）：93-102，112.

［25］任宝玉.乡镇治理转型与服务型乡镇政府建设［J］.政治学研究，2014（6）：84-96.

［26］张艳娥.关于乡村治理主体几个相关问题的分析［J］.农村经济，2010（1）：14-19.

［27］刘宁.村民自治组织体系的建构：组织培育与体系重构：论村民自治组织体系的生长逻辑、发展限度与建构路径［J］.晋阳学刊，2013（4）：115-122.

[28] 刘金海. 乡村治理模式的发展与创新 [J]. 中国农村观察, 2016 (6)：67-74, 97.

[29] 肖唐镖. 从正式治理者到非正式治理者：宗族在乡村治理中的角色变迁 [J]. 东岳论丛, 2008 (5)：118-124.

[30] 沈费伟, 刘祖云. 发达国家乡村治理的典型模式与经验借鉴 [J]. 农业经济问题, 2016, 37 (9)：93-102, 112.

[31] PARK S. Analysis of saemaul undong：a Korean rural development programme in the 1970s [J]. Asia－Pacific Development Journal, 2012, 16 (2)：113-140.

[32] 陈昭玖, 周波, 唐卫东, 等. 韩国新村运动的实践及对我国新农村建设的启示 [J]. 农业经济问题, 2006 (2)：72-77.

[33] 李金锴, 苏青松, 高鸣. 乡村治理何以有效：国外典型实践模式及启示 [J]. 山西农业大学学报（社会科学版）, 2022, 21 (1)：44-54.

[34] HEO J, KIM Y. Comprehensive rural development strategies of Korea and their implications to developing countries [J]. Journal of Rural Development/Nongchon Gyeongje, 2016, 39 (10)：1-34.

[35] 李强, 姜爱林, 任志儒. 韩国新村运动的主要成效、基本经验及对我国的启示 [J]. 农业现代化研究, 2006 (6)：405-408.

[36] 张俊, 陈佩瑶. 乡村振兴战略实施中内生主体力量培育的路径探析：基于韩国新村运动的启示 [J]. 世界农业, 2018 (4)：151-156.

[37] 胡洪彬. 乡镇社会治理中的"混合模式"：突破与局限：来自浙江桐乡的"三治合一"案例 [J]. 浙江社会科学, 2017 (12)：64-72, 157.

[38] 李淇, 秦海燕. 乡村治理现代化视域下"村两委一肩挑"模式研究 [J]. 河南科技大学学报（社会科学版）, 2019, 37 (4)：40-45.

[39] 刘涵玥, 何永强. 乡村振兴视角下探析农村"两委""一肩挑"体制建设 [J]. 现代农业研究, 2022, 28 (11)：142-144.

[40] 董江爱. "两票制""两推一选"与"一肩挑"的创新性：农村基层党组织执政能力建设的机制创新 [J]. 社会主义研究, 2007 (6)：73-76.

[41] 吕德文. 乡村治理 70 年：国家治理现代化的视角 [J]. 南京农业大学学报（社会科学版）, 2019, 19 (4)：11-19, 156.

[42] 董江爱, 张瑞飞. 联村党支部：乡村振兴背景下农村基层党建方

式创新 [J]. 中共福建省委党校（福建行政学院）学报，2020（2）：60-66.

[43] 殷焕举，袁静，李晓波. 构建农村基层党组织科学工作机制的路径选择 [J]. 理论导刊，2013，344（7）：41-44.

[44] 徐行，田晓. 农村基层党组织建设的现存问题与对策思考 [J]. 学习与实践，2011，325（3）：54-61.

[45] 封春晴. 高质量推进党群服务中心建设 [J]. 群众，2020，625（3）：34-35.

[46] 黄建红，何植民. 农业现代化进程中的乡镇政府职能三维定位 [J]. 社会科学家，2016（8）：48-52.

[47] 楚德江. 自发秩序与政府驱动：当代中国社会变革的动力分析 [J]. 南京师大学报（社会科学版），2012（1）：27-35.

[48] 康喆清，强文伟. 政府权责清单制度建设探讨 [J]. 三晋基层治理，2022（6）：77-82.

[49] 唐亚林，刘伟. 权责清单制度：建构现代政府的中国方案 [J]. 学术界，2016（12）：32-44，322.

[50] 乔耀章. 政府理论 [M]. 苏州：苏州大学出版社，2003.

[51] 蒋永甫. 乡村治理：回顾与前瞻：农村改革三十年来乡村治理的学术史研究 [J]. 宝鸡文理学院学报（社会科学版），2009，29（1）：30-36.

[52] 任宝玉. 乡镇治理转型与服务型乡镇政府建设 [J]. 政治学研究，2014（6）：84-96.

[53] 黄建红. 三维框架：乡村振兴战略中乡镇政府职能的转变 [J]. 行政论坛，2018，25（3）：62-67.

[54] 吴业苗. 农村公共服务的角色界定：政府责任与边界 [J]. 改革，2010（6）：74-79.

[55] 罗伯特·登哈特. 公共组织理论 [M]. 扶松茂，丁力，译. 北京：中国人民大学出版社，2003.

[56] 邓大才. 村民自治有效实现的条件研究：从村民自治的社会基础视角来考察 [J]. 政治学研究，2014（6）：71-83.

[57] 丁胜. 乡村振兴战略下的自发秩序与乡村治理 [J]. 东岳论丛，2018，39（6）：140-148.

[58] 徐勇. 中国农村与农民问题前沿研究 [M]. 北京：经济科学出

版社，2009.

[59] 俞可平. 国家治理体系的内涵本质 [J]. 理论导报，2014 (4)：15-16.

[60] 何阳，孙萍. "三治合一" 乡村治理体系建设的逻辑理路 [J]. 西南民族大学学报（人文社科版），2018，39 (6)：205-210.

[61] 郭建新. 市场经济的可持续发展与德治建设的思路和要求 [J]. 江苏社会科学，2001 (6)：182-186.

[62] 李鹏飞. 论村民自治的有效实现形式与路径：基于不同文化情境的分析 [J]. 内蒙古社会科学（汉文版），2017，38 (2)：46-52.

[63] 石文祥，赵潜. 乡村振兴背景下新时代农村思想道德建设的构建 [J]. 云南农业大学学报（社会科学），2019，13 (5)：1-6.

[64] 刘月霞，鲁晨. 中华传统美德融入当代乡村治理研究 [J]. 高校马克思主义理论研究，2018，4 (4)：89-94.

[65] 王露璐. 社会转型期的中国乡土伦理研究及其方法 [J]. 哲学研究，2007 (12)：79-84.

[66] 廖克林. 法律之所遗 道德之所补：论依法治国与以德治国相结合 [J]. 法学杂志，2001 (5)：32.

[67] 奂广庆. 依法治国需与以德治国相结合 [J]. 中国特色社会主义研究，2015 (1)：12-16.

[68] 刘东阳. 全面依法治国要抓 "关键少数" [J]. 前线，2016 (11)：20-22.

[69] 左停，李卓. 自治、法治和德治 "三治融合"：构建乡村有效治理的新格局 [J]. 云南社会科学，2019 (3)：49-54，186.

[70] 侯宏伟，马培衢. "自治、法治、德治" 三治融合体系下治理主体嵌入型共治机制的构建 [J]. 华南师范大学学报（社会科学版），2018 (6)：141-146，191.

[71] 林善浪，纪晓鹏，姜冲. 农村人口空心化对农地规模经营的影响 [J]. 新疆师范大学学报（哲学社会科学版），2018，39 (4)：75-84.